Carl Hecker

Aus den Memoiren eines Lieutenants

Carl Hecker

Aus den Memoiren eines Lieutenants

ISBN/EAN: 9783744654227

Hergestellt in Europa, USA, Kanada, Australien, Japan

Cover: Foto ©ninafisch / pixelio.de

Weitere Bücher finden Sie auf **www.hansebooks.com**

Aus den

Memoiren eines Lieutenants.

Von

Carl Hecker.

Illustriert von H. Albrecht.

Stuttgart.
Verlag von Carl Krabbe.

Inhalt.

	Seite
Erste Freuden, erste Leiden .	1
Ich grolle nicht! .	30
Mein Freund Nikolas .	61
Romeo und Julia in der Garnison	98
Der alte Major	129
La Traviata	172
Eine Besichtigung	208
Der Fall von Granada .	235
Das Glas Bier, oder Ursache und Wirkungen	288
Die Braut von Korinth	314

Erste Freuden, erste Leiden.

I.

Lieutenants Erwachen.

> Du warst mir ein so trauter, lieber
> Gefährte, komm du schöner Tag,
> Zieh noch einmal an mir vorüber,
> Daß ich mich deiner freuen mag.
> Lenau.

Die ganze Erde — und sie umfaßte nach damaliger Berechnung etwas mehr wie neun Millionen Quadratmeilen — lag zu meinen Füßen, da ich eines Morgens zum erstenmal als Lieutenant erwachte. Denken Sie, wie reich ich da war! Ach, das ist seitdem anders geworden!

Ich hatte in der Nacht nicht besonders geschlafen; mein Schneider, mit dem ich damals noch auf bestem Fuß stand, hatte mir spät abends zuvor die erste Uniform samt allem Zubehör übersandt, und die glühende Sehnsucht, selbige anzulegen, störte meine Ruhe.

Da lagen sie, auf mehreren Stühlen sorgsam ausgebreitet, all die schimmernden Bestandteile einer Lieutenantstoilette, Gegenstände meiner Jugendträume; da lehnte auch in einer Ecke das blinkende Schwert mit dem vergoldeten Löwenkopf, der mich aus seinen Granataugen freundlich anblinzelte. Es war kein Traum mehr, es war wirkliche Wirklichkeit, ich war Lieutenant!

Wo man in den großen Zeitungen von den Rettern des Vaterlands, von Deutschlands Heldenjugend, von unserer glorreichen Armee sprach, da war auch ich gemeint, da konnte ich sagen: „J'en suis!“

Leider wollte meine Figur noch nicht recht zu der Heldenrolle passen, die mir das Geschick so frühzeitig — ich befand mich in dem glücklichen Alter von 19 Jahren — zugedacht hatte. Meine körperliche Entwickelung hatte nicht vermocht, gleichen Schritt mit der geistigen zu halten, die dank einer mehrjährigen Kriegsschulerziehung den Ansprüchen einer Lieutenantsstellung völlig gewachsen war, während meine sterbliche Hülle kaum fünf Fuß in der Höhe maß.

Kaum fünf Fuß! O wie viele Seufzer, ja Thränen hatte mir diese traurige Thatsache während meiner Kadettenzeit ausgepreßt, wo die Autorität mit Längenmaßen gemessen wurde, wo der größte zugleich der angesehenste, der kleinste — und das war ich! — zugleich der am wenigsten geachtete, der ewig verspottete war!

Wie schmerzlich hatte ich ihren Einfluß empfunden bei den Exerzitien, wo ich ein besonders konstruiertes Miniaturgewehr tragen mußte, auf den Museumsbällen, wo wir zuweilen mit den großen sitzengebliebenen Jungfrauen tanzen durften, bei Inspektionen und fürstlichen Besuchen, wo mir nicht selten das brüderliche „Du“ in seiner demütigenden Bedeutung von allerhöchsten Lippen entgegentönte, ja selbst im Arrest, wo ich mich vergebens bemühte, die hochgelegene Fensternische zu erklimmen, die meinen größeren Kameraden einen trostreichen Blick in die Freiheit gewährte!

Meine ersten Verse — das heiligste, was der Mensch sein nennt — in welchen ich meine verzweifelte Gemütsstimmung den öden Kerkermauern anvertraute, standen so nieder, daß sie dem spähenden Blick des visitierenden Aufsehers nie entgehen konnten. Sie wurden — o wie selten wohnt poetisches Verständnis in der Brust militärischer Zuchtmeister! — stets mit brutalem Kalk und noch dazu auf meine Kosten übertüncht, während den geistlosesten Kalauern in geschützterer Lage ein gewisses Anrecht auf Unsterblichkeit gewahrt blieb. Nicht selten büßte ich auch solche litterarische Beschäftigung mit verschärfter Haft. Und seit einer unserer Aufseher durch eine scherzhafte Bemerkung des Inspektionsoffiziers vernommen hatte, daß ich heimlichen Umgang mit den Musen pflege, nahm er mich unter ganz spezielle Aufsicht, denn er hatte die Dienstmägde des Speisemeisters im Verdacht. So habe ich in früher Jugend schon für die Poesie gelitten und daher mag es wohl kommen, daß ich dieser brotlosen Kunst so treu ergeben blieb. Freilich hat sie mich später für dieses Martyrium auch wieder reichlich entschädigt.

Ja, es ist keine Kleinigkeit, klein zu sein, und besonders wenn man Soldat ist. Wohl bot mir die Kriegsgeschichte manch ermutigendes Beispiel berühmter Standesgenossen: Pipin, Prinz Eugen, Napoleon der Erste waren ja bekanntlich auch keine Riesen von Gestalt und haben es doch ziemlich weit gebracht. Allein das Bestreben, mich gleich diesen großen Kleinen durch kriegerische Thaten hervorzuthun, hatte einen sehr beschränkten Spielraum. Es verwickelte mich in fortwährende Händel mit meinen Kameraden, die am Schlusse des jeweiligen Kursus im Zweikampf mit dem Rapier in der Hand ausgeglichen wurden. Zu diesem Zweck ward gewöhnlich der sonst zur Abhaltung von Hochzeiten dienende Saal eines Gasthofes gemietet, welcher als permanente Dekoration über der Thür die Aufschrift: „Heil und Segen den frisch Verbundenen!“ trug. Möchte dieser freundliche Wunsch den jungen Ehepaaren weniger verhängnisvoll geworden sein als mir!

Meine Gegner, welche stets den strategischen Vorteil der dominierenden Stellung für sich hatten, schlugen mir gewöhnlich die schönsten Paraden durch, und während ich mich in wütenden Ausfällen gegen ihre Beine erschöpfte, richteten sie mich an Haupt und Rumpf so übel zu, daß ich noch heute die Spuren dieser mißlungenen Vergrößerungsversuche trage.

Aber diese schreckliche Zeit mit ihren Qualen und Demütigungen lag ja hinter mir, ich war ja Lieutenant, und in diesem erhebenden Bewußtsein kam ich mir an jenem denkwürdigen Morgen um verschiedene Zolle größer vor. Ich hatte das Gefühl des Schmetterlings, der, eben der Puppe entschlüpft, erstmals die schillernden Flügel ausspannt zum Flug über die sonnige grüne Flur, wo die schönen Blumen in allen Farben blühen, und dem neuen Ankömmling zärtlich entgegenduften. Von welcher soll er zuerst den süßen Honig nippen, dessen sie ja bekanntlich alle voll sind?

Diese Frage schien auch mir einer ernsten Überlegung wert, als ich, nicht ohne Mühe, mit Hilfe meines erfahrenen Burschen in die neue, bunte Tracht gekleidet, die Haare mit duftendem Öl gesalbt und die schmächtigen Spuren eines zum größten Teil noch latenten Schnurrbärtchens mit kühnem Bürstenstrich möglichst ins Relief gestellt, sporenklirrend und säbelrasselnd heraustrat in die freie Natur.

„Ce n'est que le premier pas qui coûte!“ sagt das französische Sprichwort, aber was er unter Umständen kostet, verschweigt es. Nun ich kann Ihnen von meinem ersten Lieutenantsschritt mit Bestimmtheit sagen, daß er mich ein Paar Stiefel gekostet hat. Mein erster Spornstich traf kein feuriges Roß, sondern meine neuen Stiefel, und das ist vielleicht ein großes Glück für meine fernere Carriere gewesen.

Es war ein wundervoller Herbstmorgen, die Sonne am Himmel spiegelte sich in den Monden meiner Epauletten, ein eigentümlicher Schmelz lag über der Erde, die Luft war von einem unbeschreiblich zarten Goldstaubregen durchzittert. In der Umgebung der Residenz feierte man ein großes landwirtschaftliches Fest mit Preisverteilung, Wettrennen und allen möglichen sonstigen Volksbelustigungen. Die Tribünen wimmelten von schön geputzten Damen und Herren und im inneren Kreise unter den Kennern stand auch ich und sah mit Kennermienen die preisgekrönten Tiere vorüberführen, glänzend weiße Schafe, dicke gemästete Schweine, prächtig dekorierte Ochsen.

Ach, nimmermehr seitdem hat mich der Anblick dekorierter Ochsen mit so reinem Entzücken erfüllt!

Dann flogen die feurigen Renner mit den buntbejackten Reitern vorbei. Das war ja mein Fach, da galt es, mit ruhiger Miene zu prüfen, nur ja keine kindische Erregung zu verraten, gemessen, vornehm dazustehen, als wüßte man zum voraus, welchem der Sieg zufallen würde. Ach, wie glücklich hast du mich gemacht, einfacher Landbewohner, der du dich mit unterwürfigem Gruß um Auskunft an mich wandtest und so befriedigt warst, da ich sie dir gnädigst erteilte, obwohl ich von der Sache nicht mehr verstand, wie du, die Schafe, Ochsen, Pferde so wenig kannte, wie die Menschen!

Aber das schönste war doch, bis mich alle Verwandten

und Bekannten gesehen und bewundert hatten. Trotz aller meiner Sicherheit, trotz des berechtigtsten Anspruchs auf Bewunderung, war ich doch wiederum ungemein mißtrauisch in Beurteilung der Art, wie sie sich äußerte. Ich verlangte einen gewissen Ernst, nur keine zu große Munterkeit, kein Zucken mit den Augen oder Mundwinkeln, das etwa als satirische Anspielung auf meine zierliche Gestalt, mein milchzartes Gesicht, meine verwundeten Stiefel oder andere Teile meines Anzugs zu deuten war, in welchem ich mich bereits etwas unbehaglich fühlte. Alle Unbill, die ich in dieser Richtung früher erduldet, war vergeben und vergessen, aber heute gab es kein Verzeihen. Nein, wer heute über mich lachte, der blieb — das fühlte ich mit tragischer Bestimmtheit — mein Todfeind fürs ganze Leben.

Manche haben sich trotzdem dieses Verbrechens schuldig gemacht, darunter einige hübsche junge Damen, die ich später, als ich größer wurde, wahrscheinlich geliebt hätte. Sie mögen jetzt erfahren, daß sie sich dieser Auszeichnung durch eigene Schuld verlustig gemacht haben, und ihr Schicksal mit Würde tragen.

Nach dem Rennen Promenade über den Festplatz und Besichtigung der dort zur Schau gestellten Raritäten aller Länder und Zonen. Aber auch hierbei brachte mich meine Statur in die unangenehme Lage, auf den Anblick einer Riesendame von kolossalem Körperbau verzichten zu müssen, aus Furcht, meinen eigenen zu sehr in Schatten gestellt zu sehen. Das war ein schmerzlicher Verzicht! Was half es mir, daß ich diese Lücke in meiner Erkenntnis später nach Kräften auszufüllen bemüht war?

Keine der Riesendamen, die ich auf meinem späteren Lebensweg kennen lernte, hat mir so imponiert wie jene, welche in effigie über der kleinen Bude thronte, umgeben von einem Publikum, das ihr kaum an die Hüften reichte, in jeder Hand ein mehrfaches Zentnergewicht und auf dem Busen ein großes Kaffeeservice balancierend. Aber es gab ja zur Entschädigung rings umher Vergnügungen jeder Art.

Drehorgeln pfiffen, Harfen klirrten, Papageien kreischten, Löwen und Hyänen brüllten, Männer und Weiber sangen. Es schien, als hätte der Mensch mit der Tierwelt eine Wette eingegangen, wer von beiden den größten Spektakel machen könnte, die er mit Hilfe der Instrumentalmusik gewann.

Affen sprangen, Bären tanzten, Kamele liefen herum, als befänden sie sich unter ihresgleichen, in den vollbesetzten Wirtschaftsbuden wurde süßer Kaffee, feuriger Wein, schäumendes Bier kredenzt, ein gar lieblicher Duft von Kraut und Bratwürsten drang mir in die Nase, und ich war entschlossen, mir keinen Genuß zu versagen. Das hatte ich, Gott sei Dank, auch gar nicht nötig, denn in meiner Tasche klimperte in prachtvoller blauseidener Börse — niemand konnte ahnen, daß sie mir von meiner guten alten Mutter gehäkelt war — die erste Gage.

Die erste Gage! O Maier, Anselm, Salomon, Nathan, Karl, Jakob, James und all ihr anderen namenlosen Rothschilde, habt ihr euch je im Besitz eurer Millionen so reich gefühlt, wie ich mit meiner ersten Monatsgage, die wohlgezählte 20 Thaler betrug?

Die blauseidene Börse ist im Kampf mit einem brutalen Hausschlüssel erlegen, auch die erste Gage ist längst dahin, aber ihr Gedächtnis erfüllt mein Herz heute noch mit süßer Wehmut.

Erste Gage, erste Liebe, erster Schnee! Ach, was seid ihr vergängliche Dinge!

Erste Gage, lang entschwunden
Ist dein Glanz, ein flücht'ger Hauch,
Und den Weg, den du gefunden,
Fanden viele andere auch;

Aber keine hat von diesen
Mich beglückt, wie du, so rein,
Heiße Wehmutsthränen fließen,
Erste Gage, denk' ich dein.

Vollgezählt in blanken Stücken
Nahm ich froh dich in Empfang,
Keines Gläub'gers freche Tücken
Kürzten deinen Lebensgang;
Noch kein Vorschuß trübte, keine
Schuld noch deines Daseins Wert,
Ganz und bar warst du die meine,
Ganz und bar wardst du verzehrt!

Deine jüngern Schwestern kamen
Meist verkrüppelt schon zur Welt,
Schrecklich ward von Jakobs Samen
Ihrer Unschuld nachgestellt;
Ach vergebens, sie zu schützen
War ich kummervoll bedacht,
Und, geteilt sie zu besitzen,
Hat mir keinen Spaß gemacht,.

Erste Liebe ruht im Herzen
— Singt ein Dichter – Goldesschwer,
Du — ich sag' es ohne Scherzen —
Erste Gage gleichst ihr sehr;
Denn in diesem Thal der Sünden
Ist nur flüchtig dein Besteh'n,
Du auch ruhst in Herzensgründen
Sichrer als in Portemonnai'n!

Bekanntlich mußte Apollo, zur Strafe für die Tötung der Zyklopen vom Olymp verstoßen, längere Zeit die Rosse des thessalischen Königs Admetus weiden. Wem dieses Beispiel nicht genügt, dem hoffe ich mit vorstehendem bewiesen zu haben, daß der Umgang mit Pferden nicht in dem Maß der Übung zarter Künste entfremdet, wie man gewöhnlich annimmt.

Die Nacht brach herein — o daß es an solchen Tagen auch Nacht wird! –

Allmählich erstarben die verschiedenartigen Töne, entleerten sich die Buden, die Stunde der Entzauberung schlug. Wilde Buschmänner legten ihre Keulen weg und wurden gemütliche Menschen, Neger und Lappländer sprachen wieder sächsisch und oberbayrisch, weissagende Seherinnen erhoben sich von ihrem Dreifuß und aßen Kalbsbraten, goldstrahlende Reiterinnen und Tänzerinnen verwandelten sich in keifende Megären.

Der Himmel legte seine große Galauniform mit Sternen an — man sah wohl, welch hervorragende Rolle er im letzten Feldzug gespielt haben mußte — zärtliche Liebespaare fanden sich und wandelten in trauter Vereinigung die weidenbewachsenen Ufer des Flusses entlang.

Es ward stille auf dem Platz; nur die allerwildesten Bestien heulten zuweilen im Käfig, wenn sie ihrer Heimat gedachten und der weithin dröhnende Schritt der Wächter des Gesetzes mahnte den Verbrecher zu rechtzeitigem Durchbrennen.

Wir aber, das heißt eine ganze Schar neugebackener Lieutenants, wie ich, wir begaben uns in ein elegantes Restaurant der Stadt. Abseits von der Horde der Zivilisten an einem besonderen Tisch sitzend, tranken wir die besten Weine, aßen die delikatesten Speisen, bliesen uns gegenseitig den Rauch großer Cigarren ins Gesicht, um desto besser die Feinheit ihres Geschmacks zu prüfen und unterhielten uns — famos!

Welche Uniform ist die kleidsamste? Welcher Kragen sitzt am besten? Welcher Rock hat die kürzesten Schöße, welcher Sporn die längsten Zacken, welcher Säbel die schärfste Schneide? Das sind Fragen, armseliger Philister, deren Bedeutung du natürlich nicht begreifst. Aber doch erbleichtest du, als wir an Pfeilern und Öfen des Lokals die praktische Lösung der letzten versuchten.

Bei welchem Regiment dient man am leichtesten, wo am

MIT GOTT FÜR

teuersten, wo am billigsten, wo am vornehmsten? Wer hat die angenehmsten Vorgesetzten? Ach, am ersten Tag sind sie alle gleich liebenswürdig! Aber wer hat das größte Glück in der Liebe, wer hat die meisten und die schönsten Eroberungen zu verzeichnen? Das gab einen ernsten Wettstreit.

O ihr armen Mädchen, wie schwer muß es euch werden, im Herzen eines neugeborenen Lieutenants keine Hoffnungen zu erwecken! Ihr habt Augen, um zu sehen und benützt ihr sie dazu, so nennt er euch Koketten, die ihre Netze nach ihm auswerfen; schlagt ihr sie aber züchtig zu Boden, so zeigt ihr ja deutlich, daß ihr seinem Siegerblick nicht widerstehen könnt. Lächelt ihr, so beweist ihr ihm euer Wohlgefallen; seufzt ihr, so ist es seine Sprödigkeit, die euch seufzen macht, und thut ihr keins von beiden, so nimmt er's für Verstellung.

Hüte, zarte Mädchenblüte,
Dich vor jungen Offizieren,
Ob du Kälte zeigst, ob Güte,
Ganz egal! — sie renommieren!

Ich selbst verhielt mich ganz still, als diese Frage debattiert wurde, und mein Schweigen fiel nicht auf. Was konnte ich, der Zwerg, das Kind, wohl für Eroberungen gemacht haben? Jede auch noch so bescheidene Anspielung hätte unfehlbar den Spott geweckt, den ich heute nicht ertragen konnte. Darum schwieg ich, so schwer mir's wurde, und lauschte andächtig den Siegesberichten der anderen und hatte keinen heißeren Wunsch, als groß zu sein wie sie. Ich bin's geworden. Ach, und nun sehne ich mich vergebens zurück nach jener Zierlichkeit, die mir damals ein Unglück schien, weil ich ihre unschätzbaren Vorteile im Umgang mit dem schönen Geschlecht völlig verkannte. So geht's im Leben.

Nach und nach verliefen sich die übrigen Gäste — wir blieben. Die Kellner schlummerten in den Ecken herum, der Wirt gähnte — wir blieben. Auf unserem Tisch sammelte sich allmählich ein ganzes Arsenal von Flaschen und Gläsern, zu unseren Häupten eine große dicke Rauchwolke, daraus die Götter des Blödsinns gnädig auf uns niederlächelten.

Es war tief in der Nacht, als wir endlich auseinandergingen; müde kam ich in meiner Behausung an und doch konnte ich mich nicht ohne Bedauern von den Insignien meiner neuen Würde trennen.

Als ich schließlich jener Hüllen, welche den Lieutenant bedeuten, entkleidet, im Bett lag, zogen die Erlebnisse des Tags in wirren Traumbildern an meinem geschlossenen Auge vorüber:

Schöne kokettierende Damen saßen auf ehrwürdigen Kamelen, schreiende schillernde Papageien wie Falken auf der Faust; auf Tigern, Hyänen, Bären und anderen Bestien ritten harfenschlagende Ariadnen, meine großen Kameraden galoppierten auf feurigen Rennern dazwischen, und eine alte heisere Drehorgel leierte an einem fort: „Schon naht die Todesstunde, ewige Ruh' winkt mir". Ich aber lief ruhelos, frierend am Boden umher und suchte vergeblich eines jener unaussprechlichen Kleidungsstücke, die uns gleich der Vernunft und andern Kleinigkeiten vom Tier unterscheiden. Dabei wurde ich verfolgt von einer Meute von Affen, die wie rasend meine Spornräder in Schwung setzten, über meinen Kopf wegsprangen und allen möglichen sonstigen Schabernack mit mir trieben ohne jede Scheu vor meinem langen Säbel, den ich wütend gezogen hatte und dessen Scheide mir höchst unbequem zwischen den Beinen herumbaumelte.

Es war eine tolle Jagd und ich der Verzweiflung nahe, als plötzlich jene kolossale Riesendame, die ich nur im Bild gesehen hatte, aus ihrer Bude trat, mich mit einem zärtlichen „Komm Kleiner!" vom Boden aufhob und dahin setzte, wo sie früher das Kaffeeservice balanciert hatte.

Auseinander stob das bunte Gesindel und die Riesin

hinterher. Ich aber ward bei diesem seltsamen Ritt auf meinem erhabenen Sitz dermaßen gerüttelt und geschüttelt, daß ich erwachte.

Das soll mir ein gutes Omen für die Zukunft sein! dachte ich, mein Bursche aber, der in militärisch strammer Haltung vor meinem Bett stand, schrie mit lauter Stimme: „Herr Lieutenant, es ist Zeit zum Aufstehen!"

II.

Iwan der Schreckliche und Leopold der Schöne.

Ach, es war nicht meine Wahl!
Schiller.

Es war noch entsetzlich früh, und nie in meinem Leben glaubte ich, ein dringenderes Bedürfnis, weiterzuschlafen empfunden zu haben. Allein der Allerhöchste Dienst, dessen Förderung ich nun einmal mein Leben geweiht hatte, nimmt keine Rücksicht auf solche Bedürfnisse; ich mußte heraus, mich auf dem Regimentsbureau zu melden.

Die Vorhalle des Tempels, in welchem mein Regimentskommandeur verehrt wurde, daraus das Orakel sprach, dessen unzweideutige Sprüche, in Befehlsbüchern gesammelt, unser Dasein regelten, war mit untergeordneten Priestern erfüllt, als ich eintrat. Fünf Wachtmeister, wahre Hünengestalten, die Brust geschwellt von ungeheuren Notizbüchern, standen in einer Reihe, ein schmächtiger Zahlmeister zählte nochmals ängstlich die Papiere durch, die er zum Vortrag in einer Mappe bereit hielt, zwei Schreiber saßen über ihre Pulte gebückt, eine Ordonnanz wartete auf Befehle.

Bei meinem Eintritt sporenklirrendes Stillstehen und Todesstille. Das that wohl, und mit einer gnädigen Handbewegung brachte ich wieder Bewegung in das Bild. Aber da mich nun einer der Schreiber angemeldet und der Herr Oberst mich hatte ersuchen lassen, zu warten, kam schon wieder jenes verdammte Rekrutengefühl über mich.

Ich wandte mich in dieser Verlegenheit, wie ich es später in mancher andern gethan, an den Herrn Zahlmeister und ließ mich mit ihm, dessen Bedeutung für mein künftiges Leben ich damals nur dunkel ahnte, in ein Gespräch über die Geldverpflegung der Truppen im Frieden ein. Das Thema war nicht meine starke Seite und ist es nie geworden. Der Mann unterdrückte ein Lächeln, als ich ihm meine Ansichten über den Betrieb größerer Geldfonds auseinandersetzte, Ansichten, die ich glücklicherweise nie praktisch zu verwerten Gelegenheit fand.

„Herr Lieutenant!" rief der Regimentsadjutant, dessen wohlfrisierter Kopf hinter der nur wenig geöffneten Thüre zum Allerheiligsten auftauchte. „Sie können eintreten."

Ich riß mich zusammen und trat ein. Der Herr Oberst erhob sich von einem mit Papieren bedeckten Tisch und blickte mich eine Zeit lang streng aber schweigend, obwohl mit weit geöffnetem Mund an, so daß ich in den Schlund der Sybille sehen konnte. Plötzlich trat er dicht vor mich hin, knöpfte mir eigenhändig den dritten Knopf meines Waffenrocks von oben gezählt, zu, entfernte einige Staubkörner aus seiner Umgebung und hielt mir dann eine sehr schöne Ansprache, die ich hier leider nur in den Umrissen wiedergeben kann.

Zunächst drückte er mir seine Freude über meinen Eintritt in sein Regiment aus, eine Freude, die allerdings durch verschiedene leichtsinnige Streiche, deren mein Kriegsschulzeugnis Erwähnung that, etwas getrübt wurde. Er hoffte indes aufs bestimmteste, daß diese Thorheiten, die er auf

Rechnung meiner Jugend setzte, sich in meiner neuen Stellung nicht wiederholen würden, in welcher ich mich als Erzieher, Lehrer und Vorbild der Nation zu betrachten hätte. Hierauf sprach er sein Vertrauen in mein eigenes Pflichtgefühl und nicht minder in das Erziehungssystem meiner Vorgesetzten aus, deren Wohlwollen zu erwerben künftig das höchste Ziel meines Lebens sein müßte, und entließ mich mit den Worten:

„Nun melden Sie sich bei Ihrem Herrn Eskadronschef, ich habe Sie der ersten Eskadron zugeteilt."

Ich stand eben im Begriff, ihm in wohlgefügter Rede auseinanderzusetzen, wie unbedeutend und harmlos meine früheren Vergehen an sich gewesen und wie sie nur in der Vorstellung barbarischer Zuchtmeister die erwähnte Form angenommen hätten, als er mir durch eine nicht mißzudeutende Handbewegung bewies, daß er von Kants Philosophie keine Ahnung hatte.

Ich machte die vorgeschriebene Kehrtwendung nach der falschen Seite und verließ das Zimmer.

Draußen hatten sich einstweilen noch andere Vorbilder behufs irgend welcher dienstlichen Meldung versammelt, darunter auch Leopold der Schöne.

„Nun, zu welcher Eskadron kommen Sie?" rief man mir entgegen.

„Zu der ersten," gab ich vergnügt zurück.

„Ah, zu der ersten?! Gratuliere, gratuliere herzlich!" klang es mit unverkennbarem Hohne von aller Lippen.

„Da sind wir ja Eskadronskameraden! ich begrüße Sie, Herr Kamerad," rief der schöne Leopold, indem er mir die Hand schüttelte. Aber selbst diese Auszeichnung, die mich unter andern Umständen über die Maßen beglückt hätte, ließ mich jetzt kalt. Ich war erstarrt; vier der Wachtmeister lächelten alle das gleiche respektvolle Lächeln, nur einer blieb ernst, furchtbar ernst und das war der von der ersten Eskadron. Die Schreiber kauten an ihren Federn, der Herr Zahlmeister bückte sich tiefer über seine Papiere und meine Kameraden lachten so laut, als es die Heiligkeit des Orts zuließ. Mir aber war das Lachen vergangen, es blieb mir kein Zweifel, ich war bei Iwan dem Schrecklichen!

Was mir die Amme einst vom Ritter Blaubart, vom Wolf mit dem Rotkäppchen, vom Oger und vom Däumling erzählt hatte, waren Kindereien gegen das, was mir die Kameraden von Iwan dem Schrecklichen berichtet. Das war kein gewöhnlicher Menschenfresser, sondern ein Lieutenantsfresser, was gewiß ganz besondere Verdauungswerkzeuge voraussetzt. Man denke sich, mit welchem Däumlingsgefühl ich wenige Minuten später vor ihm stand.

Aber, wie überrascht war ich auch, einen der nettesten Menschen, die mir je vorgekommen, in ihm kennen zu lernen.

Klein von Gestalt, nicht größer als ich selbst und etwa 20 Jahre älter — kein Wunder also, wenn ich ihm mit der Zeit über den Kopf wuchs — entbehrte er aller Attribute der Schrecklichkeit. Was mir in seinem Gesicht auffiel, war nur, daß der Winkel, den die Augenbrauen mit der äußerst kühn geschwungenen Nase bildeten, ein auffallend stumpfer war, wie ihn sich die Schauspieler wohl anschminken, die den Mephisto spielen. Aber das Dämonische, das etwa in diesem Zug lag, wurde völlig aufgehoben durch die lichtblonde Farbe der Brauen, des schmächtigen, mit nur je einem Haar die Mundwinkel überragenden Schnurrbärtchens und der über einer ungewöhnlich hohen Stirn äußerst dünn gesäeten Kopfhärchen. Dazu himmelblaue Augen und ein rötlich-brauner Teint.

So war Iwan, und ich muß gestehen, er gefiel mir weit besser als sein Ruf. Der Empfang vollends, den er mir zu teil werden ließ, zerstreute meine letzten Bedenken.

Als einem Freund schüttelte er mir die Hand, die Vergehen, die mir der Oberst in so ernstem Ton vorgehalten, nannte er lustige Streiche, wie er sie selbst einst gemacht, ja er erlaubte sich sogar eine humoristische Anspielung auf das Pathos unseres gemeinsamen Vorgesetzten, welchem er die Klangfarbe eines nicht ganz vollen Fasses zuerkannte. Auch warnte er mich, den Gerüchten, die ihn grausam nannten, Glauben zu schenken; seine ganze Grausamkeit, versicherte er, bestände in einer gewissen Lebhaftigkeit des Temperaments, wie sie bei begabten Menschen nicht selten, und worüber sich begabte Menschen — hier machte er mir ein Kompliment, das ich aus Bescheidenheit unterdrücke — leicht verständigten. Unbegabte oder — wie er sich etwas bestimmter ausdrückte — Dummköpfe — und er ließ durchblicken, daß deren Zahl Legion sei — verdienten ja wohl auch keine Rücksicht. Ich möchte ihm also, bat er, nur vertrauen, und wir würden gewiß gut zusammen auskommen. Zur Feier gleichsam meiner Investitur hatte er für den Nachmittag eine Reitpartie aufs Land veranstaltet; er bot mir, da ich selbst noch unberitten, das vertrauteste seiner Pferde dazu an und ich schlug freudig ein, um so mehr, als auch Leopold von der Partie war.

Leopold der Schöne! Das war ja das Ideal meiner Jugend! Wie manchen Verweis hatte ich mir zugezogen „wegen unerlaubten Zumfensterhinaussehens“, wenn er hoch zu Roß an unserer Anstalt vorbeigaloppierte, und wie manchem jungen Mädchen mochte es ähnlich ergangen sein! Wie ein Gott der Freiheit kam er mir vor, und ich empfand das Gewicht meiner Ketten weniger schwer im Hinblick auf ein so stolzes Ziel, wie es am Ende einer allerdings dornenvollen Bahn auch mir winkte.

Der schöne Leopold — brauch' ich's zu sagen? — war hochgewachsen und schlank. Sein dichtes krausgelocktes Haar erweckte die Vorstellung eines blonden Negers; sein blaues Auge strahlte siegesgewiß, obwohl es die Waffe eines Monocles nicht verschmähte, und ein Schnurrbart, zarter wie

Seide, zierte die Oberlippe und überragte ungespitzt das schmale Gesicht um die Hälfte seiner Länge; der Kopf glich daher im Schatten einem mittelalterlichen Schwertgriff.

Es ist kaum zu glauben, welche magnetische Kraft die Legende im Regiment, ja in der Garnison diesem Schnurr-

bart zuschrieb, und Leopold war zu bescheiden, dem zu widersprechen. Er sprach überhaupt nicht von seinen Erfolgen, aber sein geheimnisvolles Lächeln, die Art, wie er seinen Bart liebkoste, verrieten mehr, als er vielleicht sagen konnte. Natürlich war Leopold ein Modell von Eleganz vom Scheitel bis zur Sohle; er hatte die zierlichsten Füße, die wohlgepflegtesten Hände mit den längsten Nägeln und an allen zehn Fingern kostbare edelsteinblitzende Ringe, lauter Siegestrophäen von den Schlachtfeldern Cupidos. Der Schnitt seiner Mützen, Röcke, Beinkleider ward zum Muster für die gesamte goldene Jugend des Corps, obwohl er nicht immer der Vorschrift entsprach, und es bedurfte strenger Verfügungen des Oberkommandos, um die letztere wieder einigermaßen zur Geltung zu bringen. Dabei galt Leopold für einen liebenswürdigen Gesellschafter, vorzüglichen Reiter und Tänzer. Kann man sich etwas Vollkommeneres denken?

Und mit diesem Mann diente ich bei derselben Eskadron, eine freundschaftliche Berührung war fast unvermeidlich. Von welchem Einfluß mußte sie auf meine weitere Entwickelung sein! Ich pries jetzt meinen Stern, der mich zur ersten Eskadron geführt. — — — — — — — —

„Die Pferde sind gesattelt!“ zitierte die Kasinoordonnanz unbewußt unsern größten Dichter. Ich erhob mich vom Mittagstisch, wo ich, wenig beachtet, den Reden der Aelteren gelauscht hatte, und eilte ans Fenster.

„Dreißig Kreuzer Strafe für eigenmächtige Selbsterhebung!“ schrie gleichzeitig der oben sitzende Kamerad.

Drunten auf dem großen, mit einem seltsamen, von älteren Leuten als Obelisk bezeichneten Denkmal geschmückten Platz erging sich eine Anzahl gesattelter Pferde, von ihren Führern nur mit Mühe gebändigt, wiehernd und ausschlagend in den tollsten Sprüngen. Ein Schauder durchrieselte mich, und ich suchte mir in Gedanken das ruhigste davon aus, das den Kapriolen seiner Genossen mit sanftem Dulderblick zusah. Aber das Geräusch, das meine Tischkameraden nun durch Trommeln auf den Fensterscheiben erregten, machte auch dieses fromme Tier zum wahren Mustang.

Die fünf bis sechs Herren, welche mit von der Partie waren, begaben sich nun mit mir hinab und bestiegen, nachdem sie dieselben erst von allen Seiten betrachtet und befühlt hatten, ihre Rosse. Ich wollte es ihnen gleich thun, allein das für mich bestimmte Tier, Iwans Leibroß, eine Art Schlachtschiff, das den Namen „La Coquette“ führte, schien

mich warnen zu wollen, indem es mir durch eine sanfte Bewegung des Hinterfußes den Bügel, so oft ihn meine Fußspitze berührte, wieder wegschob. Man rief nach einem Schemel, den ich mir ernsthaft verbat. Mit Leopolds Hilfe gelangte ich endlich in den Sattel und höflich, wie es sich Damen gegenüber geziemt, ließ ich meine schöne Reitpeitsche mit silbernem Knopf, deren Anblick Coquette zu mißfallen schien, zurück. Ein schweres Opfer, aber meine Großmut ward übel gelohnt.

Wer die Launen einer älteren Jungfrau kennt, die sich's in den Kopf gesetzt hat, um jeden Preis jung zu erscheinen, der hat einen schwachen Begriff davon, was ich mit meiner Stute auszustehen hatte.

Erst ging sie im ruhigen Schritt mit den anderen, dann am Thor that sie plötzlich, als ob sie etwas vergessen hätte, und wollte umkehren. Nachdem auch diese Schrulle mit Aufgebot meines letzten Stückes Zucker überwunden war, ging's im schlanken Trab auf der Landstraße dahin und nun wollte sie einmal vorne, dann noch vorner, dann wieder hinten sein, kurz ich wußte nicht, wie ich ihr's recht machen sollte. Dabei streifte ich einigemal Iwans Knie mit dem meinigen so heftig, daß ich laut aufschreien hätte mögen, während sich Iwan mit einem Murmeln begnügte, das dem Gegenteil eines Gebetes glich. Endlich waren wir am Ziel, dem durch seine Leistungen weitberühmten Gasthof eines Landstädtchens, zur goldenen Krone benamst, wo wir unsere dampfenden Gäule einstellten.

Durchgeschüttelt wie eine gute Medizin, betrat ich wieder festen Boden, aber ein umgekehrter Antäus fühlte ich mich nach der Berührung in allen Gliedern gelähmt. So war mir mein neuer Beruf in Mark und Knochen gedrungen, ich war zweifellos zum Reiter geboren.

Nun aber ging's lustig her, Wein wurde in Massen herbeigeschleppt, selbstverständlich war ich Iwans Gast; er hielt sogar eine längere Rede, an deren Schluß er ein Hoch auf mich ausbrachte, und Leopold der Schöne bot mir gar das brüderliche „du“ an. Meine Gemütsbewegung dabei steht über jeder Kunst der Beschreibung. Mit Tanz, Spiel und Gesang verging die Zeit nur zu schnell, und zum Schluß wurde ein Parademarsch auf Stühlen ausgeführt.

Die Sterne glänzten am Himmel, als wir aufbrachen. Coquette war wie umgewandelt, sie wollte nicht mehr scheinen, als sie war und benahm sich großmütiger gegen mich, als später die meisten ihrer Namensschwestern. Hatte sie ihren Meister in mir gefunden?

Am östlichen Horizont zeigten sich bereits jene fahlen Lichtstreifen, von denen sich der Morgen über die Berge leuchten läßt, der Mond war totenblaß, weiße Nebel stiegen aus der Erde; einigemal war mir's, als ob Erlkönigs Töchter mit lüsternen Armen nach mir griffen. Endlich, da waren wir.

Bevor ich mein Lager bestieg, beehrten mich Jwan und Leopold noch mit einem Besuch auf meiner jungfräulichen Lieutenantsbude, wo ich ihnen einen Schlummertrank kredenzen durfte.

War es die Wirkung des letzteren, die mich alle Weckrufe meines Dieners überhören ließ?

— — — — „sogleich zum Herrn Rittmeister kommen!"

An diesen Donnerworten erwachte ich, als der Tag schon im heitersten Glanz durch die Fenster blickte.

„Ein Unteroffizier steht draußen, der Herr Lieutenant möchten sogleich zum Herrn Rittmeister aufs Bureau kommen," klang es wiederholt von meines Dieners Mund, und auf demselben Weg erfuhr ich nun auch, daß die Uhr auf halb zehne zeige und von sieben bis achte Instruktion auf dem Dienstzettel stehe.

Donnerwetter! Heute begann ja mein Dienst, das hatte ich ganz und gar vergessen.

Eine mißliche Situation; indessen bei der Intimität meiner Beziehungen zu Iwan, bei der Frische unserer Freundschaft hatte es ja wohl nicht viel zu bedeuten. Es war eben einer jener Fälle, worüber sich begabte Menschen leicht verständigten.

Ich ließ also getrost mein demnächstiges Erscheinen melden und kleidete mich an; ein leichtes Kopfweh umschleierte meinen Blick, es schien mir nicht uninteressant.

Eben schlug's zehne, als ich vor der Thür zum Eskadronsbureau anlangte. Der Wachtmeister stand auf der Schwelle, wie der Riese im Märchen, und sagte salutierend:

„Treten der Herr Lieutenant nur ein, der Herr Rittmeister sind schon drinnen."

Seine Stimme klang so wehmütig weich, wie die des getreuen Eckart, der die Ritter vor den Gefahren des Venusberges warnte, so daß ich nicht übel Lust verspürte, wieder umzukehren. Wie jene jedoch trat ich ein und fand das Gleichnis nicht ganz bestätigt.

Iwan war allein im Zimmer, er lehnte sich auf ein Stehpult, das er gerade um Hauptеslänge überragte, und rauchte eine Cigarre.

— „Wo man raucht, da magst du ruhig harren,
Böse Menschen haben nie Cigarren."

Umgekehrt! just die gutmütigsten Leute sind es, die nie Cigarren bei sich haben, wie ich mich später überzeugte. Als ich Iwan eben einen guten Morgen wünschen wollte, warf er den Stummel weg und wandte sich um. Ich blieb wie angewurzelt und der Gruß in meinem Hals stecken.

War das Iwan, der Iwan von gestern? Nein, das war er nicht, das war Iwan der Schreckliche! Die kurzen dünnen Härchen sträubten sich zornig über der von tausend Falten durchfurchten Stirn, die Aeuglein blitzten wie scharf geschliffene Stahlmesser, der Mephistowinkel war noch um mehrere Grade stumpfer, er mochte jetzt nahe an 180 sein. Die Nasenflügel bebten, die Lippen zuckten und krampften sich wie giftige Schlänglein im Mansenillaschatten des Schnurrbärtchens, dessen Haarspitzen nach der Zimmerdecke deuteten. Ebendahin strebte die ganze Gestalt, allerdings ohne sichtbaren Erfolg.

Ich dachte an den bösen Zwerg Alberich, aber Iwan ließ mir nicht viel Zeit zum Denken.

„Wie kommt es, Herr Lieutenant, daß Sie heute früh nicht im Dienst waren?“ fuhr er mich an, und als ich vor Schreck nichts zu erwidern fand, schoß er auf mich los wie ein Pfeil, so daß ich in die äußerste Ecke des Gemaches zurückwich.

„Nun, werde ich eine Antwort erhalten, Herr Lieutenant? Ein netter Anfang das!“

Großer Gott, war denn das Iwans Stimme, dieselbe, die gestern das schöne Lied „Freund, ich bin's zufrieden“ so gemütlich im Chorus mitgesungen hatte?

Die meinige war zum Stammeln gedämpft, als ich erwiderte. Was? — Ja das weiß Gott. Sicherlich nichts, was Iwans Zorn beruhigt hätte. Er schrie immer wütender, immer schneller auf mich hinein, so schnell, daß ich's schließlich selbst nicht mehr verstand. Nur soviel behielt ich, daß ich es nur Iwans Milde — o welche Milde! — zu danken hatte, wenn er mich nicht gleich vors höchste Tribunal, aufs Regimentsbureau schleppte, wo kein Erbarmen wohnte; daß mit dem nächsten ähnlichen Vergehen meine Laufbahn beendet war.

Das war so das hauptsächlichste, nebenher gingen Bemerkungen, wie z. B. daß Dienst Dienst, sieben nicht zehn, mein Schlafzimmer kein Instruktionssaal sei und etliches andere von gleicher Tiefe.

Ich weiß heute noch nicht, woher Iwan die Stimme nahm, sie klang, als ob es gar nicht die seine wäre, als ob ein böser Geist aus ihm redete. Sie schien mir ein Bariton, als ich sie zuerst vernahm, aber um das „Gut!“ mit dem er mich entließ, mußte ihn jeder Tenor beneiden.

„Ein netter Anfang,“ dachte auch ich, als ich, niedergeschmettert wie ein Verbrecher, das Lokal verließ. Vor der Thüre stand noch immer der getreue Eckart und machte mir seine Honneurs mit so ernstem Gesicht, als ob er kein Wort gehört hätte, obwohl die Posaunen von Jericho wahre Kindertrompeten gegen Iwans Stimmorgane und unsere Kasernenwände noch lange keine Festungsmauern waren.

Draußen war noch immer heiterster Sonnenschein, unglaublich! aber trotzdem schien mir die Natur etwas abgefärbt. Wohin? Mein Herz sagte mir's deutlich: Bei einem nur kannst du Trost finden. Auf denn, zu ihm, zu Leopold dem Schönen!

Leopold wohnte nur wenige Schritte von der Kaserne entfernt, mit einem heiligen Schauer stieg ich die steile Treppe zu seinen Appartements hinauf. Im Voröhrn stieß ich auf seinen Diener; dieser, sonst mit einer vornehmen Livree bekleidet, trug heute einen einfachen Drillichanzug, er war beschäftigt, seines Herrn Stiefel zu wichsen und sah wie eine Winterlandschaft bei eingetretenem Tauwetter aus.

„Ist der Herr Lieutenant zu Hause?“

„Zu Befehl — ja — nein, der Herr Lieutenant sind unwohl, ich soll niemand einlassen.“

Für einen Freund konnte das Verbot nicht gelten, ich trat also ein.

Ein großer Spiegel in etwas verblichenem, mit unzähligen Schleifen und Ballorden verziertem Goldrahmen warf mir mein bleiches Bildnis zurück, um ihn gruppierten sich an der Wand die Porträts berühmter Feldherren, Tänzerinnen und Rennpferde. Grimmigen Blickes, den Säbel in der Faust, ritt Ziethen aus dem Busch geradewegs auf die zierliche Pepita de Oliva los, die ihm als gleichfalls nicht zu verachtende Waffe ihr wohlgeformtes linkes Bein entgegenhielt, der alte Blücher deckte ihr den Rücken, teilnahmslos für die feurigen Blicke einer fächerbewaffneten Italienerin. Nach dieser wieder schmachtete der edle Derbysieger „le gladiateur“ und ließ das duftige Heu, das ihm ein Reitknecht in die Raufe steckte, unberührt. Die Sehnsucht hatte das arme Tier schon bis auf die Knochen abgemagert. Eine Odaliske hatte ihren Schleier gelüftet, aber der erste Napoleon ritt, unbekümmert um ihre Reize, stolz und ruhig weiter über den großen Sankt Bernhard.

Das war alles, was ich auf den ersten Blick sah; ein schmerzliches Stöhnen lenkte meine Aufmerksamkeit in eine düstere Ecke des Gemaches, dessen Vorhänge herabgelassen waren; ich trat näher.

Da lag auf einer mit einem Pferdeteppich überdeckten Chaiselongue etwas zum schauerlichen Klumpen geballt. War das Leopold, Leopold der Schöne?

Er war's! Im grauen Hausrock, engen, an den Knöcheln zugeschnürten Beinkleidern, die Füße in mächtigen Filzpantoffeln, eine große feuchte Serviette turbanartig um die edle Stirn gewunden, das Siegerauge müd und gebrochen, lag er da, der Gott der Freiheit. Und das war Leopold!

Der Klumpen bewegte sich und eine Stimme, hohl wie das Grab, fragte: „Was wollen Sie?“

Ich sah mich um, ob sich außer uns vielleicht noch jemand im Zimmer befände. Nein. So hatte er mich wohl nicht erkannt, obwohl mich seine Augen wie ein Gespenst anstarrten.

„Aber, lieber Freund,“ kam ich ihm zu Hilfe, „du erinnerst dich doch unserer gestrigen Landpartie und — — —“

„Leider“, erwiderte die Grabesstimme. „Was wollen Sie?“ und noch ehe ich mich von meinem Staunen erholt

hatte, fuhr sie fort:

„Ich bitte, verschonen Sie mich mit jeder Auseinandersetzung, ich habe sinnlose Kopfschmerzen, wie Sie wohl sehen werden. Übrigens weiß ich auch bereits alles, was Sie mir sagen wollen. Sie haben den Dienst verschlafen und Iwan hat Sie gerüffelt, ich hätt's Ihnen schon gestern sagen können, daß das so kommen wird. Wenn Ihnen die Versicherung zum Trost gereicht, daß es schon vielen, darunter auch mir, ebenso ergangen ist und noch vielen, darunter Sie selbst, ebenso ergehen wird, daß man sich aber mit der Zeit an alles gewöhnt, so will ich sie Ihnen geben. Das ist aber auch alles, was ich für Sie thun kann, und nun lassen Sie mich in Ruhe. Gute Nacht."

Und erschöpft von der Anstrengung drehte er sich gegen die Wand und ließ mich stehen.

Auch ich empfand ein Bedürfnis nach Ruhe, auch in meinem Kopf knackte es von zerbrochenen Illusionen.

Da schlich ich nach Hause und weinte bitterlich.

Ich grolle nicht!

„Ewig verlornes Lieb, ich grolle nicht."
H. Heine.

Meine Garnisonsstadt gehörte zu den kleineren des Landes; Service dritter Klasse, und dem entsprachen auch die geselligen Zerstreuungen, welche sie bot.

Sie stand im Ruf der Langweiligkeit, und wenn man die Hunde fragte, wie es dort sei, so produzierten sie eines ihrer beliebtesten Kunststücke, indem sie gähnten. Zehntausend Einwohner etwa thaten dasselbe in ihren Freistunden.

Freilich war das nicht immer so gewesen, die Stadt hatte einst schönere Zeiten erlebt. Eine Improvisation auf allerhöchsten Befehl, war sie vor zwei Jahrhunderten aus ödem Jagdgrund aufgetaucht, und ihre ganze Anlage entsprach dem Geschmack jener Zeit. Die Häuser hatten meist nur ein Stockwerk, hohe Fenster und flache Dächer; auf weiten, arkadenumgebenen Plätzen standen verwitterte Denkmäler im Pharaonenstil, wie sie, nur in etwas größerem Maßstab, aus dem Wüstensand der Sahara auftauchen; breite, nach den Hauptlinien der Windrose gerichtete Straßen führten zu reich verschnörkelten steinernen Thoren mit unlesbar gewordenen lateinischen Inschriften. Die große Anzahl reparaturbedürftiger Kasernen hielt die Bauleute des Reichs in reger Thätigkeit; von den beiden Kirchen habe ich nur die eine, diese aber allmonatlich mit militärischer Regelmäßigkeit besucht. Sie glänzte durch Einfachheit, und nichts an ihrer innern Ausschmückung war geeignet, den Blick des Frommen an weltliche Dinge zu fesseln, selbst nicht die Seitengalerie, welche das zarte Geschlecht aufnahm. Unnötige Vorsicht des Architekten, die sie mit hölzernem Gitterwerk umgab!

Um so häufiger besuchte ich das alte herzogliche Schloß mit seinen weiten, gepflasterten Höfen, luftigen Terrassen und Balkonen, seinen hallenden Korridoren, breiten Freitreppen und vielen unbekleideten Statuen. Daran grenzte ein anmutiger Park mit verschlungenen Irrwegen, Seen, Wasserfällen, Tempeln, künstlichen Ruinen und anderen zeitgemäßen Spielereien.

Aber das alles bot ein Bild entschwundener Pracht. Die nägelbeschlagenen Stiefelsohlen stechschrittübender Rekruten vermochten den Graswuchs in den gepflasterten Höfen nicht aufzuhalten, in vielstimmigem Echo warf das alte Gemäuer Flüche und Kommandorufe entrüstet zurück, „ein Tollhaus von Tönen!“

Die hohen Säle mit den verblaßten Deckengemälden, welche die jeweilige Favoritin, seltsamerweise meist mit den

Attributen einer Himmelskönigin bekleidet, darstellten, deren hauptsächlichstes ihr doch jedenfalls abging, dienten als Aufbewahrungsräume für allerlei ärarisches Gerümpel.

In den Korridoren ging allnächtlich die weiße Dame spazieren und schreckte die Schildwachen, die — ich weiß nicht mehr warum — dort auf Posten standen, und den armen, unbekleideten Statuen zerbröckelte der Zahn der Zeit erbarmungslos Stück für Stück ihre blühendsten Reize.

Des Abends jedoch, zwischen Licht und Dunkel, wenn die stechschrittmüden Krieger das Feld geräumt hatten, lag ein eigentümlicher Zauber über den mächtigen Gebäuden, so ein vornehm schwermütiger Zug, der zum Träumen einlud — eine Beschäftigung, der ich schon damals mit besonderer Vorliebe oblag.

Oft, wenn ich um diese Zeit dort spazieren ging, passierten mir die merkwürdigsten Geschichten. Das Zwielicht schien die Züge der Steinbilder zu beleben, sie lächelten wehmütig, namentlich die weiblichen, denen mein besonderes Interesse galt, und kokettierten mit ihren verstümmelten Gliedmaßen; schöne Nymphen in den unmöglichsten, hüftenverrenkendsten Stellungen, wie man sie kaum noch bei neueren Malern antrifft, versetzten mich in eine wahre Pygmalionstimmung. Aus allen Ecken und Winkeln kicherte, knisterte, rauschte etwas; bald klang's wie das silberne Lachen mutwilliger Zofen, bald wie das Klirren ritterlicher Sporen und Galanteriedegen, bald wie das Rauschen seidener Damenschleppen auf den steinernen Platten, und oft, wenn ich mich plötzlich umwandte, sah ich — freilich bloß noch im Verschwinden — ein gepudertes Dämchen im Rokokokostüm oder einen zierlichen Kavalier mit seidenen Strümpfen und Achselschleifen. Kein Zweifel, in dem alten Bau spukte das ganze bunte Gesinde seines einstigen lustigen Hofstaats.

Das Endziel meiner Spaziergänge bildete gewöhnlich ein

kleiner, weit ausschauender Balkon, der einer Legende zufolge vor mir auch dem ersten Napoleon zum Standort gedient hatte, als er sich einmal wichtiger Geschäfte halber in der Stadt aufhielt.

Unter mir wogten die mächtigen Baumwipfel des Parks wie ein grünes Meer, geradeaus traf mein Blick ein zierliches kleines Jagdschloß auf einer Lichtung mitten im Wald, nach Osten schweifte er in ein liebliches Flußthal, wo die violetten Schleier der Dämmerung sich über die Geburtsstätte eines großen Dichters senkten, und von Westen prallte er geblendet zurück, denn dort verklärte der scheidende Sonnenball mit glutroter Glorie die Zinnen einer kleinen Bergfeste, eines Dichters Grab.

Sie können sich denken, wie mir in solcher Nachbarschaft zu Mute war.

Ja, die nächste Umgebung meiner Garnisonsstadt war reich an historisch denkwürdigen, reich auch an landschaftlich schönen Punkten. Nur schade, daß die letzteren in der guten Jahreszeit angehenden Trommlern und Signalbläsern zum Uebungsplatz dienten und somit nur zur Anlage von Taubstummeninstituten geeignet schienen.

So war meine Garnisonsstadt in ihrer Sommertoilette, aber wie anders wird das Bild, wenn ich an dem bekannten Schnürchen ziehe, womit man im Panorama den Winter herbeiruft. Glücklicherweise liest man ja gegenwärtig so viel über Nordpolexpeditionen, daß ich mich hier kurz fassen kann.

Also im Winter war es bei uns sehr langweilig. Die wenigen Museumsbälle waren nur schwach besucht, entweder hatte das zarte Geschlecht die Majorität oder das starke, immer aber war es eine Zweidrittelsmajorität, das heißt es waren entweder vier Damen — die Mütter selbstverständlich nicht gezählt — gegen zwei Herren, oder vier Herren gegen zwei Damen. Was bei parlamentarischen Debatten oft sehr zweck=

dienlich, ja sogar gesetzlich bedingt ist, wirkt bei Museumsbällen auf die Dauer störend. So kam es, daß sich Mitglieder der besten Gesellschaft zu einem Privatzirkel vereinigten, dem man den harmlosen Namen Spielkranz gab. Dieser Kranz blühte wöchentlich einmal und wurde mit Thee begossen. Jugend und Alter waren durch eine dünne Wand getrennt. Es bezieht sich dies jedoch nicht auf die weiblichen Mitglieder, sondern auf das Lokal der Gesellschaft, welches aus zwei aneinander grenzenden Zimmern bestand, in deren einem das reifere Alter Whist spielte, während im andern die mehr oder minder reife Jugend sich bei Tanz, Gesang und Gesellschaftsspielen unterhielt. Den Einsatz bei letzteren bildeten für gewöhnlich nur Bohnen, Erbsen und andere unschädliche Gemüsesorten, doch sollte es sich einer freilich fast verklungenen Sage zufolge auch schon um Herzen gehandelt haben, und eingefleischte Junggesellen empfanden einen heimlichen Schauer vor dem Ort.

Ein altes, wurmstichiges Piano lieferte die Tanzmusik und diente zugleich als Altar, auf welchem beliebtere Liederkomponisten abgeschlachtet wurden. Namentlich war es eine etwas ältliche Generalstochter mit blondem Gelock und blauem Auge, mit Löwenmähne und Taubenblick, welche der Gesellschaft allwöchentlich zu versichern pflegte, daß sie nicht grolle. Obwohl sie sich zu dieser Versicherung leider eines Heineschen Liedes mit Schumannscher Melodie bediente, wollte ihr doch niemand mehr recht glauben. Wäre nicht ihr Vater, der Herr General, jedesmal bei den letzten Tönen freundlich lächelnd und mit den Whistkarten winkend unter der Thüre des Nebengemachs erschienen, so weiß ich nicht, ob der Beifall, der die Sängerin lohnte, seinen stürmischen Charakter auf die Dauer bewahrt hätte.

Dieser kleine, gemütliche Kreis bildete für mich die Schwelle zu der großen Welt, und vermutlich, um mich vor den Gefahren zu warnen, die mir dort drohten, ließ mich die

Vorsehung schon hier auf der Schwelle straucheln; ihre wohlwollende Absicht aber hat sie damit leider nicht erreicht.

An jenem Abend, an welchem ich in den Spielkranz eingeführt wurde, versah Fräulein Hulda v. X., die Nichtgrollende, just das Amt der Theebereitung, und der Vergleich mit der Ambrosia kredenzenden Hebe lag zu nahe, als daß ich, dessen Vorrat an zierlichen Redensarten damals ohnedies kein allzu reicher war, mir ihn beim Entgegennehmen der Tasse hätte entgehen lassen. Es ist wahr, ich errötete etwas dabei, aber ein gnädiges Lächeln auf Huldas Lippen sagte mir, daß sie die kühne Allegorie nicht übelgenommen hatte. Im Gegenteil, denn mit zarter Rücksicht auf meine Schüchternheit engagierte sie mich zum Cotillon. Nicht wenig stolz auf diesen ersten ungeahnten Erfolg machte ich nunmehr die Runde bei den übrigen Olympierinnen.

Es waren dies lauter wohlerzogene Offiziers- und Beamtentöchter, junge und ältere, hübsche und weniger hübsche; von den letzteren versicherte man mir, daß sie äußerst liebenswürdig wären. Diese Versicherung, welche mir in meinem späteren Leben, wo es Lücken in der Ballordnung auszufüllen gab, noch öfter gemacht wurde, fand damals mein vollstes Vertrauen. Später bin ich durch schlimme Erfahrungen etwas mißtrauisch geworden und habe schließlich die Liebenswürdigkeit meist da gesucht, wo ich die Hübschheit schon vorfand. Allein auch dieses System bewahrt nicht vor Enttäuschungen, und ich möchte es Anfängern nicht als Regel empfehlen, denn die Wahrheit liegt hier, wie überall, in der Mitte.

„Das Eis auf den Schloßparkseen war heute schon vier Zoll dick, wenn die Kälte über Nacht anhält, so werden wir morgen eine Schlittschuhbahn haben. Ach, wie freu' ich mich darauf. Sie sind doch auch Schlittschuhläufer, Herr Lieutenant?"

Mit dieser Bemerkung brach Fräulein Hulda das Eis, das sich inzwischen über meiner Unterhaltung mit einer andern

Schönen gebildet hatte, welche sich mehr, als dies ihrem Geschlecht und meinen Kenntnissen entsprach, für Militärwissenschaften interessierte und ein förmliches Examen mit mir anzustellen begonnen hatte. Solche Vertreterinnen des zarten Geschlechts sind in kleinen, abgelegenen Garnisonsstädten nicht so selten, als man glauben sollte, und es läßt sich dies wohl erklären. Man denke sich das einzige Kind eines mittellosen, aber strebsamen Offiziers, den das Schicksal auf einen weltfernen Posten, in eine Art militärischer Kolonie verschlagen hat, wo er nun mit seiner gleichfalls einer Offiziersfamilie entstammenden Gattin, außer aller Verbindung mit anderen Gesellschaftsschichten, seinem Beruf lebt. Freuden und Sorgen des letzteren sind es, die den fast ausschließlichen Stoff der Unterhaltung am häuslichen Herd und in der fast nur aus Standesgenossen bestehenden Gesellschaft bilden. Das Kind ist zum großen Verdruß der Eltern ein Mädchen geworden, während bereits das wohldurchdachteste Erziehungssystem für einen erwarteten Knaben bereit liegt, der traditionsgemäß dem Dienst für König und Vaterland geweiht war. Da nun dieser heißersehnte Sprößling nicht eintrifft, was bleibt übrig, als das einmal fertige System auf das Mädchen anzuwenden?

Militärische Klänge sind's, die zuerst an das Ohr der Kleinen schlagen, die Reitbahn ist ihr Spielplatz; die ersten Bücher, die sie heimlich der väterlichen Bibliothek entnimmt und mit jugendlicher Gier verschlingt, sind nicht etwa schlechte oder gar unmoralische Romane, sondern vielmehr solide militärische Fachschriften; das Exerzierreglement und die Rangliste ersetzen ihr Heinrich Heines „Buch der Lieder“ und Emanuel Geibels „Gedichte“, und mit der Zeit bringt sie's darin zu einer Belesenheit, um die sie mancher Untergebene ihres Herrn Papa beneidet.

Ein großer Feldherr war das Ideal ihrer Träume, und ein alter Hauptmann, der auf ihre Mithilfe bei der bevorstehenden Stabsoffiziersprüfung spekuliert, wird am Ende wohl ihr Gatte. Armes Kind! In den Staaten Seiner Majestät des Königs von Dahome wärest du eine der vielversprechendsten Gardeamazonen geworden.

So oder ähnlich war die Dame im Spielkranz. Bereits war ich ihr die Antwort auf mehrere wichtige Fragen schuldig geblieben, bereits hatte ich einen unserer bedeutendsten neueren Militärschriftsteller mit dem gleichnamigen Komponisten des „Troubadour“ verwechselt und das Miserere gesummt, wo es sich um die Entwickelung einer Kavalleriedivision handelte, als mich Huldas freundliche Einmischung vor weiterer Blamage bewahrte.

Der Dank für diese rettende That muß sich recht deutlich in meinem Blick ausgesprochen haben, denn Fräulein Hulda, nachdem sie ihn erst eine Weile standhaft ausgehalten, schlug ihre Taubenaugen zu Boden und die natürliche Röte ihrer Wangen vertiefte sich um einen starken Ton. Obwohl noch unerfahren in der Deutung solcher Zeichen, fühlte ich doch ein leises Zittern im Grund meines Herzens, an einer Stelle, wo ich auch später wichtige Episoden meines Lebens meist richtig ahnend vorausempfunden habe.

So grollt es ja auch wohl im Innern des Vesuvs lange, ehe die Eruption eintritt, und die glühende Lava versengend über die Stätten menschlichen Schaffens dahinfließt. Wehmütig mußte ich bei Huldas Anblick an die ehrwürdigen Städte Herkulanum und Pompeji denken. Aber weit entfernt, diesem Gedankengang, der das Werk weniger Augenblicke war, Worte zu verleihen, blieb ich vielmehr sprachlos, denn ich hatte eine Entdeckung gemacht, eine Entdeckung, deren Neuheit ich der Mitwelt gegenüber mit Stolz behaupten konnte.

Ich fand Hulda schön!

War es der Gegensatz unserer äußeren Erscheinung? — Hulda war, ich vergaß es zu sagen, nicht nur um eine halbe

Kopflänge größer als ich, sondern auch sonst allseitig über das gewöhnliche Maß entwickelt. — War es der Glanz ihrer Taubenaugen, der mich geblendet? Hatte sich mein Herz in den Flechten ihrer Löwenmähne gefangen oder vielleicht nur in den Maschen seiner eigenen Eitelkeit? Wer vermöchte das zu sagen?

Die kritische Pause, welche diesen Betrachtungen gewidmet war, hatte bereits die Aufmerksamkeit einiger älteren Spielkranzdamen erregt, die Amazone hatte sich mit einem höhnischen Lächeln auf den Lippen entfernt, ihr Prüfungswerk bei begabteren Schülern fortzusetzen. Ich beeilte mich, Fräulein Hulda zu erwidern, daß ich zwar vorerst noch ein Stümper in der Kunst des Schlittschuhlaufs, aber entschlossen sei, jede sich bietende Gelegenheit zu meiner Vervollkommnung zu benutzen, sofern ich dabei auf ihre stützende Hand rechnen dürfte.

Und als mir diese freundlich zugesagt war, blieb ich für den Abend der unbestrittene Kavalier Huldas.

Die vielfach verschlungenen Touren eines Cotillons auf beschränktem Tanzgebiet brachten uns in vertraulichere Berührung, immer vernehmlicher grollte der Vulkan in meiner Brust, der Verlust von mehr als tausend Bohnen, hinreichend, eine arme Vegetarianerfamilie wochenlang zu ernähren, ließ mich kalt. Als Hulda schließlich vor den Opferaltar trat, ihre gewohnte Versicherung abzugeben, als sie mit sanftem, aber verständnisvollem Augenaufschlag zu mir die Worte sang:

„Ich weiß es längst, ich sah dich ja im Traum,
Und sah die Nacht in deines Herzens Raum,
Und sah die Schlang', die dir am Herzen frißt,
Ich sah, mein Lieb, wie sehr du elend bist,
Ich grolle nicht!"

da war mein Schicksal entschieden.

Also eine Schlange war's, was ich für die Zuckungen eines Vulkans gehalten, eine Schlange, die ihren Appetit an meinem Herzen stillte. Sie wußte es und grollte nicht! Ich noch weniger, auch fühlte ich mich keineswegs so elend, wie die Sängerin anzunehmen schien, denn ich befand mich in der gehobensten, glückseligsten Stimmung, in welcher sich je ein junger Lieutenant befunden hat.

Jedes Wort, jeder Blick, jede Bewegung Huldas schwellte mein Herz und servierte einen neuen Gang auf die Tafel der Schlange, derselben Schlange, die meine Elternmutter dereinst zum Genuß verbotener Paradiesäpfel verführt hatte.

Ja, wie Früchte der Erkenntnis, nach der ich schmachtete, lockten mich Huldas Lippen, an ihrem Busen winkte mir jenes selige Land, das die Gelehrten irrtümlich zwischen Euphrat und Tigris suchen, und wer weiß, wohin mich die fatale Nachwirkung der alten Erbsünde noch geführt hätte, wäre nicht schon vor der That der strafende Cherub in Gestalt eines Vorgesetzten, zwar nicht mit dem Flammenschwert, aber mit der Frage an mich herangetreten: „Sind Sie den älteren Damen schon vorgestellt?"

„Den älteren Damen? — Nein!"

Ich glaubte mit meinen bisherigen Vorstellungen allen Pflichten der Etikette genügt zu haben. Daß man sich auch den älteren Damen vorstellen müsse, ja, daß dieses oft gerade die Hauptsache sei, das hatte ich in meiner Unschuld nicht bedacht. Die älteren Damen haben mir diesen Fehler nie verziehen, und ich stand daher auch in der Folge stets auf gespanntem Fuß mit ihnen, was meinem guten Ruf eben nicht genützt hat.

Daß ich mich mit dieser Versäumnis eines nicht geringen Verbrechens schuldig gemacht hatte, merkte ich jetzt wohl; der Vorgesetzte wurde ganz blaß, und selbst Hulda konnte einen Ausruf schmerzlicher Ueberraschung nicht unterdrücken.

„So kommen Sie, kommen Sie schnell!" sagte der Vorgesetzte, nachdem er sich von dem ersten Schrecken erholt hatte,

und meine Hand ergreifend, führte er mich tief erschüttert ins Nebengemach.

Dort saßen an Spieltischen, teils noch in heftigem Whistkampf, teils in ruhigem Gespräch, dem man die Schärfe des verhandelten Themas kaum ansah, die älteren Damen. Meist verheiratete Frauen, die sich durch ihre Ehen das Anrecht auf die vollklingendsten Titel und Prädikate erworben, sowie einige unverheiratete, denen eine gütige Fee dieses Geschenk, leider das einzige, schon bei der Geburt in die Wiege gelegt hatte. Die Besorgnis, sich davon trennen zu müssen, hatte sie bis in ihr hohes Alter vor den Fallstricken des kleinen Gottes bewahrt.

Es fehlte nicht an den so beliebten Spuren einstiger Schönheit, aber man mußte durch einen ortskundigen Cicerone darauf aufmerksam gemacht werden, und dazu hatte mein Vorgesetzter keine Zeit. Kaum daß er mir ein paar der allerwichtigsten Verhaltungsmaßregeln angegeben hatte, da entstand schon eine allgemeine Bewegung in dem ehrwürdigen Kreis. Die Karten entsanken den Händen der Spielenden, das Gesprächsthema wechselte plötzlich und ich merkte an dem Flüsterton, daß es auf mich übersprang; Brillen entstiegen ihren Futteralen, graue Lockenhäupter neigten sich vertraulich zu einander „und neues Leben blüht aus den Ruinen".

Und nun führte mich mein Vorgesetzter von Tisch zu Tisch, von Stuhl zu Stuhl, von Tribunal zu Tribunal, und unter tiefen Verbeugungen stammelte ich meine Lebensgeschichte vom Tag meiner Geburt bis zu meiner Einführung im Spielkranz, die einer Wiedergeburt gleichkam. Die Damen zeigten sich mit den Zügen, welche die Vorsehung meinem Erdenlauf gewiesen hatte, im allgemeinen einverstanden, auch schienen sie den Mangel einiger Eigenschaften, die der Zufall bestimmt, gütigst zu entschuldigen, und als die Neugier der Letzten befriedigt war, ging auch der Spielkranz für diesen Abend zu Ende.

Alles erhob und verabschiedete sich feierlich, ich hatte

noch das Glück, Fräulein Hulda beim Anziehen ihres Mantels behilflich zu sein. Noch ein leiser Druck ihrer — der Wahrheit die Ehre! — nicht kleinen Hand, ein „Auf Wiedersehen morgen!“ und das holde Bild entschwand meinen Blicken.

Aus gegründeter Besorgnis vor den schlechten Witzen einiger Kameraden, denen nichts heilig war, ging ich im ungestörten Vollbesitz meiner Ideale nach Haus. — —

Hochklopfenden Herzens eilte der Prinz auf weichem, silberdurchsticktem Teppich unter der hohen, in allen Farben des Regenbogens schillernden Wölbung des Feenpalastes dahin. Kaum einen Blick vermochte die glitzernde Pracht des edlen Gesteins, das in allerhand phantastischen Gebilden die Decke schmückte, seinem trunkenen Auge zu entlocken. Vor ihm, am Ende der Halle, that sich ein hoher, kreisrunder Saal mit spiegelblankem Krystallparket auf, und in der Gestalt, die dort in anmutigem Reigen mit einem Geleite leichtfüßiger Elfen dahinschwebte, hatte er den Gegenstand seiner Sehnsucht, die Fee Amorosa erkannt.

Kein anderer als ich selbst war der Märchenprinz, die mit Millionen im Glanz der Wintersonne blitzender Eiskrystalle bedeckten Platanenäste des Schloßparks bildeten die Wölbung des Palastes, der Schnee den Teppich, die gefrorene Oberfläche des kreisrunden Sees das spiegelblanke Parket, und wer hätte nicht die Fee Amorosa erraten?

Am Sockel einer frierenden Venusstatue lehnend, im Zielbereich eines bogenbewehrten Amor und unter dem strengen Blick einer Minerva, die vor ihren Kollegen und Kolleginnen den bei der herrschenden Temperatur nicht zu unterschätzenden Vorzug eines Mantels und einer Kopfbedeckung voraus hatte, ließ ich mir durch meinen Burschen die gefährlichen Stahlschuhe anschnallen, und wenige Augenblicke später lag ich zu Huldas Füßen, glücklicherweise ohne dabei erheblichen Schaden gelitten zu haben.

Noch zu verschiedenen Malen hatte ich in der Folge Gelegenheit, diese meinen Gefühlen so entsprechende Position einzunehmen, und stets mit gleich freundlichem Lächeln reichte mir Hulda die Hand, mich aufzurichten. Auf diesen, wie schon bemerkt, ganz zuverlässigen Stützpunkt vertrauend, überwand ich gar bald die ersten Schwierigkeiten, welche das halsbrecherische Vergnügen bekanntlich dem Anfänger entgegenstellt.

Hatte ich's auch noch nicht so weit gebracht, die etwas komplizierte Form eines H — nicht allen Liebenden hat es das Taufregister der Geliebten so schwer gemacht — spielend ins Eis zu ritzen, so wurden meine Bewegungen doch zusehends sicherer und selbstbewußter, meine Fußfälle erhielten einen Anstrich von Grazie und Absichtlichkeit, dessen sie früher entbehrt hatten, und ich kann sagen, daß mich die Liebe schließlich zu einem ganz passablen Schlittschuhläufer gemacht hat. Nicht geringer waren die Fortschritte, welche ich bei dieser Uebung in Huldas Gunst machte.

Ich schweige von den Gefühlen, die meine Brust bewegten, wenn ich mit zitternder Hand den Stahlschuh an Huldas — weil ich just im Zuge bin — zierlichen Fuß befestigte, mit dem Ausblick auf einen Streifen weißen Strumpfgewebes, jenen ominösen Streifen, der uns so oft über das Ganze täuscht. Welch holdseliges Erröten, wenn mein Bursche Huldas, unter dem erhitzenden Einfluß des Schlittschuhlaufes und meiner Schwüre abgelegten Mantel aus Versehen oder Malice über die Marmorschultern irgend einer Olympierin breitete, die sich bisher mit der wärmenden Hülle ihrer eigenen Haut begnügt hatte und nun zur „Venus im Pelz" wurde. Wiederholt mußte ich dem Schlingel solches Versehen, in welchem ich bei seinen geringen mythologischen Kenntnissen nur eine Verhöhnung meiner Ideale erblicken konnte, ernsthaft verweisen. Wenn endlich bei eintretender Dämmerung

der See geräumt werden mußte und die grauberockten Parkwächter mit rauhem Besen in die Welt meiner Gefühle griffen, war ich Huldas Begleiter auf dem Weg zu ihrem ziemlich entfernten Hausthor, vor dem wir stets bei sinkender Nacht anlangten. Dann ein letzter zärtlicher Händedruck, ein leis geflüstertes „Auf morgen!" Nicht selten schien auch der Mond dazu, ganz wie im dritten Akt von Gounods „Faust". Zur Schlußscene freilich brachten wir's nie; Hulda wohnte im zweiten Stock, ihr Vater, der General, litt an Podagra, und seit er pensioniert war, auch an Schlaflosigkeit, wahrscheinlich weil er diesem Bedürfnis während seiner Dienstzeit allzu ausgiebig gefröhnt hatte. Damit aber auch nicht der Schatten eines Verdachtes auf den Ruf einer Dame falle, welche ihre Vorliebe für jungfräuliche Scham und Ehrbarkeit am deutlichsten dadurch bekundet hat, daß sie beide bis in ihr hohes Alter fleckenlos bewahrte, will ich hier ausdrücklich erklären, daß es auch ohne die erwähnten Hindernisse beim „Auf morgen!" geblieben wäre, sintemalen ich kein Faust und Fräulein Hulda kein Gretchen war, auch jede diabolische Assistenz mangelte.

Vielmehr waren es Naturkräfte höchst harmloser Art, welche hemmend auf den Entwickelungsgang unserer Liebe einwirkten. Mit dem Steigen meiner Aussichten nämlich stieg auch das Thermometer, und eines Tages, welcher das beliebte Attribut „schön" nicht verdient, da gerade im Ausschuß der Museumsgesellschaft der lang debattierte Antrag auf Abhaltung eines glänzenden Eisfestes mit Musik, bengalischer Beleuchtung, Glühwein und Berliner Pfannkuchen fast einstimmig durchgegangen war, trat Tauwetter ein.

Der Uebergang von winterlicher Kälte zu fast sommerlicher Wärme führt durch eine Periode des Kotes; das ist der Lauf der Natur, und plötzlicher Gesinnungswechsel bringt es oft auch beim Menschen so mit sich.

So schien denn der kurze Winter, der der Frühling meines Glückes war, zu Ende.

Die Luft wehte so mailich von Süden her, der Himmel war so blau, die Sonne so golden, daß man gar nicht begreifen konnte, warum die Veilchen nicht blühten, die dürren Bäume nicht Knospen trieben, warum die Vögelein noch schwiegen, und nur ein paar lyrische Dichter auf den Leim gingen, die ein kritischer Schneefall ihre Voreiligkeit gar bald bereuen ließ.

Es kamen jene Tage, wo der Lenz der Erde die Cour macht, diese aber noch spröde thut, wohl wissend, daß ihr strenger, mißtrauischer Wächter, der Winter, nur zum Schein abgegangen ist und, wie der bekannte Bauer, der ins Heu fuhr, plötzlich überraschend zurückkommt und den zärtlichen Lenz zur Thüre hinauswirft. Ja, unsere Erde ist ein vorsichtiger Planet, sie ist aber auch alt genug und die Geschichte ist ihr schon gar zu oft passiert. Diese Zeit aber ist eine gefährliche für alle Verliebten.

Nicht mehr alle Tage genoß ich jetzt das Glück von Huldas Nähe, der Zufall wollte, daß gerade um diese Zeit der Magistrat in der Straße, wo Huldas Haus stand, eine Gasröhrenleitung legen ließ, um einem längst gefühlten Bedürfnis abzuhelfen, das ich nicht teilte, denn seine Befriedigung verschloß nicht nur die Passage allen Reitern und Fuhrwerken, sondern legte auch den Fußgängern eine Vorsicht auf, die sich schlecht mit meinen schmachtenden Absichten vertrug. So blieb unserer Sehnsucht nur ein Asyl, der Spielkranz, wo wir von tausend, nein, nur von sechzehn, und zwei schielende halb gerechnet, von fünfzehn mißtrauischen Augen beobachtet wurden. Das ist aber, wie mir jeder, der sich in ähnlichen Umständen befunden hat, zugeben wird, mehr als genügend auch für eine erste Liebe.

Aber die Liebe ist wie das Dynamit, ihre Gewalt wächst

mit der Zahl und Stärke der Hindernisse, die man ihr in den Weg legt, und so wuchs auch meine Herzensschlange, obwohl ihr die Mahlzeit bedenklich geschmälert wurde, in dieser Zeit zur Boa Constrictor an.

Eines Abends nach aufgehobenem Spielkranz, da die Gesellschaft bereits an der Treppe angelangt war, wo die übliche Wiederholung der Abschiedsceremonien stattfand, machte Hulda plötzlich die Entdeckung, daß sie ihren Fächer auf dem Klavier zurückgelassen habe.

Ich eilte sogleich zurück, den vergessenen Hitzableiter zu suchen und fand ihn auch glücklich an der bezeichneten Stelle. Im Begriff, das Zimmer zu verlassen, stieß ich an der Thür mit Hulda zusammen, welche wohl aus mangelndem Vertrauen in meine Findigkeit gleichfalls umgekehrt und mir gefolgt war. Die freudige Ueberraschung schlug mir den Fächer aus der Hand, so daß er zu Boden fiel und, das Los aller Fächer teilend, in kleine Stücke zerbrach. Rasch bückte ich mich nach dem fallenden, Hulda desgleichen, aber sie verlor dabei das Gleichgewicht. Einen Augenblick hatte ich das Gefühl des Atlas, welcher den Himmel auf seinen Schultern trägt, ich oder vielmehr eine unbekannte Macht, für die ich jede Verantwortung ablehne, schlang meine Arme um Huldas Leib, preßte meine Lippen auf Huldas Lippen, daß sie sich in einem glühenden Kusse vereinigten.

Einen Augenblick nur währte diese süße Allianz, denn schon rückten feindliche Mächte ins Treffen. Die Schritte des abräumenden Oberkellners hallten im Flur.

„Hulda!“ rief eine gebietende Stimme von der Treppe her; es war der Papa General, offenbar in dem holden Wahn, daß er noch eine Brigade kommandiere.

Mit einem Blick voll Liebe auf den Elenden riß sich Hulda aus meinem Arm, ihr Busen wogte, die Löwenmähne flog, die Taubenaugen blitzten, ihr glühendes Antlitz

glich einem roten Papierlampion mit der Inschrift: „Auf ewig!"

„Leb' wohl, Geliebter!" stammelte sie und war verschwunden.

Da stand ich vor der Fächerleiche, deren Gebeine ich sorgfältig auflas und in meinem Taschentuch verwahrte, dabei hielt ich folgenden Monolog:

„Zerbrechliches Werkzeug meines Glückes, ruhe sanft! O, wer begreift die Pläne der Vorsehung, wer kann wissen, wozu sie uns, unserer natürlichen Bestimmung zum Trotz, auserſehen hat? Dir — von allen Nebenzwecken, denen du dientest, abgesehen — bestimmt, kühlende Luft glühenden Frauenbusen zuzufächeln, verdankt meine Brust nur verzehrende Glut, die keiner deiner noch so umfangreichen Brüder je fühlen wird. Mit deinem Leben bezahltest du mein Glück; es war ein schöner Tod und ich will dir ein Grabmal bereiten in Goldschnitt und Sammeteinband mit silbernem Schlößlein, und darauf will ich folgendes Epitaphium schreiben:

„Dieses bleichende Gebein war ein Fächer einst hienieden,
Keinem war der Brüder sein schön'res Los als ihm beschieden,
Denn er kühlte eine Welt, die noch in vulkan'schem Gären
Stürmisch wogte, glutbeseelt, in getrennten Hemisphären!

Aber solcher Gluthauch stahl früh das Mark aus seinen Knochen,
Darum, als er fiel einmal, war er sogleich auch zerbrochen,
Ueber seiner Leiche haben schöne Seelen sich gefunden,
Ueber seiner Leiche haben heiße Lippen sich verbunden.

Sterbend hinterließ er mir seines Amtes süße Pflichten;
Hör' es, Styx! ich schwör's bei dir: treulich will ich sie verrichten,
Bis auch mir die Kraft entschwand und mit bleichenden Gebeinen
Fächer sich und Lieutenant in dem gleichen Grab vereinen!"

„Ist Ihnen nicht wohl? Mit was kann ich dienen?" fragte der Oberkellner, und ich bemerkte, daß ich nicht mehr allein sei.

Ich kenne Kameraden, die unter solchen Umständen eine Flasche Champagner bestellt hätten, glücklicherweise jedoch gehöre ich selbst zu den poetisch angelegten Naturen, die einen längeren Spaziergang in freier Luft vorziehen, und so stürmte ich hinaus in die stille Nacht.

Der Wind war nach Nordost umgeschlagen, der kurze Frühlingszauber ging schon seinem Ende entgegen, aber das Himmelsgewölbe strahlte in der Feierlichkeit des Moments entsprechender festlicher Beleuchtung. Alle von unseren Astronomen gezählten und einige nicht gezählte Planeten und Fixsterne hatten illuminiert, und ich verbrachte etwa eine Stunde, indem ich wenigstens an die bekannteren der ersten und zweiten Klasse dankende Ansprachen hielt.

So gelangte ich schließlich vor meine Wohnung und etwas später in mein Bett.

Dort beehrte mich der Traumgott noch mit einer Extravorstellung der seltsamsten Art.

Mir träumte nämlich, ich sei der Trompeter von Säkkingen und befinde mich in einem Turmgemach des alten Freiherrenschlosses am Rhein. Es muß wohl kurz nach dem abgeschlagenen Bauernsturm gewesen sein, denn ich empfand eine schmerzliche Öde in der Stirngegend und saß ziemlich niedergeschlagen in einem großen Lehnstuhl. Neben mir kauerte der schwarze Kater Hidigeigei wie eine Art Beichtvater mit gesträubter Mähne und höhnisch funkelnden Augen und philosophierte über das alte Thema: „Warum küssen sich die Menschen?“ Aber auch ich fand keine Lösung für das schwere Problem, und das um so weniger, als jetzt plötzlich Tritte die Treppe herauf polterten und ich die zornig fluchende Stimme des Freiherrn und dazwischen die leise schluchzende der schönen Margareta vernahm, welche mir offenbar einen Besuch zugedacht hatten. Eine seltsame Beklemmung, welche mit dem Näherkommen dieser Töne wuchs, riet mir dringend, dem Besuch auszuweichen, und mühsam wollte ich mich aus meinem Lehnstuhl aufrichten, aber der wütende Kater sprang mir auf die Brust, schlug mir seine Krallen in die Schultern und zischte mir immer eindringlicher die fatale Frage entgegen, auf die ich vergebens nach einer Antwort rang.

Unterdem sprang krachend die Thür auf, herein stürzte der Freiherr mit hochgeschwungenem Krückstock, seine Tochter hinter sich herschleppend, und jetzt merkte ich erst, daß es der General mit Hulda war. Da faßte ich in der Angst meines Herzens nach der Trompete, die mir glücklicherweise zur Seite lehnte und blies mit der letzten Kraft meiner Lungen eine schmetternde Kriegsfanfare, an deren Klängen ich erwachte.

Der Morgen dämmerte kaum, meine Rechte hielt den Messingleuchter, welcher sonst auf meinem Nachttisch zu stehen pflegte, krampfhaft umklammert und in der nahen Kaserne blies ein Trompeter die Tagwache. Der General, Hulda und der böse Kater waren verduftet, doch hatte ich die deutliche Empfindung von des letzteren langhaarigem Schweif, der mir kitzelnd über's Gesicht gefahren war, ehe er in einer Ecke des Zimmers verschwand. „Warum küssen sich die Menschen?" sprach ich unwillkürlich laut vor mich hin, und die dumme Frage wollte mir nimmer aus dem Kopf, ließ mich zu keinem Schlaf mehr kommen.

Nachdem ich erst lange vergeblich nach vernünftigen Gründen für solch unvernünftiges Thun gegrübelt, zermarterte sich mein armes Gehirn mit der noch unersprießlicheren Erwägung seiner Konsequenzen. Neue Frage, neue Skrupel!

Da stand ich auf, kleidete mich an und ging in die Kaserne.

Es war die schöne Zeit des Frühstalls, die Pferde, die glücklichen Tiere, denen die Natur eine skrupellose Nachtruhe beschert hatte, ließen sich jetzt von ihren Wärtern mit dem Striegel die Haut kitzeln und wieherten freudig dem die Stallgasse entlang rollenden Fouragekarren entgegen, aus dem ihnen ihr erstes Frühstück serviert wurde; dabei äußerten sie gegen ihre früher bedienten Nachbarn unzweideutigstes Mißfallen, indem sie grimmig die Ohren legten, die Zähne bleckten oder gar nach jenen ausschlugen, lauter Vorteile, deren sich der gesellige Mensch im Interesse einer höchst zweifelhaften Civilisation begeben hat

Aber aus ihrem Gewieher selbst tönte mir die Frage entgegen: „Warum küssen sich die Menschen?"

Der Unteroffizier du jour trat salutierend zu mir her und ich glaubte schon, er wolle mir die Antwort darauf geben; er begnügte sich jedoch mit der interessanten Mitteilung, daß nichts Neues sei.

Nicht besser erging es mir bei der nun folgenden Rekruteninstruktion.

Wenn die blöden Kerle bei den einfachsten Fragen, wie z. B.: „Was ist jeder Deutsche?" oder: „Was ist die Armee?" worauf sich die Antworten: „Wehrpflichtig" und: „Eine große Familie" doch eigentlich von selbst ergaben, ganz verdutzt mit offenen Mäulern dastanden, wollte mir oft die Geduld reißen. Aber noch rechtzeitig interpellierte eine innere Stimme: „Wie, wie stündest du denn da, wenn dir der Mann mit der Gegenfrage antwortete: ‚Warum küssen sich die Menschen?'"

Das war zum reinen Teufelholen, den ganzen Tag ließ mir's keine Ruhe.

Als ich des Abends nach Hause kam, fand ich auf meinem Tisch ein versiegeltes Schreiben in Dienstformat mit meiner ganzen umständlichen, hochwohlgeborenen Lieutenantsadresse.

Solch eine Adresse kann nur von einer Militärperson völlig korrekt geschrieben werden, dem uneingeweihten Civilisten wird das nie gelingen. Obwohl ich somit über sein Herkommen völlig beruhigt sein konnte, zitterte meine Hand und klopfte mein Herz, da ich den Brief öffnete. Dieses Zittern und Klopfen aber hatte, wie sich bald zeigte, seine volle Berechtigung, denn das Schreiben kam vom Herrn General.

Nun sage mir noch einer etwas gegen Träume und Vorahnungen. Oder werden Sie es Zufall nennen, wenn ich Ihnen sage, daß ganz dasselbe Thema, welches meine Nacht- und Tagesruhe gestört, gleichzeitig und ebenso eindringlich die Gedanken des Herrn Generals beschäftigt hatte. Denn sein Brief enthielt weiter nichts als eine Variation der alten Frage: „Warum küssen sich die Menschen?" worauf er mir die Antwort allerdings ziemlich nahe legte.

Gleich auf dem Heimweg vom Spielkranz war ihm Huldas seltsames Wesen — hatte sie vielleicht auch die Sterne apostrophiert? — aufgefallen und zu Hause angelangt konnte sie seinem Drängen nicht widerstehen und gestand alles. Der Herr General war selbst einmal jung und verliebt — das letztere hätte ihm kein Mensch geglaubt — gewesen, und wenn er auch den Nebenweg, den ich eingeschlagen, nicht billigen konnte — seine eigenen Gefühle hatten sich stets auf der geraden Heerstraße bewegt — so wußte er ihn doch zu entschuldigen, vorausgesetzt natürlich, daß er nunmehr so bald wie möglich in die besagte Heerstraße einmünde. Er hatte an meinem curriculum vitae, wie ich es jüngst im Kreise der älteren Damen vorgetragen, nichts auszustellen, und vorausgesetzt, daß ich ihm für einige der wichtigeren Daten die schriftlichen Belege in amtlich beglaubigter Form liefern konnte, stand meinem Glück seinerseits kein Hindernis entgegen. Der edle Mann! Er sah meinen weiteren, sofort einzuleitenden Schritten in dieser Richtung mit Vertrauen, meinem Besuch aber, den er eigentlich schon heute erwartet hatte, mit ganz besonderem Vergnügen und der Versicherung seiner wohlgeneigtesten Gesinnung entgegen.

Eine gedrängte, der Unterschrift des Verfassers beigefügte astrologische Tabelle derjenigen Sterne, deren Auftauchen ohne blutige Vorbedeutung für den Entwickelungsgang der Weltgeschichte ist, vervollständigte das kostbare Dokument.

Ich stand ganz verblüfft, nachdem ich es gelesen. Just die Einfachheit der vorgeschlagenen Lösung einer so lange peinlich meditierten Frage war's, die mich erschreckte. Sollte wirklich meiner geträumten Abenteuerlaufbahn schon hier ein Ziel gesteckt sein? Ich, ein geschworener Feind aller Landstraßen, der ich für romantische Wald- und Felsenpfade, mochten sie noch so unpraktikabel sein, schwärmte, sollte ich wirklich jetzt schon einbiegen in die breite, wohlgepflasterte, ebene Chaussee der Ehe? Sollte ich, der ich von dem Baum des Lebens kaum ein paar dürre Zweige gebrochen, dem

„die Knospe Wunder noch versprach", wirklich jetzt schon jenen verhängnisvollen Schritt thun, dessen Größe kein Exerzierreglement normiert hat? „Nein, nein!" protestierte die innere Stimme.

Bei allen lyrischen Dichtern hatte ich es gelesen, das schönste an der ersten Liebe sei, daß sie nie zu einem Ziel führe, aber während diese den schönen Zug doch heimlich beklagten, segnete ich im stillen die weise Maßregel der Vorsehung. Der Gedanke stimmte mich sogar selbst lyrisch und ich dichtete das folgende schöne Gedicht:

„Gar selten ist's, daß erste Lieb'
Ihr holdes Ziel erreicht,
Genug, wenn von dem Flammentrieb
Ein Funke nur im Herzen blieb,
Der nimmermehr verbleicht!

Es haßt die Prosa das Gedicht,
Die Wirklichkeit den Traum,
Der Sonnenschein das Mondenlicht,
Drum ist ja auch für beide nicht
In einer Seele Raum.

Doch wem ein Gott, nicht eigne Wahl,
Das beff're Teil verlieh,
Der flüchtet aus des Lebens Qual
Hinüber in ein goldnes Thal,
Ins Reich der Phantasie!"

So, nun haben Sie einen Begriff, auf welche Art lyrische Gedichte entstehen, und Sie werden zugeben müssen, daß ich nicht bin wie der Nil, der seine Quellen verbirgt. Nein, gottlob, die Quellen unserer Lyrik zu entdecken, bedarf es nicht der Ausdauer eines Afrikareisenden, und doch steht das Publikum diesem Gebiet der Dichtkunst unbegreiflicherweise fast so fremd gegenüber, wie gewissen unerforschten Strichen jenes heißen Weltteils.

Nachdem ich solchermaßen mein Herz durch gereimte

Thränen etwas erleichtert hatte, dachte ich ruhiger über den Fall nach, und siehe da, Huldas Reize hielten einer objektiven Betrachtung nicht stand. Zum erstenmal überkamen mich Zweifel, ob die Löwenmähne auch echt sei, ob hinter den Taubenaugen nicht Schlangenklugheit lauere. Der Unterschied der Jahre, den ich bisher kaum beachtet, schien mir doch zu bedeutend, um eine glückliche, zufriedene Ehe zu garantieren. Die Frage, ob eine solche zwischen Personen so ungleichen Alters überhaupt möglich sei, war noch nicht einmal von unseren bedeutendsten Novellisten und Dramatikern gelöst, und ich fühlte keinerlei Beruf, sie praktisch zu erledigen auf die Gefahr hin, einem Epigonen den willkommenen Stoff zu einer fünfaktigen Tragödie zu liefern. Nein, diesen Vorwurf wollte ich nicht mit ins Grab nehmen! Nein, ich konnte, ich durfte Hulda nicht zu meiner Gattin machen!

Aber wie ihr diesen immerhin etwas verspäteten Entschluß mitteilen? Sollte ich selbst an den General schreiben, ihm die Gründe meines Verzichtes klar und überzeugend darlegen! Ach, wo ließe sich ein General, selbst ein pensionierter, von einem Lieutenant überzeugen! Das widerspräche ja den ersten Grundsätzen der militärischen Rangordnung. Und dann bliebe immer noch ein fataler Punkt, der Kuß, für den ich keine passende Motivierung fand.

Es gab nur einen Weg, ich wollte am anderen Morgen zu meinem Regimentskommandeur gehen, ihm vertrauensvoll mein ganzes Herz ausschütten und ihn um seine Vermittelung anflehen. Setzte es dabei auch vielleicht einen Wischer für mich, so konnte ich mich noch immer rühmen, gelinde weggekommen zu sein.

Und so that ich. Der Herr Oberst machte ein sehr finsteres Gesicht bei der Einleitung, aber je weiter ich in meiner Erzählung fortfuhr, desto verräterischer zuckte es um seine Mundwinkel, und schließlich platzte er zu einem hellen Lachen heraus, als ich mir in zerknirschtem Ton die Frage erlaubte, ob ich nach den bestehenden Vorschriften verpflichtet sei, Fräulein Hulda zu heiraten.

„Nein, mein Kind," sagte er, immer noch lachend, „das sind Sie nicht. Die alte Schachtel könnte ja Ihre Mutter sein." Das war ein gutes Wort. Etwas ernster werdend, fuhr er dann fort: „Ich will mit dem alten General sprechen und die Sache applanieren, was immerhin keine angenehme Aufgabe für mich ist. Sie aber, Herr Lieutenant, thäten besser daran, in Zukunft Ihre Instruktionen zu studieren, anstatt bei alten Jungfern den Don Juan zu spielen. Wenn sich Ihre militärische Laufbahn auf solche Eroberungen beschränkt, so werden Sie's nicht weit bringen, das kann ich Sie versichern. Für diesmal will ich die Sache beilegen und Ihnen das vor dem Forum der gewöhnlichsten Vernunft Unverzeihliche verzeihen. Aber lassen Sie sich das Vorgefallene eine weise Lehre sein, und wenn Ihr jugendliches Temperament Sie je wieder mit ähnlichen Geschmacksverirrungen heimsucht, so schließen Sie sich zu Hause ein und lesen Sie ein paar Abschnitte im Exerzierreglement, das wird Sie ernüchtern. Die nächsten Spielkränze aber besuchen Sie weiter, als ob nichts vorgefallen wäre. Das soll Ihre Strafe sein. Guten Morgen."

Etwas beschämt zwar, aber doch von einem schweren Alp befreit, ging ich weg, und dankbaren Herzens, um den Neid der Götter von mir abzuwenden, las ich in einem Zug die zwei ersten Abschnitte des Exerzierreglements durch, welche von der Ausbildung des Mannes, des Trupps und der Eskadron handeln.

Aber ein Gefühl der Öde blieb doch in meiner Brust zurück. Die Schlange hatte ihre Mahlzeit beendet und mein Herz glich der abgeräumten Table d'hôte einer Kaltwasserheilanstalt. Geraume Zeit brauchte es, sich soweit zu erholen, um neuen Reptilien zum Kosttisch dienen zu können.

Am folgenden Mittwoch begab ich mich, dem Befehl meines Obersten folgend, nicht ohne Zagen in den Spielkranz. Ich hatte mich zu Hause vor dem Spiegel über dem Studium harmloser Gesichtsausdrücke etwas verspätet, und schon auf der Treppe zum Gesellschaftslokal verkündeten mir die schwindsüchtigen Klänge des Piano, daß die Feierlichkeit des Opfers begonnen hatte Ich trat so vorsichtig wie möglich ein.

Meine Verbeugungen wurden von den jüngeren Damen

mit eisiger Kälte, von den älteren mit sichtbarer Geringschätzung, von den ältesten gar nicht erwidert. Da merkte ich wohl, daß sie alles wußten, und die seltene Einmütigkeit ihres Grolles sagte mir, daß ich in Hulda den ganzen, dem Spielkranz angehörigen Teil ihres Geschlechtes beleidigt hatte, daß meine Rolle in diesen Räumen ausgespielt war.

Fräulein Hulda aber saß am Klavier und lauter, bestimmter wie je sang sie: „Ich grolle nicht!"

Nie zuvor war der Beifall, an welchem auch ich meinen berechtigten Anteil nahm, so stürmisch gewesen.

Aber diesmal wußte ich, was ich davon zu halten hatte.

Mein Freund Nikolas.

„Von der Parteien Gunst und Haß verwirrt,
Schwankt sein Charakterbild in der — Regimentsgeschichte."

Schiller, mit einer kleinen Variation von Hecker.

Zuweilen unter dem berauschenden Einfluß einer starken Havannacigarre, wie er selbst sie zu rauchen pflegte, sehe ich ihn wieder leibhaftig vor mir stehen, meinen Freund Nikolas.

Die hohe, breitgeränderte, nach hinten umgestülpte Mütze sitzt ihm tief auf dem linken Ohr, darunter sind zwei lichtbraune Haarsträhne glatt über die Schläfen in das bartlose, blasse, ich möchte fast sagen hippokratische Gesicht hereingekämmt. Unter dem doppelten Schutz einer goldenen Brille und eines ditto Nasenkneifers, dessen Schnur übers rechte Ohr fällt — freilich nur ein schwaches Gegengewicht der Überbürdung des linken — blinzeln mich die müden wasserblauen Augen schalkhaft an. Die stark entwickelte Nase strebt mit dem ganzen Gesicht etwas ins Längliche, wie die Dörfer im Großherzogtum Baden, während der Mund die entgegengesetzte Dimension vertritt. Ein breiter, unschöner Mund mit dünnen Lippen und schlaffen Winkeln, flankiert von zwei tiefen Hautfalten, die bei den Nasenflügeln beginnen und am Kinn auslaufen. Über die linke Wange läuft eine schlecht vernarbte Quart.

Um diesen Mund aber spielt ein Zug von so übermütiger, lustiger Laune, daß ich am liebsten gleich aufspränge, Säbel und Mütze ergriffe und mich an meines Freundes Arm hängte, um mit ihm auszuziehen auf irgend ein tolles Abenteuer, das ihm eben sicherlich im Kopf spukt.

Leider ist er von seinem letzten selbst nicht wiedergekehrt, und ich kann dem schönen Impuls nicht Folge geben.

Was bleibt mir übrig, als die Illusion möglichst festzuhalten, in Ermangelung neuer der alten Abenteuer meines Freundes zu gedenken, und was mir davon erinnerlich, hier niederzuschreiben zum ewigen Gedächtnis!

Mein Freund Nikolas, müssen Sie wissen, schöne Leserin — denn selbstverständlich spreche ich zu einer solchen — war einer der liebenswürdigsten Gesellschafter, die je lebten. Die Damen haben ihm seine Häßlichkeit verziehen ob seines Geistes, er war einer von jenen Menschen, die zu allem Talent haben und es trotzdem oder eben deshalb zu nichts bringen, die keiner Lage — aber Sie haben Goethe ja selbst gelesen — eine problematische Natur, ein liebenswürdiger Lump!

Ach, mein Fräulein, wie kommt es, daß in dieser soi-disant besten der Welten der Leichtsinn so oft der Genosse des Talents ist, daß sich die Tugend so gerne mit der Dummheit verbündet? Warum genießen denn gerade die Kamele dieser Erdenkarawane des Vorzugs, als die ersten zu saufen, wenn man einmal eine anständige Oase erreicht hat, und den anderen die Quelle zu trüben?

Lächeln Sie nicht, Fräulein, denn es ist sehr traurig.

Oder will Ihr Lächeln sagen, daß ich in Paradoxen rede? Wollen Sie behaupten, daß es auch solide Talente und leichtsinnige Dummköpfe gebe?

Dann haben Sie von dem Wort „leichtsinnig“ nicht den rechten Begriff. Wie sollten Sie auch!

Legen Sie, bitte, den Accent auf die vorletzte Silbe und Sie werden einsehen, daß Sie im Unrecht sind. Leichtsinnige Dummköpfe gibt es wirklich nicht, und wenn unser Vaterland einzelne ganz solide Talente aufweist, so sind das Ausnahmen, welche die Regel bestätigen und zu denen mein Freund leider nicht gehörte.

Er war eines reichen Kaufherrn Sohn, in einer alten Hansestadt geboren. Vielleicht waren es just die weitverzweigten, alle Meere durchkreuzenden Handelsbeziehungen seiner Vaterstadt, welche seinem Geist jenen Zug ins Weite, jenen Haß der Scholle einimpften, der ihn aus dem väterlichen Comptoir auf die Universität, von da auf eine Reitschule, zum Militär, aufs Theater und schließlich, Gott weiß wohin, getrieben hat.

Keine dieser Lebensstellungen war spurlos an ihm vorübergegangen, keine auch hatte seinem abenteuernden Geist völlig genügt. Was Wunder, wenn sich der unbefriedigte Überschuß nach allen möglichen Richtungen Bahn brach, unbekümmert um die Schranken, welche menschliche Moral dort errichtet hatte!

Auch war es ein infolge verschiedener Havarien recht dringend gewordenes Reparaturbedürfnis, das sein Lebensschiff in die Docks der Militärcarriere lenkte, wo schon so manche lecke Barke sich wieder zum stolzen Schlachtschiff aufgetakelt hat.

Er kam in eine günstige Zeit. Die deutsche Einheit, das Pflegekind aller Liederkränze und Turnvereine, stand im Begriff, unter die Vormundschaft eines Gewaltigen zu treten, der weder sang noch turnte, aber, was besser ist, im rechten Moment zuschlug.

Als die biederen Deutschen hörten, daß um die Einheit gerauft werden sollte, da kamen sie aus aller Herren Ländern herbei und boten ihre Mitwirkung an, und so trat auch Nikolas als Offizierszögling in unser Regiment.

Sie zogen ihm eine schlecht verpaßte Montur von rauhem ärarischem Tuch an; ich sehe sie noch um seine hageren Glieder schlottern, als er uns Offizieren seine Aufwartung machte. Er sah aus wie ein uniformierter Schulmeister oder so ein gestrickter Ritter, den man den Kindern zum Spielen gibt.

Meine Kameraden lachten, ich aber schmeichle mir, schon damals unter der plumpen Hülle den Schmetterling geahnt zu haben, der sich bald daraus hervorschälte, um nach kurzem Zickzackflug unseren Blicken wieder zu entschwinden. Und auch er schien nach kurzer Bekanntschaft das sympathische Gefühl der Gattung für mich zu empfinden, denn wir wurden Freunde.

Das Avancement war, den Zeitläuften angemessen, ein rasches, und wenn mein Freund auch keine Gelegenheit zu besonderen Heldenthaten fand, die den Lauf der deutschen Einheit überdies nur aufgehalten hätten, so wurde er doch beim Friedensschluß Lieutenant wie ich.

Jetzt erst entfalteten sich seine schlummernden Talente zu wahrhaft tropischer Fülle. Seit er die Epauletten trug, war eine Verwandlung mit ihm vorgegangen. Das steife, linkische Wesen verschwand, die plumpe Hülle fiel, und mit einer Sicherheit des Auftretens, die alle früheren Lacher beschämte, verband er eine Eleganz der Kleidung, deren sein Schneider heute noch mit Wehmut gedenkt. Er war nicht wieder zu erkennen.

Der breite, unschöne Mund ward zur unerschöpflichen Quelle von Witzen und Bonmots, das hippokratische Gesicht vermochte den Ausdruck in der überraschendsten Weise zu wechseln, die scheinbar steifen Glieder zeigten eine Gewandtheit in Ausführung gymnastischer Kraftstücke, um die sie ein Cirkusclown beneiden konnte.

Nikolas bewies, daß er auf der Reitschule etwas gelernt, sein Stall füllte sich mit edlen Rossen weit über die

vorgeschriebene Zahl, sein Name hatte Klang auf den Rennplätzen des Landes.

Er ritt, fuhr, focht, tanzte, plauderte, schmeichelte, spielte, zechte, und das alles mit — Chik! Kurz, der Mann ging, wie man sagt, in allen Geschirren, es konnte nicht fehlen, daß er der Held des Tages ward, daß sich eine kleine gläubige Gemeinde um ihn, den Meister, scharte.

Auch ein Freund der Kunst war Nikolas, und das war sein Verhängnis!

Der Sturm der Zeit hatte einen Thespiskarren an die unwirtlichen Küsten unserer Garnisonsstadt verschlagen; aus den Räumen eines Schafstalls, dessen Bewohner mit Eintritt der schönen Jahreszeit aufs Land gezogen waren, wurde ein Tempel der Musen. Eine Einladung zum Abonnement zirkulierte, Nikolas nahm sich der Sache großmütig an und mit bestem Erfolg.

„Heute Sonntag“ — so verkündeten große bunte Plakate an allen Straßenecken — „wird der mit seiner aus ersten Kräften bestehenden Gesellschaft auf einer Reise durch Deutschland begriffene Direktor X., dem Drängen der Kunstfreunde nachgebend, in dieser Stadt zur Aufführung bringen:

Maria Stuart,
Trauerspiel in 5 Akten von Friedrich Schiller.
Maria . . . Fräulein Rosamunde von Janowsky vom kaiserlichen Theater in Peking als Gast.“

Dem Zettel war ein kurzer Auszug aus der Leidensgeschichte der unglücklichen Schottenkönigin für Nichteingeweihte in liebenswürdigster Weise beigedruckt.

Kopf an Kopf gedrängt, füllte ein auserwähltes Publikum den Saal bis in seine äußersten Winkel, wie es ihm früher nur bei den heftigsten Gewittern passiert war, und begleitete mit Thränen und Seufzern den Gang der Handlung. Fräulein Rosamunde von Janowsky rechtfertigte völlig den Ruf, der sie als „die Rachel des Ostens“ bezeichnete.

Weitaus am besten aber wurde die Scene im Park zu Fotheringhay gespielt. Die ausgebrochene Rückwand der Bühne eröffnete die Aussicht auf einen Hintergrund von Obstbäumen, der an Naturwahrheit nichts zu wünschen übrig ließ und für die mangelnden Seitenstücke reichlich entschädigte. Auch fand der tragische Zwist der beiden Königinnen ein um so treueres Echo in den Herzen ihrer Vertreterinnen, als zwischen diesen in ihrem Privatleben längst ein ähnlicher Zwiespalt bestand, was der Vorstellung ungemein zu statten kam.

Als schließlich auf der Höhe des Affekts ein riesiges Veilchenbouquet, von Nikolas' Hand geschleudert, zwischen die Streitenden flog, über dessen Adresse Zweifel herrschten, hätte sich die Situation beinahe zu einem vom Autor nicht beabsichtigten Schlußeffekt zugespitzt.

Der Vorhang fiel plötzlich. Als er sich wieder hob, behauptete Maria-Rosamunde als Siegerin das Feld, was der auftretende Mortimer und das Bouquet, welches sie bis zum Aktschluß nicht mehr aus den Händen ließ, bestätigten, obwohl eine dunkle Stelle auf der sonst blaßgeschminkten linken Wange ahnen ließ, daß sie diesen Sieg nicht ganz mühelos davongetragen.

Um so schmerzlicher aber war die Niederlage der Gegnerin, als dem Kampfobjekt eine Karte meines Freundes beigeheftet war, welche die Einladung zu einem kleinen Souper nach der Vorstellung enthielt.

Die Rachel des Ostens, eine üppige Brünette mit blitzenden Augen, dem Schatten eines Schnurrbarts auf der kühn geschürzten Oberlippe und einem gelblich fahlen Teint, zögerte denn auch nicht, sich mit einem Anhang von Kollegen in dem bezeichneten Restaurant einzufinden.

In den Pausen des Mahls, dessen Bestandteile wie Eis unter den Strahlen einer Tropensonne dahinschmolzen, erzählte sie uns ihre Lebensgeschichte, eine Geschichte voll erschütternder Tragik, wie sie eben nur einer Künstlerin passieren kann.

Mit merkwürdiger Gedächtnistreue sprach sie von ihrer einsamen Jugend, verlebt in den düsteren Prachtgemächern eines polnischen Woiwodenschlosses, von dem Stolz ihres edlen Vaters, der es der sanften Mutter nicht verzeihen konnte, daß sie ihm keinen Sohn geboren, daß sie Polen um einen Streiter gebracht. Diesem ewigen Vorwurf entzog sich die gequälte Frau schließlich durch die Flucht in Begleitung eines benachbarten Edelmannes, welcher, obwohl gleichfalls feuriger Patriot, doch in diesem Punkt milderen Grundsätzen huldigte.

Die Wut des Beraubten endete aus patriotischen Rücksichten mit einer Neuvermählung, und die arme Rosamunde sah sich den Launen einer grausamen Stiefmutter überliefert.

Der Aufstand brach los, die Streiter der Freiheit unterlagen, die Unterdrücker zogen ein, das alte Woiwodenschloß schwamm in Blut.

Rosamunden gelang es, in Begleitung einer treuen Magd, deren hohes Alter selbst den rohesten Siegern Ehrfurcht einflößte, zu entfliehen.

Von Angst gepeitscht, eilten sie durch die öden Hallen dahin, an Kostbarkeiten zusammenraffend, was noch ganz war, den Ahnenbildern an den Wänden wehmütigen Abschiedsgruß zuwinkend; über ihnen der Lärm der Kriegsknechte, die ihren Sieg in wildem Gelage feierten, zu ihren Füßen Leichen und Blut, ja Blut, in dem sie bis an die Knöchel waten mußten.

Man muß gehört und gesehen haben, wie Rosamunde dies schilderte! Ihre Stimme hatte Grabeslaut, die Augen blickten so schauerlich starr zu Boden, als schauten sie all' das Schreckliche noch einmal. Mit einer zuckenden Handbewegung hob sie ihr Unterkleid über die Knöchel, das Füßchen vorsetzend, als gälte es, eine noch warme Leiche zu überschreiten und — man denke sich die Wirkung dieser Pantomime — sie trug blutrote Strümpfe!

So erreichten sie das freie Feld und unter unsäglichen Beschwerden die Grenze, wo sie auf eine wandernde Schauspielertruppe stießen.

Nach solchen Erlebnissen war es Rosamunden klar geworden, daß sie zur Tragödin geboren war, und sie begann damit, bei der Truppe die Zerlinen zu spielen.

Aber der Neid der Kolleginnen, die ihr Jugend und Schönheit mißgönnten und — solchen Neides Quelle — die Aufdringlichkeit der Kollegen verleideten ihr den Aufenthalt bei der Truppe. Sie fühlte instinktiv, daß ihr Talent nur unter fremden Zonen die rechten Blüten treiben könne, überdies gebot ihr der angestammte Familienstolz der Janowskys eine ausgiebige klimatische Veränderung.

So begrub sie denn die alte Magd, welche der Gram über ihres Pfleglings Los endlich doch getötet hatte, und zog mit dem Rest ihrer Habe in die Neue Welt.

Der Zufall wollte, daß ein alter Freund ihres Hauses die Reise auf dem gleichen Dampfboot mitmachte. Dieser, reich und kinderlos, erbot sich, Vaterstelle bei der Verlassenen zu vertreten und sie zur Erbin seiner Reichtümer einzusetzen, falls sie bis zu seinem Tod, den er nach den jüngsten schmerzlichen Ereignissen in nahe Aussicht stellte, bei ihm ausharre.

Aus Liebe zur Kunst schlug sie das großherzige Anerbieten aus und begnügte sich mit einem kleinen Vorschuß, der ihr zu Beginn ihrer neuen Laufbahn sehr zu statten kam. Bald aber glich diese Laufbahn einem Triumphzug durch die Vereinigten Staaten Nordamerikas, durch Japan und China.

Der Enthusiasmus dieser Völker übertraf alles, was in

Europa je dagewesen. Millionenstrotzende Yankees boten der Künstlerin Herz und Hand an, das stolze Woiwodenkind schlug beides aus. Vergebens schlitzten sich die edelsten Mandarinen die Bäuche auf, sie blieb ungerührt. Ihr Herz hatte außer für die Kunst nur für die eine große Liebe Raum, die jedes Polenherz erfüllt, die Liebe zum Vaterland!

Diese war es auch, welche sie schließlich bewog, ihre glänzende Stellung am kaiserlichen Theater zu Peking aufzugeben und reich mit Schätzen beladen — der Blumen und Kränze nicht zu gedenken, welche der Kapitän aus Furcht vor Ueberfrachtung zurückwies — im Hafen von Shanghai ein Schiff zu besteigen, das nach Europa segelte.

Aber ein heftiger Sturm ließ das Schiff fast im Angesicht der Küste scheitern, die unglückliche Polin rettete sich zwar in einem Boot ans Land, ihre Schätze jedoch verschlang das Meer.

Zum zweitenmal stand sie hilf- und mittellos in der Welt, zum zweitenmal war es die Kunst, die sie rettete. Freilich war es kein leichter Entschluß für die Rachel des Ostens, wieder zu der Misère wandernder Komödianten herabzusteigen, aber nur auf diesem Wege lag Polen, und sie schlug ihn mutig ein!

So war denn die vielgeprüfte Weltumseglerin fast wieder an ihrem Ausgangspunkt angelangt.

Einen Augenblick hielt Rosamunde erschöpft inne, ihre Wangen glühten, stürmisch wogte die Brust, aus dem feuchten Auge sprach der ganze ungeteilte Schmerz ihres geteilten Vaterlandes. Plötzlich aber, den Kopf übermütig zurückwerfend und das Glas hebend, sang sie mit berechtigter Heiserkeit im Schnadahüpfelton:

„'s mag gut gehn, 's mag schlecht gehn,
I acht's nit, mein Seel!
Nur alleweil lustig
Und allweil fidel!"

„Auf Ihr Wohl, meine Herren!" und sie leerte das Glas auf einen Zug.

Stürmischer, lang andauernder Beifall.

„Meine Herren!" — schrie Nikolas, während der Kellner auf sein Gebot die Champagnerkelche füllte — „wer erkennt nicht mit mir in den merkwürdigen Schicksalen dieser allverehrten Dame den Zeigefinger der Vorsehung, welche sie der Kunst, dem Vaterland zurückgibt. Erheben Sie mit mir Ihre Gläser voll des perlenden Weines, der allein wert ist, zu ihrer Ehre getrunken zu werden, und stimmen Sie mit mir an das schöne Lied:

‚Noch ist Polen nicht verloren!'"

Jubelnd folgte die Gesellschaft dieser Einladung, und begleitet von Messer-, Gläser- und Tellergeklirr brauste der feurige Sang wie Wogendonner durch das Lokal, alle ruheliebenden Gäste hinausspülend.

„Wissen Sie," — hub Nikolas wieder an, als der Sturm sich gelegt hatte, indem er dicht an die verblüffte Tragödin herantrat und sie mit einem unbeschreiblich komischen Gesichtsausdruck durch seine doppelten Brillengläser anstarrte — „wissen Sie, schöne Rosamunde, Rachel des Ostens, edle, unglückliche Polin, daß Ihre Stimme mich wie ein Klang aus alter, schönerer Zeit anheimelt, daß mir plötzlich ist, als hätte ich im Strahl dieser schwarzen Augen schon geschwärmt, als hätte mein müdes Haupt schon an dieser Brust geruht, als ob wir beide uns schon irgendwo zwischen Warschau und Peking begegnet hätten? War's nicht vielleicht in Göttingen?"

Rosamunde sah ihn groß und entrüstet an, aber seinem schalkhaften Lächeln, dem innigen Ton, mit dem er, plötzlich den Dialekt wechselnd, die Frage an sie richtete: „Rosel, kennst mi denn nimmer?" war nicht zu widerstehen.

„Ja freilich, Niklas! Bist du's denn wirklich, du lieber Kerl?" rief sie lachend und — in den Armen lagen sich beide.

„Bravo! Bravo!" scholl's aus der Gesellschaft. Nikolas aber schwang sein Glas hoch über der teuren Last und rief mit feierlicher Stimme:

„Finis Poloniae!"

Am folgenden Tage ward Nikolas zum erstenmal in dieser Stadt wegen nächtlicher Ruhestörung polizeilich mit Geld bestraft. Er machte sich wenig daraus, die Sache schien ihm schon öfter passiert zu sein, bei seinen Vorgesetzten aber legte sie den Keim zu einem Mißtrauen, das später für ihn höchst beklagenswerte Dimensionen annahm. Dazu kam, daß er in der nächsten Zeit als der erklärte Liebhaber und Bouquetschleuderer Rosamundens in manchen einflußreichen Damenkreisen sittlichen Anstoß erregte, auch seinen dienstlichen Pflichten nicht mit dem höheren Orts gewünschten Eifer oblag, vielmehr einen großen Teil seiner Zeit mit Kunstbesprechungen im Amtsblatt unter dem Pseudonym eines Hamburger Dramaturgen vergeudete.

Aber auch damit war das Kunstinstitut nicht zu halten, nach kurzer Zeit schon sah sich der Herr Direktor veranlaßt, seine Abschiedsvorstellung anzukündigen, und er war aufrichtig genug, in fett gedruckten Lettern beizusetzen, daß dieselbe „auf allgemeines Verlangen" stattfinde.

Trotzdem war das Haus nur halb gefüllt, düster brannten die Lampen, Kulissen und Garderobe waren zum großen Teil verpfändet, das Orchester schwieg in Erwartung der letzten Monatsgage, eine ähnliche Verstimmung schien auf die Schauspieler zu drücken, das Publikum gähnte; der Musentempel befand sich in voller, sichtbarer Metamorphose zum Schafstall.

Auch Rosamunde von Janowsky hatte ihre Koffer gepackt, des andern Morgens in aller Frühe wollte sie die Reise nach Polen fortsetzen.

Begreiflicherweise zog ich mich früher als gewöhnlich zurück, die Liebenden sich selbst überlassend. —

Es war in der ersten Morgenfrühe des folgenden Tages, als meine Schlafzimmerthüre, die ich in berechtigter Sorglosigkeit unverschlossen ließ, da ich jedem etwa eindringenden Dieb vertrauensvoll das Schillersche: „Halbpart, Schütze, so will ich schweigen!“ zurufen konnte, — plötzlich geräuschvoll aufgerissen wurde und Nikolas in bürgerlicher Kleidung, Gesicht und Brust mit Blut überströmt, auf der Schwelle erschien.

Erschrocken fuhr ich aus dem Schlaf auf und glaubte nichts anderes, als der Dolch eines Rivalen habe meines Freundes Leben bedroht.

Nikolas aber warf sich, über meinen Schreck laut lachend, in einen Stuhl und rief:

„Sei unbesorgt, es ist kein Blut! Aber thu' mir den einzigen Gefallen und laß mir andere Kleider holen, denn Du wirst einsehen, daß ich in diesem Zustand nicht über die Straße gehen und noch weniger zum Exerzieren ausrücken kann.“

Das sah ich allerdings ein, und während mein Diener forteilte, das Gewünschte zu besorgen, erzählte mir Nikolas, was vorgefallen.

Er hatte nach der Trennung von Rosamunden keinen Schlummer finden können und war, nachdem er in verschiedenen Wirtschaften vergebens seinen Schmerz zu betäuben gesucht, schließlich planlos in der Nacht herumgeirrt, als er sich bei grauendem Tag plötzlich in der Nähe ihrer im Hause eines Anstreichers gemieteten Wohnung fand und dem Drang nicht widerstehen konnte, einen letzten Blick zu ihren Fenstern hinaufzusenden. Indem nun seine Beine die ihnen vom

Herzen vorgeschriebene Richtung einschlugen, stießen sie just am Hausthor auf einen Gegenstand, der sich bei näherer Betrachtung als ein Topf voll schwarzer Farbe, darin ein dicker Pinsel stak, enthüllte. Da kam über Nikolas ein hoch-

poetischer Gedanke, er wollte Rosamunden ein letztes sichtbares Erinnerungszeichen weihen, daran sie erkennen sollte, wie treu er ihrer gedacht. Demgemäß hielt er den Farbentopf von der Vorsehung auf seinen Weg gestellt, und schnell entschlossen, wie er stets war, trug er ihn hinaus und begann mittels des Pinsels auf die weiße, frischgetünchte Hauswand just unter Rosamundens Fenster in großen Buchstaben ein „Addio, Rosamunde!“ hinzumalen.

Die Vorsehung war aber in diesem Fall der völlig poesielose Hausbesitzer, welcher eben mit einem zweiten Topf voll roter Farbe, darin gleichfalls ein dicker Pinsel stak, aus dem Thor trat, als Nikolas noch kaum das „Addio“ vollendet hatte. Der Mann vermißte sogleich den ersten Topf an dem Ort, wo er ihn kurz zuvor niedergestellt, sah sich um und erblickte meinen Freund in voller gewerbestörender Thätigkeit.

Kaum aber hatte er ihn erblickt, so faßte seine Hand auch schon den satt mit roter Farbe getränkten Pinsel und schleuderte ihn, begleitet von einem fürchterlichen Fluch, nach dem Uebelthäter.

Nikolas, ein halber Landsmann und eifriger Verehrer Lessings, hatte sich „den Weg vom Aug' durch den Arm in den Pinsel“ etwas länger vorgestellt; er wich um so viel zu spät aus und der Wurf traf ihn voll ins Gesicht, so daß er die Welt einen Augenblick im rosigsten Licht erschaute.

Da indes der ziemlich handfeste Anstreicher Miene machte, dem Wurfgeschoß nachzuspringen, wie einst Siegfried dem Felsblock, den er an Gunthers Statt geschleudert, und sich in allerhand unehrerbietigen Redensarten erging, so blieb Nikolas nichts übrig, als nach einem letzten wehmütigen Blick auf Rosamundens Fenster und die unterbrochene Weiheschrift die Flucht zu ergreifen.

In meiner nicht allzu fernen Wohnung hatte er, da es zusehends heller und in den Straßen belebter wurde, auch einige Vorübergehende, nach überwundener erster Verblüffung, seinen Spuren, als denen eines Verbrechers oder Irrsinnigen, folgten, ein Asyl gesucht und gefunden. Und nun streckte er sich behaglich im Schutzkreis meiner Aegide, zündete sich die beste meiner Cigarren an und schlürfte den Kaffee, mit dessen Bereitung mein fürsorglicher Bursche eben fertig geworden war.

So leicht indes Nikolas die Sache nahm, so hatte sie doch unangenehme Folgen für ihn. Obwohl etwaigen weiteren Racheplänen des gekränkten Anstreichers sofort durch ein ansehnliches Geldgeschenk vorgebeugt wurde, drang doch etwas von der Geschichte zu den Ohren des Regimentskommandeurs, welcher seine väterliche Fürsorge für das Wohl des Untergebenen diesmal in die wenig anmutige Form eines strengen Verweises vor versammeltem Offizierkorps kleidete.

Nikolas sprach von Gefährdung der Menschenrechte, von europäischem Sklavenleben, und nur in der bestimmten prophetischen Vorahnung weltbewegender Ereignisse entschloß er sich, nicht jetzt schon seine Kette zu zerbrechen, und warf sich mit erneuter Energie auf den Sport.

Aber das Glück hatte seine Adresse verloren. Vergebens reiste er mit seinem erst kürzlich umgetauften Rennpferd „Rosamunde" von Rennplatz zu Rennplatz; das Mißgeschick, welches sich an die sonst so flüchtigen Sehnen des edlen Tieres geheftet hatte, ließ sich auch durch die verjüngendsten Salben nicht mehr beseitigen. Die Erfolge zweiten und dritten Rangs, die es noch errang, deckten kaum die Transportkosten, geschweige denn die Nebenausgaben des Besitzers und eines englisierten Jockeys, der trotz seines minimalen Nettogewichts schwer auf die Bilanz seines Herrn drückte. Eines Tages kehrte Nikolas ohne Jockey und ohne Rosamunde zurück und sagte dem Rennsport auf ewig Valet.

Allein bereits war sein Budget, trotz eines ansehnlichen Zuschusses von zu Hause, mit einem nicht unbedeutenden Defizit belastet, das nach Deckung schrie, und die Shylocks bestanden auf ihren Scheinen.

In solcher Not gründete Nikolas eine kleine geschlossene Gesellschaft, welche sich's zur Aufgabe machte, die in dieser Welt leider herrschende Ungleichheit des Besitzes in ihrem

Kreise auf unblutigem Weg auszugleichen und die brennende soziale Frage in stillen Nachtstunden mit Hilfe eines Würfelbechers zu lösen.

Da aber die so einfache Methode seltsamerweise von oben mißbilligt wurde, so sah sich der Verein genötigt, seine gemeinnützigen Bestrebungen in möglichstes Dunkel zu hüllen. Daher hatte Nikolas das Bild eines hervorragenden Heerführers aus alter Zeit, welches in reichem, lorbeerumschlungenen Rahmen die Wand des Kasino schmückte, auf der Rückseite mit einem zierlichen Netz von Quadraten bemalt, deren jedes eine Zahl zwischen zwei und zwölf umschloß, während die mystische Sieben das Gebäude krönte, das die Eingeweihten — ohne daß ich wüßte, warum — einen Tempel nannten.

Wenn sich nun Abends das Offizierskorps im Kasino gesellig vereinigte und, wie dies üblich, die Kriegsthaten vergangener Zeit besprach, alte Schlachten wieder durchkämpfte und in längst vergossenem Blut schwelgte, so war es gewiß nicht zu tadeln, wenn sich namentlich gegen Schluß der Unterhaltung die Blicke der Jüngeren sehnsuchtsvoll nach jenem Bild richteten, dessen Original ja zum Teil wesentlich dabei mitgewirkt hatte.

Kaum jedoch hatten sich der Herr Kommandeur und in seinem Gefolge die älteren Offiziere zurückgezogen, so stürzte sich die Jugend auf das Bild, riß es vom Nagel, pflanzte es ohne weitere Beachtung der ordengeschmückten Vorderseite verkehrt auf den Tisch, und bald rollten die elfenbeinernen Würfel des Zufalls über diejenige Seite des verdienten Generals, welche ihn das eiserne Würfelspiel des Kriegs niemals dem Feind zu zeigen vermocht hatte.

Das ging einige Zeit unbeanstandet mit wechselndem Glück so fort und Nikolas that sich nicht wenig auf seine List zu gut.

Eines Abends jedoch ereignete sich das Unvorhergesehene

und nach militärischer Regel auch kaum Vorherzusehende, daß der Herr Oberst vor dem Weggehen seine Rechnung zu begleichen versäumt hatte. Er ward dieser Versäumnis erst am Fuß der Treppe gewahr, und gewissenhaft, wie es höhere Vorgesetzte in diesem Punkt zu sein pflegen, kehrte er sofort um und trat unversehens wieder ins Zimmer.

Nun verschwanden zwar die eben ihrem Behälter entrollten Würfel samt diesem mit unglaublicher Geschwindigkeit von der Bildfläche, vergebens aber suchte die Gesellschaft das bedrohte Palladium mit ihren Leibern zu decken. Dasselbe war viel zu umfangreich, um den Augen des Kommandeurs zu entgehen, welche mit gerechtem Erstaunen auf Nikolas' mysteriöser Zeichnung ruhten.

Mein Freund war der erste, der seine nur auf Sekunden verlorene Fassung wiedergewann, an ihn wandte sich der Kommandeur um Aufklärung.

Nun hatte er zwar sofort eine solche zur Hand, die jeden Verdacht beseitigen mußte, leider aber, da er sie eben loslassen wollte, fiel ihm ein Würfel aus dem Mund und rasselte in wilden Sprüngen über den Fußboden.

Der Herr Oberst glaubte, sich mit dieser Aufklärung begnügen zu dürfen, befahl den Herren, das Bild an seinen Ort zurückzubringen, sich selbst aber unverzüglich nach Hause zu begeben und das weitere dort abzuwarten, bezahlte seine Rechnung und ging.

Des andern Tags wurde strenges Gericht gehalten und Nikolas als derjenige festgestellt, der mit Zeichnung jenes „Tempel" benamsten Quadratnetzes den ersten Anlaß zu dem streng verpönten Hazardspiel gegeben.

Die Benutzung des Feldherrnbildes erschien überdies als strafbare Profanation, und Nikolas, den sie fortan den Templer nannten, wurde samt seinen Ordensbrüdern zu mehrtägiger häuslicher Betrachtung verurteilt.

Leider aber hatte es dabei nicht sein Bewenden. Ein genauerer Einblick nämlich in die von ihm selbst mit fester Hand in der betreffenden Rubrik des alljährlich auszufüllenden Personalbogens als „geordnet“ bezeichneten ökonomischen Verhältnisse meines Freundes überzeugte den Kommandeur, daß sie dieser Bezeichnung keineswegs entsprachen. Die Folge war eine Korrespondenz mit Nikolas' Vater, ein Besuch des letzteren, begleitet von heftigen Auseinandersetzungen zwischen Vater und Sohn, und schließlich Nikolas' Versetzung in eine entfernte, ihrer geographischen Lage und klösterlichen Abgeschiedenheit wegen bei den Kameraden wenig beliebte Garnison.

So verlor ich meinen Freund, der einem gegenseitigen feierlichen Gelöbnis zum Trotz meine Briefe unbeantwortet ließ, einige Monate völlig aus dem Gesicht. Der harte Winter ging langweiliger wie je vorüber, und es war Frühling, als mir eines Morgens durch die Post ein offenes, von seiner Hand beschriebenes Kouvert zugestellt wurde, welches — seine Verlobungsanzeige enthielt.

Obwohl ich nun seitens dieses seltsamen Charakters auf jede Ueberraschung gefaßt war, so hatte ich mich doch dieser gerade am allerwenigsten versehen.

Nikolas verlobt! Der Falke gezähmt! Der Wandervogel im Käfig! Das konnte unmöglich mit rechten Dingen zugegangen sein.

War er, der sonst so Vielgewandte, in die Netzmaschen einer Kokette geraten, die vielleicht seine augenblickliche Zerknirschung geschickt zu benutzen gewußt? Hatte der goldene Schimmer einer reichen Mitgift den finanziell Bedrängten geblendet, oder war es nur seine Abenteuerlust, die ihn einmal versuchsweise zu einer Exkursion auf bisher nicht betretenes Gebiet verlockt hatte?

Jedenfalls war er wieder einmal der Gegenstand des

allgemeinen Gesprächs unserer kleinen, klatschsüchtigen Garnisonsstadt. —

„Er ist gerichtet!“ schrien die einen, meist eingefleischte Junggesellen, mit dämonischer Schadenfreude.

„Ist gerettet!“ tönten die Engelsstimmen eines älteren Damenchors dazwischen.

„Da macht wieder jemand einmal einen dummen Streich!“ dachte ich, und ich hielt es für Freundespflicht, meine Bedenken umgehend brieflich zu Nikolas' Kenntnis zu bringen.

Dieser aber belehrte mich ebenso umgehend auf vier engbeschriebenen Seiten klein Oktav mit der Epheudevise: „Je meurs ou je m'attache!“ über die Vorzüge der Ehe, deren Lob er mit dem Pathos eines Verliebten in allen Tonarten sang, selbst die etwas verbrauchten Allegorien eines Seehafens, einer Insel im Ozean, einer Oase in der Wüste nicht verschmähend.

Es war also eine Neigungspartie im schönsten Sinne des Wortes, und er erzählte mir, wie das so gekommen; eine einfache Geschichte, rührend in ihrer Einfachheit.

Sie war eines Pfarrers Tochter aus einem Dorf in der Nähe von Nikolas' neuem Garnisonsort — er selbst, der sich so gern auf berühmte Vorbilder berief, nannte es poetisch „Klein-Sesenheim“.

Der Vater, ein jovialer, lebenslustiger alter Herr, wie es die Landpfarrer in dortiger Gegend meist sind, verkehrte viel und gern im Kreis der Offiziere, wo er seines Humors und auch seiner Trinkbarkeit halber beliebt war. Nicht selten auch statteten die Offiziere einen Besuch im Pfarrhaus ab, und die Klein-Sesenheimer Maibowlen erfreuten sich einer gewissen Berühmtheit. So ritt auch Nikolas einmal mit hinaus.

Die liebliche Vegetation des Pfarrgartens machte auf den Sohn des öden, sandigen Nordens einen gewaltigen

Eindruck, einen entsprechenden die duftige Maibowle, die im Freien eingenommen wurde, den gewaltigsten aber die kredenzende Hebe des Orts, die sanfte blonde Elise; „ein echtes deutsches Bild, hart wie Edelsteine und wie Veilchen mild!" Sie schwäbelte und trug das Haar in Zöpfen. Das war Nikolas in seinem abenteuerreichen Wanderleben noch nie vorgekommen! Er war entzückt wie nie, und im Sturm seiner Gefühle setzte er beim Abschied mit dem Pferd über die Gartenplanke, stürzte, verrenkte sich ein Bein und blieb drei Tage im Pfarrhaus liegen, gepflegt von der holden Elise.

Da erst lernte er das Gemüt dieses Engels in seiner ganzen unverfälschten Reinheit erkennen, und es ward ihm klar, daß sein bisheriges Leben eine Kette von Verirrungen, ein unstätes Tasten nach dem Glück gewesen, das sich ihm hier wie keinem Sterblichen bot. O wie pries er die Weisheit der Vorsehung, die ihn auf so verschlungenen Wegen zu diesem Ziel geführt! Wie pries er jetzt das Strafedikt des Magistrats wegen Nachtruhestörung, den Pinsel des Anstreichers, die Verweise des Obersten, den zerstörten Tempel, die mehrtägige Selbstbetrachtung, lauter Werkzeuge, deren sich die Vorsehung zu seinem Glück bedient!

Von da an kam er fast täglich ins Pfarrhaus. Der Pfarrer war nicht selten in Berufsgeschäften abwesend, und er sah sich allein mit der blonden Tochter.

Da brachte er Bücher mit, die er ihr vorlas. Wie andächtig lauschte das fromme, unerfahrene, aber für alles Schöne so leicht empfängliche Kind seinen Worten! Wie strahlte ihr blaues Auge im Wiederschein der Schätze, die er ihr aus dem reichen Schacht unserer Litteratur hob!

So mit Hilfe der deutschen Klassiker (Cottasche Ausgabe), einer Moosbank, eines Lindenbaums und einer liebeschluchzenden Nachtigall gelang es ihm, den Edelstein zu er-

weichen, daß er das berühmte „Spreche Sie mit mei'm Vater“ lispelte.

Und wie er das lispelte! es war zum Küssen!

Den Versuch büßte Nikolas indes mit einer kleinen Schmarre über die Nase, während Elise blitzschnell im Dickicht verschwand, wobei sie sich nur durch den gellenden Aufschrei von einem verscheuchten Reh unterschied.

Nikolas aber schloß in der darauffolgenden Nacht kein Auge und am andern Morgen ließ er seinem Roß — es hieß selbstverständlich „Elise“ — das neueste Paradezeug auflegen, setzte den Helm aufs Haupt, ritt im Galopp nach Klein-Sesenheim und warb bei dem Pfarrherrn um die Hand seiner Tochter.

Dieser war zwar etwas überrascht, aber die Zustimmung Elisens und die von Nikolas' Eltern vorausgesetzt, hatte er nichts gegen die Partie einzuwenden.

Zugleich bat er Nikolas, da er selbst völlig mittellos und auf Lieutenantsgagen doch kein dauerndes Glück zu gründen sei, um eine freundliche Klarlegung seiner Vermögensverhältnisse.

Das Vermögen, das Nikolas von seiner verstorbenen Mutter geerbt hatte und dessen Renten ihm zufielen, war, obwohl es bedeutend von seiner ursprünglichen Frische eingebüßt, immerhin noch groß genug, um bescheidenen Ansprüchen — und in solchen liegt ja das Glück — zu genügen. Der Zustimmung seines Vaters, der in zweiter, kinderreicher Ehe lebte, war er gewiß, denn längst hatte dieser in einer anständigen Heirat den letzten Rettungsanker für seinen unstäten Sohn erkannt. Sie traf auch sofort auf telegraphischem Wege ein.

So wurde denn Verlobung gefeiert und Nikolas war der glücklichste aller Sterblichen, er beneidete keinen Gott, er hatte die große Nummer gezogen!

Und in wenigen Monden — der Adjutant saß schon schwitzend über der Eingabe — war Hochzeit, zu der er mich einlud.

„Gehe hin und thue desgleichen!“ also schloß der Brief.

Ich war sprachlos! Es war das reinste Idyll, ach, nur

zu sehr Idyll, als daß ich mir eine lange Dauer davon versprechen konnte. —

Inzwischen zog die Erde ihre Bahn im Sonnensystem ruhig weiter und die Jahreszeiten folgten sich in anmutigem Wechsel.

Der Frühling schwand dahin und die Blüten welkten, während wir in der Eskadron exerzierten, — der Sommer kam und die Garben reiften, indem wir den Felddienst übten, und noch hatte die klirrende Sense des Schnitters kaum das Feld für die Regiments- und Brigadeexerzitien gebahnt, da nahte auch schon der Herbst der Landschaft mit seiner bunten Palette. Die Manöver kamen in Sicht, die Pferde wurden von Tag zu Tag magerer, aber trostreich ragten die Reitbahnen, diese ernsten Wahrzeichen des Winters, in die blaue Luft.

Nichts Neues im ewigen Kreislauf der Natur und des Dienstes!

Die endlose Schraube drehte sich um und um, die Räder schwangen, die Riemen rollten, auch die verbrauchtesten Stifte wollten nicht weichen, die Maschine lief und die Obermaschinisten sahen wohl nach, daß alles richtig zusammenklappte.

Nichts Neues auch von Nikolas! Hatte er über den Wonnen des Brautstandes die Hochzeit vergessen? Wollte er die nie wiederkehrende Zeit ewig grünend erhalten, den Poeten zum Trotz?

Einige seiner alten Bekannten machten sich kopfschüttelnde Gedanken darüber, andere hatten ihn schon völlig aus der Liste der Lebenden gestrichen.

Da, als die größeren Uebungen unsere Regimenter zusammenführten, sah ich ihn. Es war bei Gelegenheit eines gemeinsamen Mahles der Offiziere. Die poetische Bezeichnung „Liebesmahl“ existierte damals noch nicht, doch kam die Sache so ziemlich auf dasselbe heraus.

Nikolas' Aussehen erschreckte mich, die Falten waren vertieft, das Auge müder, der hippokratische Zug seines Gesichts auffallender wie je. Bei der ersten Begrüßung zeigte er eine Verlegenheit, die ich nie zuvor an ihm bemerkt und die sich auch durch die lustigsten Späße nicht wegspotten ließ. Denn sein Humor war der alte, oder vielmehr nicht der alte; er hatte an Gutmütigkeit eingebüßt, war toller, wilder wie je, nur schien er mir nicht mehr so aufrichtig.

Die Tischordnung hatte uns getrennt, ich sah von meinem entfernten Platz, daß mein Freund den Getränken in ausgiebigster Weise zusprach und seine Umgebung durch Schnurren und Späße in heiterster Laune erhielt, der nur die Anwesenheit der höheren Vorgesetzten vorerst noch einen Dämpfer aufsetzte. Als jedoch diese sich zurückgezogen hatten und man anfing, bunte Reihe zu bilden, erhob er sich und trank mir seinen vollen Champagnerkelch zu mit dem Ruf: „Es lebe Polen!"

„Komm' doch, alter Freund!" fuhr er fort, nachdem er mit seinem Kelch die Nagelprobe gemacht und mich zierlich salutiert hatte. „Was sitzest du so trübselig und allein da unten? Bist du etwa verliebt oder aspirierst du auf den Generalstab? Komm!"

Ich folgte seiner Aufforderung und setzte mich zu ihm; er umarmte mich in überschwenglicher Weise und zog mich etwas abseits von den andern.

„Denkst du noch Rosamundens?" flüsterte er oder glaubte er wenigstens zu flüstern. „Ach, es war doch eine schöne Zeit!" Und er leerte seinen Kelch auf die schöne Zeit.

„Aber, liebster Freund," entgegnete ich, einigermaßen verblüfft, „ich gestehe, daß ich eben diese Reminiscenz jetzt nicht von dir erwartet hätte. Muß ich dich erinnern, daß du mich zu deiner Hochzeit eingeladen hast?"

„Ich lade dich hiermit feierlich aus!" schrie Nikolas dazwischen.

„Und du kommst mir mit alten Geschichten, Verirrungen, von denen wir dich längst gerettet glaubten?“

„Gerettet? In welcher Zeit leben wir denn? Bin ich das Kapitol, das durch Gänse gerettet wird?“

„Du wirst doch,“ unterbrach ich ihn, „mit dieser Anspielung nicht etwa sagen wollen, das deutsche Bild, das Veilchen, der Edelstein, Elise —“

„Ist eine Gans, du darfst mir's glauben, ich habe mich redlich davon überzeugt. Jupiter selbst wird keinen Schwan aus ihr machen!“

„Aber um Gottes willen, so dämpfe doch wenigstens deine Stimme! Drüben spitzen sie schon alle die Ohren.“

„Ach, ich möchte es der ganzen Welt ins Gesicht schreien, wie unglücklich ich bin! Ich kann, ich will die heuchlerische Maske nicht länger tragen!“

„Bedenk', was du mir vor kaum einem halben Jahr geschrieben. Wo bleibt der Hafen, die Insel?“

„Fort mit Hafen und Insel, ich liebe die See! Erinnere mich nicht daran, daß ich wahnsinnig war, wahnsinnig! Ist's denn anders möglich? Hilf mir lieber mich frei machen von dieser Kette, die mich erdrückt!“

„Nun, wenn's so steht, ist die Sache ja einfach. Du gestehst deine Täuschung ehrlich ein und lösest die Verbindung; noch ist sie ja lösbar.“

„Das ist sie ja eben nicht, wenigstens nicht mit gewöhnlichen Mitteln. Mein Vater, meine ganze Familie begeistern sich förmlich für die Verbindung, sie werden wütend sein, wenn ich sie so ohne weiteres löse. Der Alte sieht mich schon in Schlafrock und Pantoffeln, die Pfeife im Maul hinter dem Ofen sitzen und einem Haufen Kinder, Originalkinder versteht sich, Märchen erzählen. Sag selbst: Ist das ein Los für mich? Und doch darf ich den Alten nicht ärgern. Ich habe Schulden, Liebster! Die unglückselige Geschichte hat mich tiefer wie je hineingestürzt und nur er kann mir heraushelfen. Und dann, was glaubst du, daß das für ein Aufsehen machte? Ich könnte dort oben nicht mehr existieren und hier unten habe ich mich vorher unmöglich gemacht. Ach, beklage mich! Ich bin der unglückseligste Mensch unter der Sonne!"

Nikolas leerte zum viertenmal sein Glas und die hellen Thränen sickerten ihm unter der Brille hervor, er schluchzte. Sein Leid, obwohl der Wein seinen Anteil daran haben mochte, rührte mich und ich hätte ihm gern etwas Tröstliches gesagt. Aber was war da zu sagen? Doch ahnte ich, daß er mir nicht alles gestanden, daß noch ein Faktor bei der Entzauberung mitgewirkt, den er mir verschwieg.

„Und Rosamunde?" fragte ich.

„Was soll's mit Rosamunden?"

„Du selbst hast ihren Namen zuerst genannt; du hast sie gesehen?"

„Gesehen? Nun ja, sie hat ihr Vaterland immer noch nicht erreicht. Das arme Kind spielte bei uns dort oben Komödie, freilich keine Marien mehr, aber lustige Komödie, Philinen, Freund, ach und welche Philinen!"

„Du hast sie gesehen, gesprochen und —"

„Und? Kennst du ‚Mignon'? Erinnerst du dich der Scene im letzten Akt, wo Philine ihre große Arie hinter den Kulissen wieder singt? Ach, die Melodie hat mich immer verrückt gemacht!"

„Wohl, aber Wilhelm Meister ließ sich nicht von ihr bethören und du?"

„Ich bin kein Wilhelm Meister, das weiß Gott! Und dann, wo bleibt Mignon?"

„Das arme Kind! Hat sie denn deine Abkühlung gar nicht bemerkt? Hast Du ihr gar nichts gesagt?"

„Mir fehlt der Mut, sie ist ahnungslos, ist so gut, so sanft. Wenn du wüßtest, wie sie Apfeltörtchen backt, wie

sie kocht und spinnt und sorgt! Keine bessere Hausfrau, wie sie! Ein Engel, eine kleine Madonna! — aber, der Teufel soll mich holen, die Madonnen sind just nicht mein Geschmack!"

„Und was willst du thun? Du kannst das arme Kind doch nicht unglücklich machen. Nikolas, bist du ein Mann? Bist du, für was ich dich hielt und trotz alledem noch halte, ein Mensch von Gefühl, von Herz? Sag', was willst du thun?"

„Was ich thun will? Ich weiß nicht. Mich zu Tode schießen, fliehen, alles, was du willst, nur nicht heiraten!“

„Nun, wird euer elendes Gewäsch endlich einmal aufhören? Nikolas, du bist ja ganz sentimental; trink' mit uns, alter Freund! Im Wein ist Wahrheit nur allein!“ scholl es von drüben herüber, und eine lärmende Deputation faßte Nikolas ohne weiteres unter den Armen. Mein Protest half nichts, er ließ sich fortziehen, es war ihm wohl lieb, das Gespräch hier abzubrechen.

„Titania ist herabgestiegen!“ trällerte er noch mit matter Stimme, indem er mir mit dem Glas Lebewohl winkte. Es war unmöglich, noch ein vernünftiges Wort mit ihm zu reden, so gern ich's gewollt hätte.

Verstimmt, fast angewidert von dem, was ich gehört, verließ ich bald darauf die Gesellschaft, als Nikolas eben auf einer Stuhlpyramide stehend, ein Glas und einen Porzellanteller auf dem Kopf balancierend, eines seiner beliebtesten Kunststücke unter jubelndem Beifall zum besten gab.

Das nächste Frührot schon trennte uns, und seitdem habe ich Nikolas nur einmal flüchtig wieder gesprochen.

Das war auf dem Bahnhof meiner Garnisonsstadt, wo wir in der Reisesaison die Ankunft und Abfahrt der Kurierzüge beobachteten, ein schwaches Zugeständnis an den eigenen unbefriedigten Wandertrieb.

Eine gute Restauration war da, wo man bequem bei einem Glas Wein oder einer Tasse Kaffee abwarten konnte, bis der Pfiff der Lokomotive ertönte, Glocken, Hornsignale und Portierstimmen ihr unharmonisches Trio anstimmten und die grünen und gelben Waggons heransausten, aus deren Fenstern blaue Schleier wehten.

Obwohl das sich zweimal täglich bietende Vergnügen kaum ein paar Minuten währte, gab es Kameraden genug, die es seit Jahren nie versäumten, fest überzeugt, daß ihnen

das Glück eines Tages blaubeschleiert aus einem Koupeefenster zufliegen werde.

Ich will nur gleich gestehen, daß ich manchmal auch ihrer Ansicht war, im allgemeinen aber lockte mich das Bedürfnis, Menschen zu sehen, die denen meines täglichen Umgangs möglichst unähnlich waren, und dann, durch den Lärm, das Pfeifen, Schnauben, Blasen, Läuten, den Steinkohlengeruch, das Rennen, Drücken und Küssen in die richtige Reisestimmung versetzt, mit den mir zumeist Zusagenden eine kleine Phantasietour ins Land der Zitronen zu unternehmen.

So stand ich — es war im Spätherbst, der sich eine fast sommerliche Milde bewahrt hatte — auch einmal wieder da, als mir beim Hereinfahren des Zuges ein ungewöhnlich großer blauer Schleier, darunter ein Paar dunkler Augen blitzte, aus einem Koupeefenster entgegenflatterte, freilich nur, um blitzschnell hinter der herabfallenden Gardine zu verschwinden. Als der Zug hielt und ich möglichst harmlos den Perron entlang schlenderte, war nichts mehr davon zu sehen, dagegen begrüßte mich Nikolas aus einem Koupee der ersten Klasse. Er war in elegantem Reisecivil und schien mir besser aussehend als bei unserem letzten Zusammentreffen.

„Wie geht's? Wohin?" war die gegebene Frage.

„In Urlaub nach Hause. Ich habe meinen Renner hinten angekoppelt und will's einmal dort mit ihm versuchen."

„Ich dachte, du hättest diesem Sport für immer entsagt."

„Ach, du weißt ja: On revient toujours à ses premiers amours!"

Mir schien's, als vernähme ich das Kichern einer weiblichen Stimme im Innern des Koupee, wohin mir Nikolas' weit vorgebeugter Oberkörper die Einsicht benahm.

„Bist du allein?" fragte ich.

„Gewiß," erwiderte er lachend. „Wer sollte bei mir sein? Die Einsamkeit kostet mich zudem ein schweres Trinkgeld."

„Und die Klein-Sesenheimer Geschichte?" — —

In diesem Augenblick schrillte die Pfeife des Zugführers. „Fertig!" brüllten die Kondukteure. Die Maschine zog an, und schwer seufzend folgten die Waggons.

„In bester Ordnung!" rief Nikolas, indem er mir die Hand mit ungewöhnlicher Heftigkeit drückte. „Leb' wohl, Lieber!"

Er hielt meine Hand so fest, daß ich gezwungen war, ein paar Schritte neben dem schon im Gang begriffenen Zug herzulaufen, eine gewisse Erregung sprach aus seinen Zügen, mir schien's, als trübten sich die Brillengläser.

„Auf Wiedersehen!" rief ich, da er endlich losließ.

„Auf Wiedersehen! Wer weiß?"

Er zog sein Taschentuch und winkte. Da tauchte plötzlich ein lachendes Weibergesicht über seinen Schultern auf, ein blauer Schleier wehte, zwei schwarze Augen blitzten. War das Rosamunde?

Schneller und schneller rollte der Zug dahin, aus der halbgeöffneten Thür des hinten angehängten Güterwagens glotzte mich ein Pferdekopf aus erstaunten Augen an, ein Reitknecht stand dabei.

Der Zug verschwand — „und Roß und Reiter sah ich niemals wieder!" —

Es überraschte mich danach wenig, als ich ein paar Wochen später hörte, Nikolas habe aus Urlaub sein Abschiedsgesuch eingereicht, dasselbe sei genehmigt, die Verlobung gelöst.

Ob das letztere vorher oder auch erst nachträglich geschehen, blieb mir unbekannt, wie ich auch nichts über Elisens Empfindungen erfuhr. Da dieselbe sich übrigens im nächsten Jahr mit einem ehrsamen Pfarramtskandidaten vermählte, so ist anzunehmen, daß ihr Herz wenigstens keinen unheilbaren Bruch bei der Sache erlitt.

Ueber Nikolas aber sprach die öffentliche Meinung, welche nur dem Genie gestattet, Idylle zu leben, die nicht mit einer Ehe schließen, schonungslos ihr Verdikt. Gerade die am festesten an seine Bekehrung geglaubt und ihm darum in christlicher Liebe alle seine früheren Sünden vergeben hatten, ließen jetzt kein gutes Haar an ihm.

Im Kreis lustiger Kameraden aber, wo dem Einfluß der Gestirne noch Rechnung getragen wird, ist ihm ein freundliches Andenken bewahrt, und wo es zu erlöschen droht, mögen's diese Zeilen wieder auffrischen.

Ueber sein ferneres Schicksal ist mir nur wenig bekannt. Es scheint, daß er sich mit seiner Familie völlig überwarf, denn er wandte sich der Bühne zu, ward erst Direktor, und nachdem er sich auf diesem Wege seiner Barschaft entledigt, aktives Mitglied verschiedener Provinzialbühnen, wo er komische Rollen nicht ohne Geschick spielte. Selbst an einem Hoftheater tauchte sein Name einmal für kurze Zeit auf, dann aber verscholl er gänzlich.

Bekannte wollen ihn an verschiedenen Orten in Begleitung einer schwarzäugigen Dame, im Zirkus, im Orientkrieg, in Monte Carlo und bei anderen zweifelhaften Gelegenheiten erblickt haben. Doch das ist Fabel.

Er ist verschollen! Wo er aber auch weilen mag, sofern ihn nicht die Sichel unseres gemeinsamen Freundes Hain von dieser Erde weggemäht, ob er nun das Schloß der Janowsky im fernen Polen auf seinen Grundfesten wieder aufbaut oder den Pflug über die unwirtliche Scholle des ferneren Texas lenkt; ob er die Axt gegen die Riesen des Urwalds schwingt oder im kalifornischen Sand kornweise das Gold sucht, das er hier so lustig in vollen Händen vergeudet, überallhin rufe ich ihm ein herzliches „Glückauf!“

Er war ein Mensch, in hervorragender Weise ausgestattet mit allen Vorzügen und Schwächen, welche die Natur dieser Gattung von Karnivoren verleiht, es gibt bessere und schlechtere als er, aber „ich könnte besser einen bessern missen!" Ein Mensch von Gemüt, Geist und Bildung, ein Lump — soit! — aber ein Lump von der liebenswürdigsten Sorte.

Und als solchem habe ich ihm dies bescheidene Denkmal errichtet.

Romeo und Julia in der Garnison.

„Komm mit, und wir wollen's kurz machen."
Romeo und Julia, 2. Akt, 6. Scene.

Nördlich von Verona irgendwo in deutschen Landen liegt die Stadt X.; wenn auch keine Festung ersten Ranges, ist es doch ein ansehnlicher Waffenplatz. Alles, womit man in Kriegszeiten den Feind schreckt, als da sind: Generale, Stabs-, Subalternoffiziere und Gemeine, Kanonen, Gewehre und anderes Rüstzeug, ist in Massen dort angehäuft. Zur Zeit, als ich mich noch selbst zu jenen Schrecknissen zählte, war die Garnison mehrere Tausend Mann stark, und daneben fristete noch ein Häuflein Beamter und Bürger sein wenig bemerktes Dasein. Die Wohnungsgelegenheiten ließen damals manches zu wünschen; weitaus am besten waren die Kanonen und Gewehre daran, welche ein großes massives Zeughaus mit im Renaissancestil gehaltener Fassade bewohnten. Sonst behalf man sich so gut es eben ging, denn man war damals noch nicht so anspruchsvoll wie heute. Ueberdies war die Stadt auf allen Seiten von prächtigen Lindenalleen umgeben, was den Aufenthalt im Freien in der guten Jahreszeit sehr angenehm machte.

Leider muß ich hier meine Schilderung abbrechen und auf das lokale Kolorit, dem manche neuere Romane gerade ihre Berühmtheit verdanken, Verzicht leisten. Eines Dichterdenkmals darf ich jedoch nicht vergessen, denn ich habe den Sänger des Tell — er hat bessere — oft im stillen darum beneidet. Ja, sollte es mir vom Schicksal bestimmt sein, daß ich mich je wieder dauernd in X. aufhalte, so wär' mir's gleichfalls am liebsten, wenn dies in Erz oder in karrarischem Marmor geschähe.

Ein Dragoner- und ein Ulanenregiment waren die vornehmsten Truppenteile der Garnison; sie hatten beide fürstliche Chefs und zählten sich daher so halb und halb zur Garde; Gut und Blut des Landes waren in beiden gleichmäßig vertreten. Gerade diese beiden Regimenter trennte jedoch ein unheilbarer, über ein Jahrhundert alter, sozusagen historischer Zwiespalt. Sie hatten einmal, ich weiß nicht mehr in welcher Schlacht Friedrichs des Großen, vereinigt eine kühne Attacke auf den Feind geritten, welche dieser mit empfindlichen Verlusten zurückwies. Wer die Schuld daran trug, blieb unaufgeklärt, doch wurde sie, von jedem der beiden bis dahin stets siegreichen Regimenter dem anderen zugeschoben, die Quelle jenes traditionellen Hasses, der sich seitdem von Geschlecht zu Geschlecht forterbte. Dienstlich war der gegenseitige Wetteifer zwar von den besten Erfolgen begleitet, anders stand es jedoch außer Dienst. Begegnungen, welche die geringe räumliche Ausdehnung der Stadt unvermeidlich machte, führten manchmal zu blutigen Raufereien unter den Mannschaften. Bei Bällen und Gesellschaften beanspruchten beide Offizierkorps den Vortanz, und war man auch notgedrungen zu einer Verabredung über die abwechselnde Ausübung dieser Prärogative gelangt, immer wieder gab es einzelne, die sich daran nicht kehrten. Besonders schroff trat der Zwiespalt in Sachen des Geschmackes und der Mode zu

Tage. Trugen zum Beispiel die Ulanen ihre Mützen nach hinten umgestülpt, schief auf dem Ohre, so konnte man sicher sein, die Dragoner mit hochaufgerichteter, schnurgerade sitzender Kopfbedeckung einherwandeln zu sehen, und fanden es diese dem hohen Stande militärischer Bildung entsprechend, das oberste Knopfloch am Ueberrocke uneingeknöpft zu lassen, gleich knöpften die Ulanen das unterste auf und behaupteten, hieran den Maßstab zeitgenössischer Kultur zu erkennen.

Da nun jedes der beiden Regimenter wieder seinen Anhang hatte, so entstand dadurch eine heillose Begriffsverwirrung, und der Riß, der die beiden trennte, ging manchmal mitten durch die Garnison.

Keine vorgesetzte Behörde hatte bisher etwas dagegen vermocht. Nur zwei- bis dreimal im Jahre kam es zu einer Art Waffenstillstand, nämlich, wenn der gemeinsame Divisions- oder Brigadekommandeur Besichtigung abhielt, wobei sich der Mützensitz genau nach den bestehenden Vorschriften zu richten hatte und auch bezüglich der Knopflöcher eine wohlthuende Gleichförmigkeit herrschte. Diese Besichtigungen schloß gewöhnlich ein gemeinsames Liebesmahl, dem die Generale beiwohnten, und wobei es an den üblichen Toasten auf Korpsgeist und Kameradschaft nicht fehlte. Dazu schmetterten die vereinigten Trompeterkorps ihre betäubendsten Fanfaren, die Kommandeurs schüttelten sich die Hände und die Lieutenants tranken sich große Quantitäten erbfeindlichen Getränkes aus einem silbernen Pokale zu, dessen prompte Leerung mit technischen Schwierigkeiten verknüpft war.

Allein etwas mehr oder weniger Lob bei der vorhergegangenen Kritik gespendet, etwas mehr oder weniger Sekt, der in dem Pokal zurückgeblieben, genügte, schon andern Tags den alten Streit zu neuen Flammen anzufachen und die Notbrücke, welche des Generals Anwesenheit über den Abgrund geschlagen, bis zu dessen nächstem Besuche wieder abzubrechen.

Wie die Männer, so die Frauen. Jedes Regiment bildete in sich eine geschlossene Familie und die Zugehörigkeit wurde im Gespräche durch Vorsetzen des Wörtchens „unser“ vor alles, was in dem Verbande stand, betont. So zum Beispiel sagten die Damen: „Unsere Rittmeister sind sehr angestrengt“ — „Unsere Lieutenants haben sich die Mägen verdorben“ — „Unser kleiner Fähnrich tanzt Sechsschritt“, und ebenso ungeniert bedienten sich die Herren des persönlichen Fürwortes, wenn von den Damen die Rede war, was hier nicht mit Beispielen belegt werden soll. Blieb sich nun auch der männliche Effektivbestand, wie ihn der Etat vorschreibt, allezeit ziemlich gleich, so war doch der weibliche manchen Schwankungen unterworfen; es dienten oft bei einem Regimente mehr Familienväter, beim anderen mehr Junggesellen, und auf ein Dutzend kourfähiger Damen auf der einen Seite kam oft nur ein Paar auf der anderen. Während dieses Paar sich nun von einem ganzen Schwarm huldigender Lieutenants umworben sah, mußten sich jene zwölf mit drei bis vieren von der Sorte begnügen und blieben daher beim Tanze häufig sitzen, wenn sich die anderen fast die Schwindsucht an den Hals rasten.

Es konnten auch die geselligen Elemente in beiden Offizierkorps ungleich verteilt sein, so daß sich die Lieutenants des einen als düstere Misanthropen in den Saalecken herumdrückten oder gar — dies freilich selten ohne die verdiente Enttäuschung — gastronomischen Studien oblagen, indessen die des anderen sich wie trainierte Rennpferde gebärdeten. Eine strenge Disciplin konnte da Hilfe schaffen. Hatten aber die Grazien gar ihr Füllhorn einseitig über das „ewig Weibliche“ ausgeschüttet, so ergaben sich Situationen, die nach einem Tragödiendichter schrieen.

Eine solche war eingetreten zu Anfang des Jahres Achtzehnhundert und — es war der letzte Wille des längst verschiedenen Freundes, dessen Nachlaß ich diese Aufzeichnungen verdanke, daß das genauere Datum verschwiegen bleibe. Damals also stand die weibliche Flora des Ulanenregiments in geradezu überraschender Blütenfülle, während sie bei den Dragonern einen entschieden herbstlichen Charakter trug. Dagegen war der jüngste Nachwuchs tanzender Lieutenants, der bei jenem vieles zu wünschen ließ, bei diesen ganz vorzüglich geraten, namentlich aber verfügte das Dragonerregiment über einen Offizier von so vielseitigem gesellschaftlichen Talente, daß er, selbst vom Feinde anerkannt, als eine erste Kraft, als der maitre de plaisir der Garnison galt. Es war dies der Lieutenant von Sternau.

Schlank, blond, mit veilchenblauen Augen, entbehrte Herr von Sternau äußerlich nur einer derjenigen Eigenschaften, welcher der Lieutenant im Kampf ums Weiberherz, dieser für ihn so wichtigen Episode des Kampfes ums Dasein, bedarf, allerdings einer der wirksamsten, nämlich des Schnurrbarts. Doch war es nicht der Geiz der Natur, der ihn dieser Zierde beraubte, nein, er selbst hatte sie geopfert auf dem Altar der Kunst. Der Drang zur Kunst war ein Erbteil aller Sternaus, und einige Vorfahren hatten ihm nicht nur ihre Schnurrbärte, sondern auch den größten Teil ihrer beweglichen Habe geopfert, so daß auf unseren Helden nicht viel mehr als gerade dies Erbstück kam. Wie aber wußte er es zu nützen! Die Idee des universellen, alle bisher isolierten Gattungen in sich vereinigenden Kunstwerks war ihm schon aufgegangen zu einer Zeit, da man von Richard Wagner kaum sprach, und mit diesem Meister teilte er die Unbedenklichkeit in der Wahl der Mittel, die rastlose, durch nichts zu beirrende, alle Hindernisse besiegende Energie. Schauspieler, Dichter und lustige Person in einer verschmelzend, war er des Erfolges im voraus sicher. Die Aufführungen, die er veranstaltete, erfreuten sich daher auch eines Rufes weit über die Grenzen der Garnison hinaus und erregten den Neid der selbstverständlich davon ausgeschlossenen Ulanenfamilie.

Aber auch ein leicht entzündbares Künstlerherz schlug in seiner Brust. Seine Verehrung des anderen Geschlechtes hatte einen großen Zug; unabhängig von dem wechselnden Naturspiele der Haar- und Augenfarbe, entsprang sie eben jenem allgemeineren Drange zum Schönen, und er liebte es, ihr in schwungvoller Rede Ausdruck zu geben. Dafür fehlte nun leider seiner Umgebung das Verständnis, und die Kameraden nannten ihn scherzend den Romeo.

Der Rosalinden, für welche dieser Romeo geschwärmt, waren es verschiedene, keine hatte seine Glut geteilt, ja, wenn man den bösen Zungen glauben durfte, hatte er sich zu den vielen Lorbeeren seiner Stellung auch bereits einen und den anderen Korb geholt.

Sternau war, wie schon bemerkt, nicht mit Glücksgütern gesegnet. Die Familie besaß zwar ein Rittergut und er konnte mit vollem Recht zu seiner Zukünftigen sagen: „Komm auf mein Schloß mit mir!“ was er natürlich unter allen Umständen gesungen hätte. Doch würde ihn die Annahme der Einladung in Verlegenheit gebracht haben, denn die Zahl derer, mit denen er sich in den wertvollen Besitz teilte, war so groß, daß auf ihn selbst nur ein paar Kämmerlein in höchster Lage mit allerdings vortrefflicher Aussicht kamen.

Nicht seine Mittellosigkeit war es jedoch — wo hätte die je eines Lieutenants Siegerschritt gehemmt! — die seinem Glück bei den Frauen im Wege stand, vielmehr gerade die bevorzugte Stellung, welche er ihnen gegenüber einnahm. Keiner stand mit ihnen auf so vertrautem Fuß wie er; die Mütter verhätschelten ihn und die Töchter versicherten ihm bei jeder Gelegenheit: „Das haben Sie reizend gemacht, lieber Sternau, es war ganz entzückend, zum Totlachen, wir haben uns göttlich amüsiert!" und was dergleichen Redensarten mehr sind. Er war ihnen unentbehrlich, aber eben weil er vor ihnen allen der Reihe nach auf den Brettern schon gekniet, hatten sie sich gewöhnt, seine Gefühlsergüsse auch im Leben für nichts anderes als besonders gelungene Kunstleistungen zu nehmen. Ihn heiraten wäre ein Raub an der Gesellschaft gewesen, dessen sich keine schuldig machen wollte.

Weibliche Vertraulichkeit, wenn sie eine gewisse Grenze überschreitet, ohne sich zur Liebe zu entwickeln, ist immer ein zweifelhaftes Geschenk, geradezu eine Beleidigung aber, wenn ihr Gegenstand ein Lieutenant ist. Kann man sich etwas Ungereimteres denken, als wenn Tiger und Gazelle, Wolf und Lamm, Lunte und Pulverfaß ein Bündnis schlössen, sie wollten sich in Freundschaft harmlos miteinander vertragen?

Dieses Widersinnige seiner Stellung empfand auch Sternau, und wenn er es, wie die Dinge augenblicklich bei seinem Regiment lagen, weniger schmerzlich empfand, so gewährte ihm andererseits auch seine Kunst nicht mehr die frühere Befriedigung. Sein Personal war zusammengeschrumpft in jeder Beziehung, die besten Kräfte hatten sich anderwärts mit lebenslänglichen Kontrakten gebunden; die jugendliche Liebhaberin war für ihre Rolle nicht gewachsen, das Fach der Naiven ganz unbesetzt. Keiner empfand die Trostlosigkeit der Lage so tief wie Herr von Sternau.

Wie anders war es, wenn er den Blick nach jener Seite richtete, wo die leider verbotenen Früchte so verlockend über die Schranken des Paradieses herüber nickten, vor dessen Pforten die Engel der Thorheit und des Vorurteils mit blitzenden Flammenschwertern Wache hielten! Was mußte mit solchen Kräften zu leisten sein! Der Mensch und der Künstler in ihm sehnten sich gleich stark dort hinüber.

Solches Sehnen war freilich der reine Hochverrat, und Sternau hütete sich wohl, seine geheimen Gedanken im Kreise der Kameraden laut werden zu lassen; nein, da schürte auch er den Familienhaß um so eifriger, je mehr sich sein schwaches Herz zur Liebe geneigt fühlte. Denn es war nicht beim Gedanken geblieben, er hatte sich seiner Richtung folgend schüchtern erst und vorwurfsvoll, aber in immer engeren Kreisen bis dicht an jene Schranken herangeschlichen und zwar an einer Stelle, wo sie in Gestalt eines zierliches Gitters den Garten des Ulanenkommandeurs, des Obersten von Helmkron, umschlossen. Dort stand an vorspringender Ecke ein Kiosk und in diesem ein Tisch und eine Bank, und auf der Bank saß, seit die Abende milder wurden, nicht selten eine allerliebste junge Dame, gewöhnlich mit einem Buch und einer Handarbeit, meistens aber über beide hinweg sehnenden Blickes nach Süden schauend.

Diese Augen, die so weltvergessen „das Land der Griechen mit der Seele suchten“, hatten's ihm angethan. Nun darf zwar nicht verschwiegen werden, daß dieselben, als sie auf ihrer Reise ins Land der Ideale zuerst einem so realen Hindernis, wie es ein Dragonerlieutenant immerhin ist, begegneten, sich sofort abwandten, ihre Besitzerin aber errötend unter Mitnahme von Buch und Handarbeit den Platz verließ. Allein sie erschien doch am nächsten Tage wieder, und nach der dritten Begegnung hatte der Rückzug schon den Charakter der Panik verloren, nach der vierten erfolgte er mit Zurücklassung des Gepäcks, nämlich des Buchs und der Handarbeit. Unser Held machte von dem Recht des Siegers Gebrauch und es gelang ihm, indem er seinen Arm zwischen den Gitterstäben durchzwängte, von der Handarbeit zwar nur ein Flöckchen Seide zu erwischen, das er sofort an seinem Herzen barg, dagegen das Buch ganz ins Bereich seines Sehvermögens zu rücken.

Es war ein Band von Shakespeare, die aufgeschlagene Stelle die zweite Scene des zweiten Aktes von „Romeo und Julia“, wo Julia am Fenster dem im Garten lauschenden Romeo ihre Liebe verrät.

„O Romeo! warum denn Romeo?
Verleugne deinen Vater, deinen Namen;
Willst du das nicht, schwör dich zu meinem Liebsten,
Und ich bin länger keine Capulet?“

War das Zufall oder Absicht? Unser Romeo hatte nicht viel Zeit darüber nachzudenken; ein Geräusch von Schritten veranlaßte ihn, das Buch eiligst an die alte Stelle zurück zu schieben und sich hochklopfenden Herzens einige Schritte vom Schauplatz seines Frevels zu entfernen. Hier ward er der unfreiwillige Zeuge folgenden Gesprächs, das sich zwischen dem Obersten von Helmkron und seiner Gattin entspann:

„Aber, bester Schatz, zur Liebe kann ich sie nun doch einmal nicht zwingen, wenn ihr der Hagedorn nicht gefällt.“

„Was hast Du an ihm auszusetzen? Ist er nicht ein pflichttreuer Offizier, in seinem Fach erfahren wie wenige? Hast Du mir nicht oft selbst seine große Gewandtheit in der Behandlung von Pferden gerühmt?“

„Gewiß, die bestreitet ihm niemand, aber zwischen Pferden, Schatz, und —“

„Und Menschen ist ein Unterschied. Das wußte ich, ehe ich das Glück hatte, die Gattin eines Kavallerieobersten zu werden.“

„Nicht so heftig, Sophiechen, Du hast doch gewiß keinen Grund, Dich über Dein Schicksal zu beklagen.“

„Nicht? Ich entschließe mich, nicht ohne Bedenken darf ich sagen, ein lange treu bewahrtes Gelübde zu brechen, meine Freiheit, einen geachteten, ja berühmten Namen zu opfern, einen Wohlthätigkeitssinn, ein Beglückungsbedürfnis, das außerdem der ganzen leidenden Menschheit zugute gekommen wäre, auf den engen Raum einer kleinen Familie zu beschränken, und mein erster Schritt, hier Gutes zu wirken, stößt auf den Widerstand einer eigensinnigen Stieftochter, mit dem sich die Schwäche des Vaters verbündet."

„Du thust mir unrecht, liebe Sophie. Ich geb's ja zu, Hagedorn ist ein tüchtiger Offizier, ein ehrenwerter Charakter, obwohl mir sein hitziges Temperament, seine Rauflust schon manche Unannehmlichkeit bereitet haben."

„Das sind Eigenschaften des Blutes, Fehler, wenn Du so willst, die sich in der Ehe am leichtesten verbessern. Er entstammt einem ritterlichen Geschlecht, meinem eigenen nahe verwandt. Aber nicht dies, sondern ganz allein die Sorge für Juliens Glück hat meinen Blick auf ihn gelenkt. Die Auswahl ist hier wahrhaftig nicht groß, Julie in den Jahren, wo man an Vermählung denkt. Gibt es eine passendere Partie für sie, als Herr von Hagedorn, ein hübscher Mann, ein vornehmer, begüterter Mann, der nächste am Rittmeister? Was hat sie gegen ihn einzuwenden?"

„Weiß ich das, Sophie? Aber laß ihr nur Zeit, sie ist ja noch jung, hat noch so wenig mit Männern verkehrt. Mag er selbst doch das Eis brechen, an Gelegenheit fehlt's ihm ja nicht, und meine Zustimmung ist ihm gewiß."

„Es ist nicht Abneigung, was sie so spröde gegen ihn macht, sondern der pure Eigensinn, den sie stets allen meinen Wünschen entgegensetzt und der auf die Dauer meine mütterliche Autorität gefährdet. Eben deshalb muß ich auf Deine energische Unterstützung rechnen."

„Was in meiner Kraft steht, soll in der Sache geschehen, das versprech' ich Dir. Horch, Sophiechen, da ruft uns der kleine Hans!"

Mit hörbarer Erleichterung sprach der tapfere Oberst diese Worte, zu denen ihm ein heftiges Kindergeschrei vom Haus her die willkommene Veranlassung bot.

„Möge sein Ruf Dich Deiner Pflicht gemahnen!“ erwiderte ihm die Gattin.

Das waren die letzten Worte, die der Lieutenant vernahm; die Stimmen verklangen, das Geräusch der Schritte entfernte sich rasch, und so that auch Herr von Sternau. Aber je weiter er sich von dem gefährlichen Ort entfernte, um so langsamer wurde sein Gang, um so nachdenklicher seine Haltung. So, ganz Romeo, umwandelte er dreimal den lindenbepflanzten Stadtwall, wo ein nachdenklicher Lieutenant immerhin einiges Aufsehen erregte.

„He Romeo, wohin? Für welche Spröde schwärmst Du schon wieder? Komm mit und laß Dir die Grillen in lustiger Gesellschaft austreiben!“ riefen ihn einige des Weges kommende Kameraden an. Er entschuldigte sich mit Unwohlsein, aber sie glaubten's ihm nicht, daß er den Abend zu Hause bleiben und Thee trinken werde.

Doch blieb er wirklich zu Hause, trank Thee, sehr starken Thee, und besonders wohl war's ihm auch nicht bei der Beschäftigung, der er sich hingab und die darin bestand, daß er die Rückseiten von Verlobungs- und Beerdigungsanzeigen mit einem Chaos verworrener Schriftzeichen bekritzelte. Allmählich schälte sich jedoch aus diesem Chaos ein Gebild hervor, und als Fräulein von Helmkron am nächsten Tag wieder ihr Lieblingsplätzchen im Garten aufsuchte, fand sie dort ein artig zusammengefaltetes Papier und darauf die folgenden Verse:

„An Julia!

Trennten Berge uns und Schluchten,
Nicht verzagt' ich, teures Kind;
Aber daß es die verfluchten
Kleinen Vorurteile sind! —
Schied' ein Meer uns voneinander,
Sturmbewegt und abgrundtief,
Ich durchschwämm' es wie Leander,
Da ihn Hero's Fackel rief!

Aber daß zu deinen Füßen
Ich nicht stürze, wie mich's drängt,
Daß mein Mund nicht an dem süßen
Wonnequell des deinen hängt,
Daß, die düstre Nacht zu hellen,
Mir nicht strahlt dein holder Blick,
Alpen nicht, noch Dardanellen
Dank ich solches Mißgeschick,

Maulwurfshügel, seichte Pfützen,
Wahn, zur Satzung aufgebläht,
Sind die Schranken, die dich schützen,
Die ein freier Sinn verschmäht.
Julia, Julia, laß dich sprechen,
Gib ein Zeichen wann und wo;
Sind die Schranken nicht zu brechen,
Bricht mein Herz!

Dein Romeo."

Verse müssen schon ungewöhnlich schlecht sein, was man von den vorstehenden hoffentlich nicht behaupten wird, sollten sie, im richtigen Moment an den Mann oder vielmehr an die Frau gebracht, ihre Wirkung verfehlen. Julia von Helmkron, welche außer den schon erwähnten Augen einen anmutigen Blondkopf auf schlankem, wohlgebildetem Körper besaß, war nur vier Jahre älter als ihre Namensschwester in Verona, also achtzehn Jahre alt, sie hatte unlängst erst ein größeres Mädchenpensionat verlassen und war daher für die Poesie des Lebens besonders empfänglich. Die Prosa war in Gestalt einer Stiefmutter an sie herangetreten, und bereits hatte sie sich in die Zärtlichkeit ihres Vaters mit einem kleinen Brüderchen zu teilen. Dies und die Oede des geselligen Lebens in X., deren Gründe sie wohl kannte, aber keineswegs billigte, stimmte sie oft recht traurig.

Die zweite Frau von Helmkron, während ihres Jungfernstandes eine geschworene Feindin der Ehe, kannte, seitdem sie sich zu ihr, als einer letzten Verjüngungsgelegenheit entschlossen, kein größeres Vergnügen, als das, andere möglichst rasch unter die Haube zu bringen. Der Tochter gegenüber wurde das Vergnügen zur Pflicht. Da sie aber auch eine herrschsüchtige Frau war, die über die Damen des Regiments ihr Scepter so schneidig schwang, wie der Oberst, ihr Gatte, über die Herren, so suchte sie den künftigen Schwiegersohn möglichst im Bereich dieses Scepters und fand ihn.

Der Lieutenant von Hagedorn, ein entfernter Verwandter ihrer Familie, genoß als kühner Reiter und Pferdekenner eines bedeutenden Ansehens im Regiment. Keiner verstand es, wie er, die Natur zu korrigieren und die scheinbar mißgestaltetsten ihrer Geschöpfe durch Pflege und Dressur zu wahren Prachtexemplaren der Gattung umzuschaffen, als welche er sie großmütig den jüngeren Kameraden abtrat. Er leitete auch den Fechtunterricht, seine Quarten galten als unfehlbar und in den Händeln mit den Dragonern hatte er schon wiederholt blutigen Gebrauch davon gemacht. Dies, seine gewaltigen Stimmmittel und eine ebenso große als andauernde Vorliebe für die Freuden der Tafel erhoben ihn zum bewunderten Führer der ledigen Jugend. Hatte er sich zur Aufgabe dieser Führerschaft nur schwer entschlossen, indem er auf die Pläne seiner Kousine einging, so hielt er es nun für Ehrensache, das begonnene Unternehmen siegreich durchzuführen, und trotz Julias Zurückhaltung, die er für weibliche Schüchternheit hielt, zweifelte er nicht einen Augenblick an dem Erfolg. Er war ein stattlicher Mann, das gerade Gegenteil von Sternau, ein Hüne von Gestalt mit gebräuntem Gesicht, dunklem Haar und mächtigem dolchscharf gespitzten Schnurrbart. Zu dem Seelengemälde jedoch, das sich Julia von ihrem Ritter entworfen, paßte er nicht und nur mit Widerwillen konnte sie an eine Verbindung mit ihm denken. Allein vergebens suchte sie den Anspielungen der Stiefmutter, denen sich bald auch die Ermahnungen des Vaters beigesellten, auszuweichen. Nach solchen Auftritten flüchtete sie in den Garten und blickte so sehnsüchtig nach Süden, als müßte ihr von dort ein Retter kommen.

„Wohnt denn kein Mitleid in den Wolken droben?"

Ach, der Frühling kam ja von dort und in den Damenkreisen des Regiments stand es bereits fest, daß er mit dem großen Avancement, das Hagedorn zum Rittmeister beförderte, der Welt auch dessen Verlobungsanzeige bringen werde. Arme Julia! Da plötzlich tauchte Sternau in ihrem Gesichtskreis auf, und seine Erscheinung berührte sie gleich das erste Mal angenehm. Als sie nun aber hörte, daß man ihn im Freundeskreis, wenn auch nur scherzend, den Romeo nenne, da fühlte sie sich wundersam berührt. Sie nahm aus dem Bücherschrank ihres Papas den betreffenden Band der Werke des großen Briten, las die tragische Geschichte des berühmten Liebespaares unter Thränen durch und ließ das Buch — ob aus Zufall oder Absicht, wer wagte das zu entscheiden? — auf dem Gartentisch liegen. Und ebendaselbst fand Sternau als Antwort auf sein feuriges Poem eine frisch duftende Rose, die er entzückt und begeistert an die Lippen preßte.

Der Karneval ging seinem Ende entgegen, ohne daß es die Gesellschaft in X. bei der in ihr herrschenden Spaltung zu einer größeren Festlichkeit gebracht hätte. Da trat ein Ereignis ein, das wie ein Blitzstrahl auf die stagnierenden Gewässer eines Sumpfes wirkte. Ein Prinz hatte ganz unvermutet das Kommando der beiden Regimenter übernommen, und seine erste Amtsthätigkeit war die telegraphische Ankündigung seines Besuchs behufs näherer Bekanntschaft auf dem Weg einer Besichtigung. Noch am gleichen Abend, da die Botschaft eintraf, ward zwischen den beiden Offizierkorps der übliche Waffenstillstand geschlossen und andern Morgens hielten auch schon die Damen gemeinsamen Rat, was ihrerseits zur Verherrlichung des erlauchten Gastes zu geschehen habe. Auch hier ward nach lebhafter Debatte eine Einigung erzielt und die Veranstaltung eines kostümierten Balls zum Beschluß erhoben. Dem sofort gebildeten engeren Festkomitee trat auf allgemeinen Wunsch Sternau, der Unentbehrliche, als einziges männliches Mitglied bei. So war denn ganz von selbst die verhaßte Schranke gefallen, auch Julia saß im Komitee, das nun bei der Dringlichkeit des Gegenstandes von früh bis spät in die Nacht hinein tagte.

Sternau befand sich hier in seinem Element, aber niemals noch hatte man ihn sich einer Sache mit solchem Feuer, solcher Hingebung annehmen sehen. Ein Menuett von Rittern und Edelfräulein und ein türkischer Tanz sollten die Glanzpunkte des Festes bilden, Christen und Türken sich zum Schluß in einer malerischen Gruppe vereinigen, welche symbolisch auf die Kriegslorbeeren eines Vorfahrs des Gefeierten anspielte.

Die Rollen wurden verteilt, Sternau bat für das Menuett um Julias Hand, die ihm von der Eigentümerin freudigst gewährt, von den übrigen trotz einigen Nasenrümpfens dank seiner Unentbehrlichkeit nicht bestritten wurde. So mußte sich Herr von Hagedorn wohl oder übel — er ließ es an Protesten nicht fehlen — mit dem Rang eines Paschas von mehreren Roßschweifen abfinden lassen. Auch der ganz un=

berechtigte Widerstand, den einige Damen dem Schleier der Türkin entgegensetzten, ward glücklich gehoben und die Proben begannen.

Wer schon dabei gewesen, wird es bezeugen, wie in diesen der Hauptreiz für alle Beteiligten liegt, welcher darin besteht, daß der gemeinsame künstlerische Zweck auch dem gegenseitigen Verkehr eine gewisse künstlerische Freiheit verleiht und das sonst übliche Ceremoniell aufhebt. Wenn dies für alle gilt, mögen sie sich im Leben noch so fern stehen, wie viel mehr für die beiden Hauptpersonen dieser Erzählung, deren Herzen doch bereits ein geheimes Band umschlang. Wohl brannte Herr von Hagedorn vor innerer Wut, wenn er Sternau, den Montague, den Windhund, der ihm seines schöngeistigen Wesens halber von der ganzen Familie der verhaßteste war, seine künftige Braut, wie er meinte, umtänzeln und mit seinem faden Geschwätz ennuyieren sah, während er selbst an eine ältliche Türkin von der anderen Seite gebunden war. Allein, ob er gleich bittere Rache brütete, mußte er sich doch für den Augenblick zur Geduld zwingen. Sternau war nun einmal der Leiter des Spiels, alle fügten sich seinen Anordnungen, und überdies hatte der Regimentskommandeur im Hinblick auf den erwarteten hohen Besuch das ganze Offizierkorps und den Lieutenant von Hagedorn insbesondere unter Androhung strengster Strafe zu einem friedfertigen und einträchtigen Betragen gegenüber den Dragonerkameraden ermahnt.

Herr von Helmkron verstand keinen Spaß in solchen Dingen, das wußte Hagedorn, und darum wagte er es auch nicht, das Glück der beiden Liebenden durch eine offene Feindseligkeit zu stören, und für diese wurden die Tage vor dem Fest zu einer Probezeit in des Wortes tieferer Bedeutung.

Ja, sie schien ihnen fast zu kurz, denn noch ehe die Mannschaften über die unzähligen Ziffern und Punkte des

Erlasses, der ihr Verhalten regeln sollte, genügend instruiert, ehe sämtliche Tänzer und Tänzerinnen ganz taktfest waren, traf auch schon Seine Hoheit ein und geruhte in feierlicher Audienz, die ihr von den beiden Kommandeurs nebst Gattinnen angebotene Einladung zum Ballfest auf den nächsten Abend gnädigst anzunehmen. Ein Glück war's, daß Romeo und Julia bis dahin alle Hände voll zu thun hatten, so daß ihnen keine Zeit zum Nachdenken blieb, wie sich ihr Geschick wohl vollenden werde, wenn nach gelungenem Fest der Waffenstillstand ablief und die Feindseligkeiten wieder begannen. Der von den Sternen so auffallend begünstigte Anfang ihres Unternehmens ließ sie dessen Schwierigkeiten vergessen und blind dem Glück vertrauen, dessen Unzuverlässigkeit ihnen doch gerade das traurige Ende jenes Liebespaares nahelegen mußte, das sie sich zum ominösen Vorbild erkoren hatten. — —

*

Schneeflocken wirbelten, der Winter hatte sich plötzlich auf seine lang vernachlässigte Pflicht besonnen. Stimmte ihn die Ankunft des Prinzen so diensteifrig? Fürchtete er vielleicht, ein höheres Kommando könnte nächstens einmal ebenso überraschend die Jahreszeiten besichtigen? — Die Vorderseite des Gesellschaftshauses in X. war mit den Fahnen aller Nationen geschmückt und darunter stand, mehr durch die Empfindung der Kälte, als den Mangel an Raum zusammengedrängt, die neugierige Menge derer, welche in X. sonst nicht unter den Fahnen standen, denn die Truppen waren der Ordnung wegen in den Kasernen konsigniert. Wagen um Wagen rollte über den knarrenden Schnee und entledigte sich vor dem Portal, das zwei bärtige Landsknechte bewachten, seiner kostbaren Fracht. Dicke Mäntel und Pelze verhüllten die Gestalten, nur zwischendurch glitzerte hier und dort ein Stück Goldborte oder ein Ordensstern, wie die glühende Lava durch die Ritzen eines geborstenen Vulkans, und wer in die Herzen hätte sehen können, würde wohl auch da etwas von der in solchen Feuerbergen herrschenden Gärung bemerkt haben. Im großen Saal, zu dessen Dekoration Zeug- und Treibhaus ihre Trophäen geliefert hatten, wogte es von Rittern und Türken, Odalisken und Edelfräulein; Sternau schärfte ihnen allen mit lebhaftem Gebärdespiel nochmals ihre Rollen ein. An der Thür standen die beiden Kommandeusen gleichfalls im Kostüm und am Fuß der Treppe die Kommandeurs in Uniform, des erlauchten Gastes harrend. Jetzt erschollen gedämpfte Hochrufe auf der Straße, plötzliche atemlose Stille herrschte im Saal, dann folgte eine tiefe, allgemeine Verbeugung. Er war da!

Von den beiden Obristinnen umrahmt, deren Gatten ehrerbietig etwas zurückstanden, nahm der Prinz auf der teppichbehängten Estrade Platz; sofort setzte die Musik ein, und das Menuett begann.

Es würde diese wahrhafte Geschichte ungebührend verlängern, wollte ich mich auf eine Schilderung des nun folgenden Schauspiels einlassen, ich begnüge mich daher, zu sagen, daß es dem künstlerischen Ruf des Helden alle Ehre machte. Der Prinz war von allem, namentlich aber von der Schlußapotheose, deren Symbolik ein von Sternau verfaßtes und von Julia gesprochenes Gedicht erläuterte, höchlichst befriedigt. Er gab dies allen Mitwirkenden zu erkennen und ließ sich mit jedem einzelnen in ein ebenso kurzes, als huldreiches Gespräch ein, aus dem jeder einzelne wieder eine besondere, speciell für ihn berechnete Artigkeit heraushörte. Man ging nun zur zweiten Nummer des Programms, dem Souper über, das in einem kleineren Nebensaal serviert war. Der hohe Gast mit einem kleineren Häuflein Auserlesener saß an einer besonderen Tafel, an einer andern vereinigten sich die Künstler, und wie, den Umständen angemessen, dort eine feierliche, so herrschte hier eine überaus heitere Stimmung, die ganz allein Hagedorn nicht teilte. Finster und wortkarg saß er neben seiner Türkin, die es gleichwohl an Aufmunterung nicht fehlen ließ, und schleuderte grimmige Blicke nach dem entgegengesetzten Ende der Tafel, wo Sternau in der ihm eigenen lebhaften Art seine Dame bediente und unterhielt, ohne daß beide den Zorn ihres Beobachters im geringsten zu bemerken schienen. Einige scherzhafte Anspielungen der Tischgenossen steigerten diesen noch, und das überhastete Hinunterstürzen von Getränken, die der Koran seinen Bekennern verbietet, trug nicht dazu bei, ihn zu beruhigen. Er hatte sich schon stark gegen das Verbot versündigt, als das Geräusch beiseite geschobener Stuhle die Aufhebung der Tafel verkündete und die fast gleichzeitig wieder einfallenden Klänge der Musik zu einem flotten Walzer einluden. Aber nicht freudig wie die andern folgte er der Ladung, sondern zögernd und mißmutig, und nachdem er seine Tänzerin ein paarmal im rasendsten Tempo herumgeschwungen, gab er sich aufs neue seiner finsteren Beobachtung hin. In dem Gewühl, das wie ein Wirbelwind an seinem erregten Blick vorbeiflog, sah er Romeo und Julia bald schneller, bald langsamer in anmutig schaukelnder Bewegung dahingleiten, verschwinden, wiederauftauchen und, ganz dem Vergnügen des Tanzes hingegeben, nur selten ruhen. Unwillkürlich ballten sich seine Fäuste bei dem An-

blick, und die dolchscharfen Schnurrbartspitzen knirschten zwischen den sie unbarmherzig zermalmenden Zähnen. Er sah ordentlich unheimlich aus.

Nun plötzlich war ihm das Paar verschwunden und blieb's, so sehr er danach forschte; keine neue Woge brachte es wieder.

„Wo sind sie?" Laut stieß er diese Worte hervor und blieb die Antwort auf das freundliche — „Wie meinten Sie?" seiner Dame schuldig. Länger vermochte er sich nicht zu halten, die ganze Eifersucht des Moslem, dessen Gewand er trug, erfüllte seine Brust. Zwar glaubte er, einem Rest ruhiger Vernunft zu gehorchen, indem er sich mit seiner Frage an Frau von Helmkron wandte, aber da kam er schlimm an. Diese, in gespannter Erwartung, ob ihr der Prinz zum zweitenmal die Ehre eines Tanzes, welche ihrer Kollegin eben zu teil ward, gewähren werde, hatte kein Ohr für ihren Schützling; nur ein zorniger Blick sagte ihm, daß sie heute nicht Kousine, sondern Vorgesetzte für ihn war. Durch diese Behandlung aufs Aeußerste gebracht, vergaß Herr von Hagedorn alle guten Ratschläge seines Obersten und nur seinem hitzigen Temperament folgend, beschloß er, sich selbst die gewünschte Auskunft zu verschaffen. —

Sternau hatte seine von der Schwüle des Saales angegriffene Dame in ein kühleres und zur Zeit ganz verlassenes Nebengemach geführt, wo man die Musik nur gedämpft vernahm und auch keine allzu grellen Lichteffekte die Ruhe störten, zu welcher ein bequemer, von Blattpflanzen überschatteter Eckdivan die tanzmüden Glieder einlud. Nachdem er sie durch eine Limonade gestärkt, glaubte er den Augenblick gekommen, das entscheidende Wort, das ihm längst auf den Lippen brannte, auszusprechen. In der That war es dazu die höchste Zeit, denn nach drei weiteren Tanznummern ging der Ball zu Ende, und wer weiß, ob sich ihm je

wieder so günstig die Gelegenheit bot, sein übervolles Herz auszuschütten. Er that es in der bekannten schwungvollen Weise, aber dieses Ueberschwängliche, das die andern für ein Kunstprodukt hielten, war Julien völlig neu und wirkte daher auf sie wie die ungeschminkteste Natur. Ohnehin hatten die Erregung des Tanzes, die Anwesenheit des Prinzen, die Einsamkeit des Ortes, die gedämpfte Musik, endlich das Kostüm, dem der berühmten Veroneserin so ähnlich, wie Sternaus dem des Romeo, ihr empfindsames Gemüt noch besonders auf diesen Fall vorbereitet. Eine süße Mattigkeit war über ihr ganzes Wesen ergossen, in traumartigem Zustand, von Palmen umfächelt, von Quellen ummurmelt, lauschte sie den glühenden Schwüren ihres Anbeters, wie dem bezaubernden Gesang eines Vogels, und dieser, von einer ähnlichen Sinnentäuschung befangen, ward immer kühner, immer feuriger.

Vor ihr stehend hatte er, ohne daß sie's wehrte, ihre beiden Hände erfaßt, seine Knie beugten sich, seine Lippen neigten sich zu den ihrigen und sie regte sich nicht, „wie Heilige pflegen, wenn sie zugestehen.“ Sternau aber, in dem sich auch in diesem erhabenen Moment der Künstler nicht verleugnete, deklamierte begeistert die Worte des Romeo:

„Entweihet meine Hand verwegen dich
O Heil'genbild, so will ich's lieblich büßen,
Zwei Pilger, neigen meine Lippen sich,
Den herben Druck im Kusse zu versüßen.“

Da — es ist nie ganz aufgeklärt worden, wie weit die beiden Pilger auf ihrer Wallfahrt gelangt waren — erhob sich plötzlich zwischen den beiden die riesige Gestalt eines Muselmanns und Hagedorns Stentorstimme unterbrach den sanften Fluß Shakespearescher Verse:

„Gnädiges Fräulein, Ihre Frau Mama wünscht mit Ihnen zu sprechen!“

Ein heller, markdurchdringender Schrei, und Julia lag ohnmächtig auf den Polstern des Diwans.

Vergebens suchte Sternau den wütenden Rivalen zu beruhigen, den seine Demut nur noch rasender machte, so daß auch er die Geduld verlor. Ein heftiger Wortwechsel entspann sich. Gleichzeitig aber verstummte draußen die Musik, Damen und Herren stürzten in das Gemach, wie eine Verzweifelnde warf sich Frau von Helmkron, ihrer Mutterrolle eingedenk, über die Tochter, der Prinz kam und erkundigte sich nach der Veranlassung des bedauerlichen Vorfalles; aus den Reden der beiden Gegner jedoch war kein Aufschluß zu erlangen. Ein Arzt kam, die Herren wurden gebeten, das Zimmer zu verlassen, frisches Wasser und stärkende Essenzen riefen Julia ins Leben zurück. Es war ein schreckliches Erwachen, und sie fühlte sich so erschöpft, daß sie schleunigst nach Hause verlangte. Frau von Helmkron begleitete sie, und um ihren mütterlichen Schmerz nicht durch Fortsetzung des Balles zu entweihen, sprach der Prinz nochmals seinen Dank und sein Bedauern aus und entfernte sich gleichfalls. Im Weggehen jedoch ersuchte er die beiden Kommandeurs, ihm morgen genauen Bericht über den störenden Zwischenfall und seine Ursachen zu erstatten. So schloß

das so schön begonnene Fest mit einem schrillen Mißton. Zwischen den Lieutenants von Sternau und von Hagedorn fand in einem einsamen Kasernenraume eine weitere Auseinandersetzung mit blanken Waffen statt, und noch ehe die Sonne Aurorens Bettvorhang ganz weggezogen, hatte der unselige Bruderzwist bereits ein neues blutiges Opfer gefordert, kein geringeres, als die Nasenspitze des Herrn von Hagedorn.

„O, ich Narr des Glücks!“ seufzte Romeo, als er beim Tagesgrauen nach Hause kam. — —

Die Sonne ging an diesem Morgen sehr spät auf und

beleuchtete einen trüben Tag. Noch trüber sah es in der Brust unseres Freundes aus. Er hatte sich halbentkleidet aufs Bett geworfen, aber der Schlaf floh ihn, und als er ihn eben zu erhaschen dachte, wurde er durch eine Ordonnanz zum Regimentskommandeur beschieden. Nach einer längeren, sehr lebhaften Unterredung kehrte er gegen Mittag wieder in seine Wohnung zurück. Er berührte nichts von den Speisen, die ihm sein Bursche auftrug, wie ein Verzweifelter schritt er im Zimmer auf und nieder, er lud seine Pistolen. In seinen Ohren gellte das Wort „Versetzung“ — schlimmer als der Tod. Gab es eine Welt außerhalb X.? Keine Philosophie brachte ihn darüber weg.

Da klirrten neuerdings Tritte die Treppe herauf, zwei sehr bestimmte Schläge erschütterten die Thür, und herein trat, ordengeschmückt, die Czapka in der Hand, mit strenger feierlicher Miene, der Oberst von Helmkron.

„Ich habe,“ begann er, noch ehe sich Sternau von seiner Verblüffung erholt hatte — „von Ihrem Herrn Kommandeur die Erlaubnis zu diesem gegen die Vorschrift verstoßenden Besuche erbeten, den mir der gestrige Vorfall zur Pflicht macht. Herr von Hagedorn hat mich von allem unterrichtet. Schwerlich werden Sie dagegen etwas vorzubringen haben.“

„Ich gestehe, Herr Oberst, die Leidenschaft —“

„Lassen Sie mich, bitte, ausreden. Sie haben meine Tochter öffentlich kompromittiert, ich kann und will nicht annehmen, daß Sie das mutwillig gethan, und frage Sie daher: Lieben Sie Fräulein von Helmkron?“

„Ich liebe sie, ach längst —“

„Genug; es gab zweifellos richtigere Wege, diesem Gefühle Ausdruck zu geben, als den Sie gewählt. Indessen bin ich nicht hier, Ihnen Vorwürfe zu machen, auch muß ich zugeben, daß das Ungewöhnliche unserer gesellschaftlichen Zustände Ihre Schuld einigermaßen mildert. Dieses Mißverhältnis endet jedoch mit dem heutigen Tage. Seine Hoheit, der Prinz, von der Sachlage längst unterrichtet, ist über den jüngsten Vorgang und seine Folgen aufs tiefste empört, er wird solche Zustände auch nicht einen Tag länger dulden, wir beide Kommandeurs haben ihm die Versöhnung unserer Regimenter in die Hand gelobt. Selbstverständlich habe ich

auch mit meiner Tochter gesprochen, auch sie ist Ihnen geneigt und erwartet ihr Lebensglück von einer Verbindung, die zugleich die einzig vernünftige Lösung der höchst kritischen Situation ist. Meine Gattin und ich, obwohl wir uns bezüglich Juliens mit anderen Plänen trugen, wollen ihrem Glücke nicht im Wege stehen, wir geben unsere Zustimmung. Wenn irgend etwas imstande ist, dem Prinzen den schiefen Eindruck, den er vom gestrigen Abend empfangen, zu mildern, ja zu verwischen, so ist es die Anzeige der Verlobung meiner Tochter mit Ihnen, die ich Seiner Hoheit heute noch vor der Abreise vertraulich erstatten werde, Ihr Einverständnis vorausgesetzt."

Hier vergaß Sternau alle Subordination, und er wäre seinem Vorgesetzten sicher um den Hals gefallen, wenn dieser ihn nicht rechtzeitig bei den Händen erwischt hätte.

„Julia, meine Braut!" rief er, „und heute noch! Welches Glück! Wie soll ich Ihnen danken!"

„Gemach, gemach, junger Mann," beruhigte ihn der Oberst, „ich habe nur gesagt, daß ich heute noch Seiner Hoheit vertraulich die Anzeige erstatten werde, für die übrige Welt hat es damit nicht solche Eile, und zunächst haben Sie ja, mein lieber Herr Lieutenant, sofern ich recht berichtet bin, einen achttägigen Stubenarrest abzusitzen."

„Freilich," seufzte Sternau, „ich hatt' es vergessen."

„Nun, beruhigen Sie sich, die Strafe ist noch recht gelind, und länger soll auch Ihre Verlobung kein Geheimnis sein. Aber noch eines möchte ich Ihnen sagen. Wenn meine Zustimmung auch scheinbar eine erzwungene ist, so hab' ich mich doch nicht so ungern zwingen lassen. Sie sind ein tüchtiger Offizier und tragen den Namen eines alten edlen Geschlechts. Ich habe Ihren seligen Herrn Vater wohl gekannt und stehe in freundschaftlichen Beziehungen zu verschiedenen Mitgliedern Ihrer Familie. Ich weiß, daß Ihre Vermögenslage keine glänzende ist, aber Juliens mütterliches Erbe, über das sie schon heute frei verfügt, wird Ihnen beiden ein anständiges Auskommen sichern. Von Ihnen verlange ich nur, daß Sie mir Ihre Verhältnisse offen darlegen und auch das mehr, weil es einmal so Sitte ist, als weil ich an Ihrer Ordnung zweifelte. Dazu finden Sie in Ihrer achttägigen Abgeschlossenheit mehr als genügend Muße, und den Ueberschuß mögen Sie zu einem Briefwechsel mit Ihrer Braut verwenden. Machen Sie Julien glücklich und werden Sie es durch sie! Wenn sich dieser Wunsch erfüllt, dann will ich den gestrigen Vorfall nicht nur nicht beklagen, sondern mich herzlich darüber freuen, daß er zwei Menschen glücklich und dem unnatürlichen Haß zwischen zwei gleich ehrenwerten Regimentern ein Ende gemacht hat. Und nun, mein künftiger Herr Schwiegersohn, leben Sie wohl, lassen Sie sich die Zeit nicht lang werden! In acht Tagen auf Wiedersehen!"

Damit verabschiedete sich Herr von Helmkron. In welcher Stimmung Sternau zurückblieb, mit welcher Ungeduld er seiner Befreiung entgegenschmachtete, was er in Versen und Prosa im Verkehr mit der entfernten Geliebten leistete, das zu beschreiben, bekenne ich gern mein Unvermögen.

Der Prinz reiste noch am gleichen Abend, durch die ihm gewordene Aufklärung völlig befriedigt, nach der Residenz ab.

Acht Tage später war solennes Verlobungsfest, dem die Offiziere beider Regimenter beiwohnten und wo der Friede endgültig besiegelt wurde. Als guter Patriot hoffe ich, daß ihn kein Unfall in der Zukunft mehr stören werde.

Hagedorn allein, der sich auf die Anhänglichkeit seiner Nasenspitze noch nicht ganz verlassen konnte, fehlte dabei. Aber auch er zeigte sich mit dem Gang, den die Ereignisse genommen, ausgesöhnt. Die Fechtkunst seines Gegners hatte ihm gewaltig imponiert. Mochte dieser auch seine Schwächen haben, in den Terzen war er ihm überlegen, das stand fest.

Nach weiteren vier Wochen kam das sehnlichst erwartete Verordnungsblatt. Es brachte den beiden Kommandeurs hohe Orden, Sternau und Hagedorn die Beförderung zum Rittmeister, und zwar — darin vermutete man den Einfluß des Prinzen — Sternau bei den Ulanen, Hagedorn bei den Dragonern. Auch damit waren sie aus verschiedenen Gründen einverstanden. Frau von Helmkron hatte den Trost, Vorgesetzte geblieben zu sein.

Noch ehe der Lenz seinen Einzug hielt, waren Romeo und Julia ein Paar, der Prinz selbst erwies ihnen die Ehre, sich als Trauzeuge in das Register eintragen zu lassen.

So endete dieser Liebesroman nicht wie eine Tragödie, sondern wie eine richtige Komödie zu allgemeiner Befriedigung mit einer Heirat und

„Niemals gab es ein so süßes Los,
Als Juliens und ihres Romeos.“

Der alte Major.

„Besonders lern die Weiber führen!"
Goethes Faust.

Niemand, auch die Aeltesten nicht, die doch sonst alles schon einmal besser erlebt haben, konnte sich eines so milden Winters entsinnen, wie der des Jahres 18 . .; der Rabbi Ben Akiba selbst wäre um einen Vorgang verlegen gewesen. Kaum daß ein mehr als vorübergehender Schneefall die Erde in das berühmte Leichentuch hüllte, worüber die Poeten weinen; kaum daß ein paarmal die Wasser, indes auch nur die allerstillsten, stockten und eine dünne Eisschicht ansetzten, lange nicht stark genug, die Last der zierlichsten Schlittschuhläuferin zu tragen.

Etwas mußte wohl in Unordnung sein an dem großen Mechanismus.

Lange vor Märzen blühten die Veilchen, Anemonen und Schlüsselblumen, die jungen Sträucher trieben schon Knospen und winkten mit grünen Fingern den Frühling herbei. Zwar die älteren knorrigen Stämme thaten noch nicht dergleichen, sie verhielten sich sehr reserviert und blickten verächtlich und mürrisch auf die jungen Thoren zu ihren

Füßen herab; die meisten hüllten sich sogar noch beharrlich in ihren verwelkten Laubschmuck vom vorigen Jahr, wie alte Leute in ihre Erinnerungen, und wollten an kein neues Glück mehr glauben.

Aber es half ihnen nichts, die jungen Sträucher behielten doch Recht, und als nun vollends, früher als sonst, die Vögelein pfeifend und zwitschernd aus ihren Winterquartieren einrückten, da war's mit allem Widerstand vorbei; denn wo nur eines flugmüde den zierlichen Fuß niedersetzte, da fiel auch gleich raschelnd so eine welke Erinnerung ab und — seltsam — just diese waren es, die den neuen Keim beförderten.

Mit weißen Wolkensegeln kam der Ritter Lenz herangeschwommen und begehrte Minne von der stolzen Jungfrau Erde. Da sie aber spröde that und sich sträubte, da rang er mit ihr, wie einst Siegfried mit Brunhilden rang, eine kurze, stürmische Märznacht durch. Und siehe da, beim nächsten Tagesgrauen war der Lenz Sieger. Auf den höchsten Bergesspitzen, wohin er sie im Ungestüme des Kampfes geschleudert, schimmerten noch die Fetzen ihres weißen Gewandes; an den Hängen und in den Thälern aber grünte und sproßte es lustig durcheinander, und die alten Stämme blühten um die Wette mit den jungen Sträuchern, sie wußten selbst nicht warum und wie das so gekommen, — und genau so ging es auch dem alten Major Farner. Glich er doch selbst so einem knorrigen Eichstamm, dessen Wipfel mancher Sturm geschüttelt hatte.

Sie nannten ihn „den Alten", obwohl er nur wenig über die Fünfzig hinüber war, mit Recht, denn er war trotzdem so eine Art fossilen Ueberrests aus vergangener Zeit.

Vor mehr als dreißig Jahren, ein armes Bauernkind, zur Fahne ausgehoben, hatte er sich in einigen Feldzügen rühmlichst hervorgethan, alle Grade des Unteroffiziers durchgemacht und sich schließlich die Epauletten, die man damals noch im Tornister trug, erworben. Im vollen Mannesalter nachzuholen, was die Jugend versäumt, gelingt nur wenigen bevorzugten Geistern, und unseres Helden Bemühungen in dieser Richtung brachten es nicht weit über Lesen und Schreiben hinaus; desto besser wußte er in den Reglements und Dienstvorschriften Bescheid, wenngleich seine Aussprache der vielfach darin enthaltenen Fremdwörter just keine tadellose genannt werden konnte.

Freilich die vielfachen Veränderungen einer sturmbewegten Zeit drohten bald auch auf diesem Gebiet seine Sicherheit zu erschüttern. Sein biederer, zuverlässiger Charakter jedoch, seine Pflichttreue und Anspruchslosigkeit erwarben ihm die Achtung von Kameraden und Vorgesetzten und hemmten den Spott, den manche seiner Eigentümlichkeiten wohl reizen konnte.

Denn es war eine neue Generation um ihn herangewachsen; von den Alten, die mit ihm gedient, mit ihm von der Pike zum Portepee heraufgestiegen, war keiner mehr da, und keiner stieg so leicht mehr herauf; eine glänzende, in Militärschulen erzogene Jugend beherrschte den Plan, strebsame, wissenschaftlich gebildete Männer, und dazwischen auch manch verwöhntes Muttersöhnchen von guter Familie, das den Dienst als eine Art Sport betrieb, beide eine Gesellschaft, in der sich der Alte gar sonderbar ausnahm.

Principien und Anforderungen, Kommandos und Dienstvorschriften, alles war anders geworden, sogar die Uniform, und er paßte nicht mehr recht in die neue Zeit.

Er fühlte das auch wohl selbst und — blieb.

Die militärische Regel war ihm eben zum Lebensbedürfnis geworden. Viel zu rüstig zum Ruhen, was sollte er anfangen, wenn ihm der Beruf, das tägliche Handwerk fehlte, das einzige, das er erlernt hatte, das er liebte?

Er blieb, wenn es auch mit der Zeit nicht an mehr oder weniger deutlichen Anzeichen fehlte, die ihm das Gehen empfahlen. Seine Beförderung zum Major sogar — es war nur eine Titularbeförderung, kein Patent, doch ein Charakter! — war solch ein Wink, ein zartes: „Bis hierher und nicht weiter!" gewesen, eine leise Mahnung in höflichster Form, die nur er, der Biedere, nicht verstand.

Was wußte er auch von den diplomatischen Gebräuchen der neuen Aera, was wußte er davon, daß sie einen Bruch mit einer Höflichkeit einleiten kann?

Sein Ehrgeiz ging ja auch nicht weiter als bis hierher, ohne Murren sah er sich von jüngeren übersprungen, sein Amt genügte ihm. Warum hätte er dem Schicksal vorgreifen sollen?

So blieb er mit einem dunklen Bewußtsein seiner fatalen Lage, aber sie doch jeder anderen vorziehend, nicht gerade glücklich, aber auch nicht unzufrieden, etwas isoliert wohl, aber doch beschäftigt und thätig, Soldat mit Leib und Seele. —

Freilich damals, als er im Glanz der frisch errungenen Epauletten in sein Heimatsdorf einzog, da war eine andere Zeit. Der Stolz seiner alten Eltern, die das ungeahnte Glück des Sohnes fast kindisch machte, der Löwe des Tages war er da, begafft, bewundert, geehrt von hoch und niedrig, arm und reich, alt und jung, wie ein seltenes Schaustück aus fernem Wunderland. Vettern und Basen, die ganze weitläufige Verwandtschaft und Freundschaft begab sich sofort auf die Brautschau für ihn, denn die neue Stellung war mit Kosten über seine Mittel verbunden. Nicht klein war die Auswahl unter denen, die damals gerne „Frau Lieutenant" geworden wären, die reichsten Bauerntöchter fühlten sich durch die Aussicht auf solche Standeserhöhung hochgeehrt und warfen dem strahlenden Kriegsmann wohlgefällige Blicke zu. Der aber schritt säbelklirrend an ihnen

vorüber in das Haus eines wohlhabenden, obwohl nicht des reichsten Nachbarbauers, dem er früher oft bei der Arbeit ausgeholfen hatte, und dort auf dem Flur traf er die Eve, sein Jugendgespiel, die einzige, die ihm noch nicht vorgeführt war.

Die wollte eben mit einem Geschirr nach dem Keller gehen, dem Vater einen Trunk zu holen, und da der einstige Spielkamerad, den sie trotz seiner bunten Tracht gleich wieder erkannte, so plötzlich vor ihr stand, ließ sie das Geschirr fallen und stand sprachlos, am ganzen Leib zitternd und über und über rot im Gesicht.

Der kühne Krieger, nicht weniger verlegen, faßte sie stumm bei der Hand und führte sie nach der Wohnstube, unter deren Thür ihnen der Vater, vom Lärm des zerbrochenen Geschirrs gelockt und scheltensbereit, entgegentrat. Die Scheltworte blieben indes unausgesprochen, als er den stattlichen Besuch sah, der wohl ein zerbrochenes Geschirr entschuldigte; fiel dem Alten doch selbst fast vor Staunen die Pfeife aus der Hand.

Nach einer kurzen Auseinandersetzung zwischen den dreien war die Eve des Jakobs — ja, solch prosaischen Namen führt mein Held — Braut. Sie mußte auch gleich so, wie sie stand und ging — er litt es durchaus nicht, daß sie wenigstens ihr Sonntagsgewand anlegte — mit ihm hinüber zu den Eltern.

Die machten nun freilich große Augen, und die Vettern und Basen keine kleinen, da sie ihre stolzen Pläne so durchkreuzt sahen, und die reicheren Bauerstöchter gar, die konnten's gar nicht begreifen, die Eve! —

Aber was war da zu machen?

„Er will's jetzt einmal so, und Soldaten haben einen gar festen Willen!" sagten die Eltern nicht ohne Stolz, und vier Wochen später traute der Pfarrer das Paar.

Es war eine lustige Hochzeit, die Vettern und Basen spülten und würgten ihren Aerger tapfer hinunter mit süßem Wein und Backwerk und ließen sich nichts anmerken. Der Jakob führte seine Frau heim in die kleine Garnisonsstadt, wo sein Regiment lag, und dort begann ein glückliches Leben für die beiden.

Sie kamen überein, daß er sie vor den Leuten „Eva" und sie ihn „lieber Mann" nennen sollte, um sich bei der vornehmen Gesellschaft nichts zu vergeben; zu Hause aber in ihren vier Wänden war sie nach wie vor seine „Eve“ und er ihr „Jakob“, und sie lebten ja viel mehr zu Hause als in der Gesellschaft, obwohl sich die Frau ehrlich Mühe gab, auch dort bei unvermeidlichen Anlässen ihrem „lieben Mann“ keine Schande zu machen. Die beiderseitigen Mittel gestatteten einen behaglichen, ihren Ansprüchen mehr als genügenden Haushalt.

Ja, das war ein glückliches Leben, leider war das Glück nur kurz, denn schon nach einem Jahr starb die Eve, indem sie einem kräftigen Jungen das Leben gab.

Bei der Veranlassung hatte der starke Mann zum erstenmal ganz im stillen geweint, geweint wie ein schwaches Kind, und als er sich die Thränen aus dem schon grauenden Bart gewischt, hatte er abgeschlossen mit dem Glück für alle Zeit, das einzige, wehmutbittere ausgenommen, das ihm die Erinnerung an die Eve gewährte. — Noch aber war das Trauerjahr nicht ganz vorüber, da waren Vettern und Basen schon wieder in voller Thätigkeit, dem betrübten Witwer für eine Frau, der armen Waise für eine Mutter zu sorgen.

Umsonst! Der Starrsinnige wollte von keiner neuen Ehe hören, er begrub sich ganz in seinen Dienst und seine Erinnerungen. Der Kleine kam zu Verwandten aufs Land, gedieh, ward dick und kräftig, aber der Vater wollte nichts von ihm wissen, von dem Bengel, der seine Mutter getötet.

Jahre vergingen, große Ereignisse erschütterten die Welt und führten einen Umschwung im Denken und Thun der Menschen herbei; der Jakob blieb derselbe, er that seinen Dienst und dachte an die Eve. Darüber war er Oberlieutenant, Rittmeister und nun gar Major geworden. Seine Eltern waren beide tot, aber die Vettern und Basen hatten ihre Pläne keineswegs aufgegeben, wenn sie dieselben auch seiner entschiedenen Abneigung gegenüber vorsichtig verbargen, bis ihnen ein glücklicher Umstand zu Hilfe kam.

Im Herzen des Alten nämlich regte sich plötzlich die Sehnsucht nach seinem Kind, dem lange vernachlässigten, gemiedenen, und sie regte sich mit solcher Gewalt, daß er eines Tages plötzlich hinreiste und den Buben mitnehmen wollte.

Als der alte Jakob den Jungen, der eben mit einer großen Beule an der Stirn heulend nach Hause kam, zum erstenmal wieder sah, hätte er ihn vor übergroßer bärenmäßiger Zärtlichkeit fast erdrückt, und der Junge vergaß seinen Schmerz über des Vaters glänzenden Rockknöpfen.

Der hatte ja der Eve ihre Augen und der Eve ihr Haar! Der Alte ließ sich das nicht nehmen und ob auch die ganze Welt behauptet hätte, er sei ihm selbst wie aus dem Gesicht geschnitten. Nun sollte er gleich mit in die Stadt. Aber wie denn? Wer sollte denn dort für ihn sorgen, ihn kleiden, waschen und kämmen, wer sollte ihm dort all die Pflege und Aufsicht angedeihen lassen, die sein jugendliches Alter erheischte?

Ja so — freilich, da fehlte eine Frau, eine gemietete konnte das nicht so besorgen, und er selbst — es fehlte eine Frau. Zum erstenmal seit der Eve Tod tauchte der Gedanke in ihm auf, und er stieß ihn ganz entrüstet sofort wieder von sich.

Aber nun fuhr er allwöchentlich hinaus aufs Land, nach seinem Jungen zu sehen und freute sich, wie er so prächtig gedieh.

Das Hauptverdienst dabei wurde von den Verwandten einer jungen Person zugeschrieben, einem weitläufigen Bäschen, das schon länger im Haus zu Besuch war, der Magdalene. Sie war gleichfalls ein Bauernkind, aber in der Provinzstadt, wo sie das höhere Töchterinstitut besucht und im ersten Gasthof das Kochen gelernt hatte, erzogen; eine reiche Waise, in ihrem Anzug mehr Stadt- als Landkind, hübsch, frisch, blond, ein bischen stumpfnäsig, mit schönen, großen wasserblauen Augen, in denen man alles suchen konnte, ohne eigentlich etwas zu finden.

Für ihre Umgebung war sie durch überlegene Bildung

eine Standesperson, dem kleinen Jakob die nicht mehr ungewöhnliche, zärtlich besorgte Tante, und der Kleine hatte auch eine große Zuneigung zu ihr. Dadurch ward der Vater, der sie anfangs kaum beachtet hatte, auf sie aufmerksam. Sie konnte so schön mit dem Kind spielen, die Tante Lene, Soldatenspiele insbesondere, denn die Passion hatte der Junge vom Alten geerbt. Sie hatte den Kleinen einmal mit in die Provinzstadt genommen, als eben Militär dort im Quartier lag, da hatten sie die Wache aufziehen gesehen. Wenn das Kind nun mit dem hölzernen Gewehr, Säbel und Käppi, die sie ihm geschenkt, vor ihr stand und sie kommandierte: „Achtung! — Vorwärts marrrrsch! — Halt! — Präsentierts Gewehrrrr! — Gewehrrrr auf Schulter! — Gewehrrrr ab! — Kehrrrrt! — Rührt euch!" da ging dem Alten das Herz auf, und er hätte die kleine Exerciermeisterin küssen mögen, wär' es nicht eine so große Sünde an der Eve Gedächtnis gewesen.

Je öfter er kam — und er kam jetzt sehr oft —, um so besser gefiel ihm die Person, die Lene.

„Ja freilich, wenn die mitzöge, da wäre für den Buben gesorgt," meinten die Verwandten, und er mußte ihnen Recht geben.

„Aber wie sollte sie?" — „Nun, wenn er sie heiratete." — „Dummes Zeug, sie war ja viel zu jung für ihn, sie würde ihn gar nicht nehmen, den alten Graubart, sie wollte einen Schönen, Jungen."

„Das käme darauf an," sagten die Verwandten; man müßte einmal unter der Hand anfragen. Wer weiß! vielleicht um des Buben willen, den sie so gern hatte — —" „Unsinn! Nein, nie, nie, was würde die Eve dazu sagen!"

„Ach was, die Eve, das wäre sündlich, sich so an ein Totes zu hängen, er hätte Vaterpflichten, und die Eve, wenn sie ihn und ihr Kind so versorgt sehen könnte, gäbe gewiß selber ihren Segen dazu."

Das wirkte, und da sie ihn mürbe sahen, ließen sie nicht nach, bis er endlich einwilligte, daß sie für ihn anfragen sollten.

Dann blieb er länger weg als sonst, und die Sehnsucht nach seinem Buben ward immer stärker; auch an die Magdalene mußte er denken, ohne es zu wollen.

Als aber die Verwandten schrieben: „Komm doch, es macht sich alles ganz gut, sie nimmt Dich," stand er doch lange zaudernd vor der Eve Bild, als sollte er ihre Zustimmung daraus lesen, und mit klopfendem Herzen, halb von Glück, halb von Zweifel, fuhr er hinaus.

Die Magdalene kam ihm ganz rot mit dem Kleinen entgegen.

Ja, sie wollte ihn nehmen, ihm und dem Kind zulieb ihre Jugend opfern, die gute, edle Seele, sie wollte sich bemühen, ihm das zu sein, was die Eve ihm gewesen, die er so früh verlor, so tief betrauerte. Wenn sie jetzt vom

Himmel heruntersah, die Verklärte, gewiß, dann gab auch sie ihren Segen dazu.

Nun war Verspruch, die Verwandten schwammen im Glück, die Braut strahlte, der Junge jauchzte und der Alte kam sich fast wieder wie jung vor.

Mit der Hochzeit dauerte es ein bißchen länger als das erste Mal. Die neue Aera machte sich auch hier geltend. Das eingehend motivierte Gesuch mußte erst alle Instanzen vor- und rückwärts passieren, von jeder mit einer entsprechenden Kritik versehen, mußte mit Taufschein, Bürgerrechtsnachweis, Vermögens-, Bildungs- und Leumundszeugnis der Braut belegt werden.

Das brauchte Zeit, fast zwei Monate, aber die Magdalene bestand glänzend alle diese Proben, aus denen sie schließlich als Frau Majorin hervorging.

Er blühte wieder, der Alte! Die jüngsten Lieutenants hatten es früher bemerkt als er selbst.

Vom Fenster ihres gemeinsamen Gesellschaftslokals aus sahen sie ihn zuerst mit seiner Zweiten am Arm, wie er mit ihr auf der sogenannten Promenade, dem lindenbeschatteten Korso aller Ehepaare der Garnison, an einem warmen Sommernachmittag spazierenging.

„Herrgott! da kommt ja der alte Major mit der jungen Majonaise!“ schrie plötzlich einer, und da fiel auch gleich polternd ein halbes Dutzend Stühle um, und die gleiche Zahl neugieriger Lieutenantsköpfe drängte sich im Fensterrahmen.

„Donnerwetter! Wie hübsch sie ist! So hätt' ich sie mir nicht vorgestellt.“

„Und der Alte, sieh doch, wie geschniegelt! Der ist ja kaum wieder zu erkennen.“

„Glaub's wohl. Wie kommt der Bär zu der Gazelle?“

„Na, Gazelle! Du, das Bild ist ein bißchen kühn; man merkt doch immer den Landschlag.“

„Freilich, freilich, du gibst dich ja nur mit Vollblut ab, frägst gleich nach dem pedigree.“

„Ich finde sie ganz nett; was meint ihr?“

„Sehr hübsch, sehr nett! Er hat Geschmack, der Alte, ich hätt's ihm gar nicht zugetraut.“

„Und Glück!“

„Na nu, warten wir's ab!“ — und so ging's weiter.

Der Major drunten ahnte jedes Wort des Gesprächs, wenn er auch keines hören konnte, er ward verlegen und bereute zu spät seine Unvorsichtigkeit, die ihn gerade unter diese Fenster geführt; daher beschleunigte er auch seine Schritte, um möglichst schnell aus dem gefährlichen Gesichtskreis zu kommen. Aber der Magdalene schmeichelte die Aufmerksamkeit der jungen Herren da oben und sie verkürzte die ihren; so trat die erste Meinungsverschiedenheit zwischen den zweien zu Tage.

Die junge Frau behielt die Oberhand, und mit Recht. Trug sie doch bei der Gelegenheit zum erstenmal ihren neuesten Putz, dem der Gatte noch kein Wort der Anerkennung gezollt hatte, einen Strohhut mit Blumen, und unter der sich eng anschmiegenden Jacke ein Kleid mit Taschentuchdessin, ein Medaillon mit des Majors Bild an goldenem Kettlein um den Hals, ausgeschnittene Stiefelchen, die nur leider zum erstenmal ein wenig drückten, und einen prachtvollen buntschillernden Sonnenschirm. Ja, sie sah sehr hübsch aus, und war ihr auch die neue, knapp anliegende Tracht noch etwas ungewohnt, sie fühlte mit aller Bestimmtheit, daß sie sich daran gewöhnen würde.

Auch der alte Major hatte auf seiner Eheliebsten Zuspruch, damit er doch nicht gar so alt neben ihr aussehe, ein übriges gethan und, der neuen Mode zu genügen, sein Blut vergossen. Er hatte sich nämlich den struppigen Vollbart am Kinn ausrasiert und den nunmehr getrennten Teilen durch energische Anwendung der Bürste einen Schwung nach auswärts verliehen. Aber das paßte nicht recht zu seinem ehrlichen, braven Soldatenkopf und gab ihm einen wehmütig komischen Zug, um so mehr, als die bläuliche rasierte Stelle gegen das dunkle Rotbraun des übrigen Gesichts sonderbar abstach. Er hatte es auch nicht gerne gethan, aber kann man seiner Frau eine erste Bitte abschlagen, seiner jungen Frau, und überdies eine so geringfügige Bitte? Hatte sie nicht viel schwerere Opfer für ihn gebracht?

Im Haushalt selbstverständlich, da war gar vieles verändert worden. Die Zimmer waren neu tapeziert und bemalt, dann hatte die junge Frau ihre eigenen neuen Möbel mitgebracht, die zu den altväterischen des Majors wenig paßten. Da mußte denn manches liebgewordene Stück weichen, auch der Eve Bild mußte seinen bevorzugten Platz über des Majors Schreibtisch räumen, denn es schickte sich nicht für einen neuen Ehemann, das Bild seiner ersten Frau stets vor Augen zu haben; das der zweiten, vom besten Photographen gemacht, in prächtigem goldenem Rahmen gehörte dahin.

Dagegen ließ sich nichts sagen, das sah er wohl ein, ob's ihm auch weh that.

Ueberdies erwies sich die Wohnung als zu klein für den großen Hausrat, zu entlegen auch, und die Magdalene war bereits auf der Umschau nach einer anderen, die im bevorzugten Quartier, in der Nähe des Bahnhofs, gelegen war, wo man massiv baute, Gas- und Wasserleitung im Hause hatte.

Warum sollte man sich auch in dem engen, baufälligen Gewinkel länger herumdrücken, wenn man's nicht nötig hatte? Warum sich's nicht bequem machen, wenn man's konnte? Gott sei Dank, zu sparen brauchte man ja nicht, die Zweite hatte ein ganz erkleckliches Sümmchen als Mitgift dem Ersparten ihres Mannes beigefügt.

Es war alles so natürlich, so selbstverständlich, der alte Major konnte gar nicht begreifen, wie es ihm so unerwartet, so unbequem kam. Freilich in der Wohnung hatte er mit der Eve gelebt, da war sie gestorben, sein höchstes Glück und sein herbster Schmerz banden ihn an das Gewinkel. Doch das war sündlich, war undankbar; er hatte ja alles, was er begehrte, eine junge, hübsche, für sein Wohl treubesorgte Frau, alle Bequemlichkeit des Lebens, und dann seinen Buben. Das war eine Hauptsache.

Der Junge zwar mußte nun vor allem in die Schule geschickt werden, denn so gedeihlich das Landleben auch seiner körperlichen Entwickelung gewesen war, die geistige war dabei zu kurz gekommen. Wie notwendig es sei, diese Versäumnis beizeiten einzuholen, wußte der Vater am besten aus eigener Erfahrung.

Der erste Jubel des Kindes über den veränderten Wohnsitz, die Freude an all dem Neuen, das ihm die Stadt bot, namentlich an militärischen Schauspielen, war bald einer gedrückten Stimmung, einem Heimweh nach dem Dorf, nach der Freiheit der Bewegung gewichen, die ihm in der Stadt wesentlich beschränkt war.

Der Schönheitssinn der neuen „Mama" — wie schwer fiel's ihm nur, sich an das winzige Wörtchen zu gewöhnen! — und die Kunst des Schneiders hatten aus dem Jungen, der draußen nur zu oft barfuß und in zerrissenen Hosen mit den Bauernjungen in den Dorfpfützen herumgewatet war, einen kühnen, flotten Matrosen gemacht. Aber die Freude selbst an dem neuen Kostüm hielt nicht lange an, auf der hohen See der Wissenschaft ging sein Fahrzeug ziemlich leck; der sonst so lebhafte Knabe zeigte eine merkwürdige Schwerfälligkeit des Gedächtnisses im Kontakt mit der Schulbank, deren äußerstes Ende er zierte. Die Lehrer hatten ihre liebe Not mit ihm, und er demgemäß mit ihnen; Strafen, Ver=

weise, schlechte Zeugnisse und angestrengte Hausarbeit waren die natürlichen Folgen.

Vergebens protestierte der Vater, man verlangte zu viel von dem Jungen, der Jakob würde krank.

„Was man in der Jugend nicht lernt, lernt man im Alter nimmer!“ war die regelmäßige Erwiderung der Mama. Es war dies die Devise ihres Lehrers im höheren Töchterinstitut gewesen, wo es ihr auch manchmal schwer fiel, die Fülle des unerläßlichen Bildungsmaterials zu bewältigen. Aber wie kam ihr das jetzt zu statten! Konnte sie nicht den Knaben selbst bei seinen Schulaufgaben unterstützen?

Was sollte der alte Major dagegen sagen?

„Sie hat recht, ich merk's an mir selber, wie recht sie hat, es muß sein!“ seufzte er, wenn ihm auch der Gram um des Kindes schwindende Frische tief ins Herz schnitt.

Zuweilen, besonders in der ersten Zeit, brach sich freilich hin und wieder die Natur des Knaben mit elementarer Gewalt Bahn auf Wegen, die seinem zierlichen Matrosenanzug nicht eben zum Vorteil gereichten; dann regnete es scharfe, zornige Worte von seiten der Mama, die sich manchmal bis zu Thätlichkeiten steigerten, ohne daß ihn der zärtliche Vater dagegen zu schützen vermochte.

Indes diese Ausbrüche wurden mit der Zeit seltener und hörten schließlich ganz auf; aus dem wilden, rotbackigen Jakob ward ein stilles, bleiches, hohlwangiges Kind, das sich geduldig in das ihm auferlegte Joch fügte und eine große Furcht vor seiner „Mama“, der einst so vergötterten „Tante“, hatte.

Diese war über die Veränderung zum Feineren ganz glücklich und wurde nicht müde, sie dem Alten als wohlthätige Folge ihres Erziehungssystems darzustellen.

Der aber schüttelte manchmal den Kopf, und schließlich schüttelte ihn der Hausarzt auch und erklärte Bewegung und frische Luft als durchaus notwendig für des Kindes Gesundheit, die unter der allzu hastigen Dressur seines besseren Teils bedenklich gelitten hatte.

So siedelte der kleine Jakob im Herbst nach einem schwachen Protest seiner Stiefmutter, und zwar vorerst auf unbestimmte Zeit, zu den Verwandten aufs Land über, schon ziemlich teilnahmlos auch für diese Veränderung, aber schmerzlich vermißt von seinem Vater, der gleich ihm unter den Verhältnissen zu leiden begann.

Inzwischen hatte die Frau Majorin während des Sommers, von ihrer Umgebung angesteckt und überredet, erst schüchtern, dann immer stärker und dringender das Bedürfnis empfunden und geäußert, die edle Kunst des Reitens zu erlernen, wie sie von den meisten Damen des Regiments geübt wurde. Der anfängliche Widerstand des Gatten war bald gebrochen, die nötigen Requisiten, Hut und Reitkleid, waren schnell beschafft, und nun mußte der alte Major, was er sich nie hätte träumen lassen, täglich in den Morgenstunden, wenn die Bahn frei war, seiner jungen Frau Reitunterricht erteilen. Kein Wunder, wenn ihm dabei manchmal ganz leise — nur die Peitsche sprach seine Gedanken laut aus — ganz leise nur ein Fluch herausfuhr, so kernig, als hätte er eine ganze Abteilung der ungeschicktesten Rekruten vor sich.

Seine Schülerin aber zeigte sich im Gegenteil sehr gelehrig, und nach wenigen Wochen schon hatte sie's so weit los, daß sie, erst nur in Begleitung ihres Mannes und bald auch kleiner Gesellschaften, ins Freie reiten konnte.

Ja, die Lieutenants schwuren auf Ehre, daß sie der Hamlet, des Majors alter Schimmel, phlegmatisch-melancholisch wie ein Dänenprinz, ganz vorzüglich „tailliere“.

Anderer Ansicht war der Major, ihr Gatte. Ihm war diese Passion seiner Zweiten geradezu ein Greuel und ein Weib zu Pferd der Inbegriff alles Widersinnigen. Für

das Anmutige der Tracht ging ihm jedes Verständnis ab; war ihm der Cylinderhut schon bei Männern verhaßt, wie viel mehr auf dem Kopf einer Frau und gar seiner eigenen. Dem Schimmel hätte er lieber einen ehrlichen Soldatentod im letzten Krieg gewünscht, als diese Demütigung in seinem hohen Alter.

Aber um solche Bedenken laut werden zu lassen, war er schon viel zu tief unter den sehr bestimmten Willen gebeugt, der hinter dieser niedrigen, neuerdings „en chien“ koiffierten Frauenstirne thronte. Ja, um sie auch mit keiner Miene zu verraten, hatte er, der offene, biedere Soldat, sich mit der Zeit jenes fade, nichtssagende Lächeln angewöhnt, worunter man in der besseren Gesellschaft seinen Mangel an Geist oder seine Ueberzeugung zu verbergen pflegt, nur hatte es bei ihm noch jenen säuerlichen Beigeschmack, der den Anfänger bekundet.

Der Herbst befreite ihn von dieser Plage, er war ordentlich froh, als es ins Manöver ging. Draußen im Bivouac und in den engen Dorfquartieren atmete er wieder auf, die glatte Stelle am Kinn bedeckte sich allmählich wieder mit grauen Stoppeln, er ward fast wieder der Alte. Den Hamlet aber ließ er von seinem Burschen reiten, er schämte sich, ein Tier zu besteigen, das ein Weib getragen hatte.

Währenddem vollzog sich in der Stadt der Umzug ins neue Quartier, den die Majorin besorgte, und wobei der letzte Rest des alten Gerümpels vollends beseitigt wurde.

Der Lieutenant von Holwang, ein schmächtiger, lang aufgeschossener, indes sehr weltgewandter junger Herr, der nur leider an einem Brustübel litt, welches ihn zwang, den größeren Teil des Dienstjahres in Bädern und namentlich die strenge Zeit der Herbstübungen stets beim Depot zuzubringen, unterstützte sie dabei mit seinem anerkannten Geschmack. Es war derselbe, der sie gleich beim ersten

Anblick mit dem schmeichelhaften Epitheton einer Gazelle beehrt hatte.

Das besagte Leiden, welches ihn vom praktischen Dienst und den Gelagen der Männer fernhielt, machte ihn der Teilnahme des zarten Geschlechts um so würdiger, als es ihn nicht hinderte, ein vorzüglicher Tänzer, ein erträglicher Klavierstümper und, was mehr ist, ein angenehmer Plauderer zu sein.

Sein hohes Fistelorgan, sein merkwürdiger Blick für Toiletten, das feine Ohr für jeglichen Klatsch, in Verbindung mit wohlanständigen, etwas weibischen Manieren verschafften ihm das Vertrauen von Alten und Jungen, bei welchen er sich gleich angenehm zu machen wußte.

So konnte es nicht auffallen, daß ihn auch die Frau Majorin bald ihrer wärmsten Freundschaft würdigte, und daß er sich nicht unerkenntlich für solche Gunst erwies.

Als der Major aus dem Manöver zurückkam, hätte er auf der glattgewichsten Diele seiner neuen Wohnung fast ein Bein gebrochen und dabei fuhr ihm ein richtiger Fluch heraus.

Die dreiwöchentliche Zuchtlosigkeit hatte eben seine Manieren verdorben, und wie sah er aus! Bestaubt, abgerissen, unrasiert!

In bester Laune kam er ohnedies nicht heim, der Alte. Er hatte draußen einigemal recht üble Erfahrungen mit der neueren Taktik gemacht, und es war ihm wiederholt in nicht mißzuverstehender Weise nahegelegt worden, wie einem Mann in seinen Jahren, der ja überdies die Mittel besaß, sich's bequem zu machen, die wohlverdiente Ruhe anstände.

Er sprach auch mit der Magdalene darüber und machte ihr ernsthaft den Vorschlag, sie wollten zum Jakob hinaus aufs Land ziehen, wo sie zudem ein ererbtes Weingütchen besaß, und dort ganz nur sich selbst und der Pflege des kranken Kindes leben, über welches die Nachrichten immer ungünstiger lauteten. Er hatte sich den Gedanken so hübsch zurechtgelegt und zweifelte nicht an der Zustimmung seiner Frau.

Bei der kam er aber schön an damit. Gleich die ersten einleitenden Worte versetzten die sanfte Magdalene in einen bisher nicht dagewesenen Zustand der Entrüstung; nicht zum erstenmal spielte sie auf die von ihr gebrachten Opfer an, aber zum erstenmal ließ sie nun deutlich genug durchblicken, wofür sie dieselben gebracht.

Nicht des alten Mannes, nicht des Kindes, nein, des Majors, der Stellung wegen, die er ihr in der Welt, nach der sie von Jugend auf sehnsüchtig geblickt, die ihr verschlossen schien, verschaffen sollte. Nun wollte er die Stellung, in der sie sich kaum eben heimisch zu fühlen begann, die ihr durch ihre Erziehung, ihre Mittel gebührte, mutwillig aufgeben, wieder aufs Land zu den Bauern ziehen, deren Gesellschaft sie lange genug widerwillig ertragen hatte. Nein, wenn es ihn dahin zog, sie nicht, ihr Platz war nicht dort. Aufs Land! Jetzt bei Beginn des Winters, wo in der Stadt das eigentliche Leben erst anfing, wo es Bälle und Gesellschaften gab, auf die sie sich lange gefreut hatte, sie, die in ihrem Leben noch nie auf einem rechten Ball getanzt hatte! Das war doch unerhört, er war ein Barbar, ein Tyrann, ein Egoist, der sie ihres Geldes wegen genommen, als Altersversorgung u. s. w.

Kurz, das ganze bäuerische Ingrediens der halbgebildeten Natur brach bei der Veranlassung durch, und dabei füllten sich die wasserblauen Augen mit den dicksten Thränen, deren Technik sie vollendet beherrschte.

Der alte Major war höchlichst überrascht von dieser Offenherzigkeit seiner Zweiten, und niemals vielleicht hatte er mit so schmerzlicher Sehnsucht der Ersten gedacht. Aber ihr Pathos verblüffte ihn doch, und er machte große Augen, da er sie von Bällen und Tanzen — Dingen, von denen er selbst keine Ahnung hatte — als von den Menschenrechten der Frauennatur sprechen hörte, die ihr nur ein Tyrann bestreiten konnte. Die Thränen besorgten das übrige.

Er war ja so gar kein Tyrann, der alte Major, kaum in seiner Eskadron, geschweige denn in seinen vier Wänden.

Vier Wochen später sah man ihn mit behelmtem Haupt an der Seite seiner Frau im geschlossenen Wagen, den uniformierten Diener mit einem langen Namensverzeichnis neben dem Kutscher auf dem Bock, durch die Straßen der Stadt fahren, und wo eine Familie wohnte, von der irgend anzunehmen war, daß sie im Laufe des Winters einen Ball oder eine Abendgesellschaft oder einen Thee mit Spiel oder sonst dergleichen zu geben beabsichtige, da hielt der Wagen, der Diener sprang vom Bock und überreichte die Karten von „Herr und Frau Major Farner".

Fast eine Woche dauerte die „Tournee"; eine Passionswoche für den armen Major, der stumm und feierlich wie ein Götzenbild im Wagen saß.

Nun regnete es zunächst natürlich eine schwere Menge von Gegenbesuchen und Karten, welch letztere von der Hausfrau in einem zierlichen Korb aufgestaut und im Salon zur Schau gestellt wurden, ohne daß sich der Major weiter darum zu kümmern brauchte, als daß er hin und wieder dem und jenem bei Gelegenheit zu sagen hatte: „Wir haben sehr bedauert" — „Meiner Frau hat es so sehr leid gethan, daß Sie sich umsonst bemühten", und so weiter mit dem bekannten Lächeln.

Die Einleitungen waren beendet, vier weitere Wochen und das eigentliche Martyrium begann.

Diese wurden ausgefüllt durch wiederholte Tagesbesuche der Nähterin, welche der gnädigen Frau — ja, so weit hatte es die Magdalene gebracht — ihre Gesellschaftsgarderobe herstellte. Zum Hauptquartier dieser wichtigen Operationen war zwar das Eßzimmer auserkoren worden, aber die Lappen und Bänder, Spitzen und Musterkarten lagen auf allen Möbeln herum, eine Atmosphäre von Bügeldampf schwebte über der ganzen Wohnung, und bis in die Stube des Majors drang das Geklapper der Nähmaschine, das Geklirr der Scheren und das noch unermüdlichere Geplapper der beiden Frauenzungen, denen sich die nicht minder geläufige des Lieutenants von Holwang manchmal zugesellte.

Solche Tage brachte der Major, der den neuen blassen Hausfreund nicht ausstehen konnte, meist bei seiner Eskadron zu, an der die Vorgesetzten neuerdings allerhand auszusetzen fanden. In seinem Bestreben, die gerügten Fehler abzustellen und wohl auch den inneren Gram zu betäuben, steigerte er nun die Anforderungen an seine Untergebenen über die Maßen, und nichts war ihm mehr recht zu machen. Der Aerger, den er zu Hause verschluckte, brach sich in Kaserne und Reithaus Bahn, und die Lieutenants behaupteten, daß er auf dem Weg von seiner Wohnung dorthin die Metamorphose vom Lamm zum Tiger durchmache.

Endlich kam der große Tag; Generals gaben einen Ball.

Was Anspruch auf Rang und Bildung hatte — zwei Begriffe, die sich hier wie anderswo so ziemlich deckten — war geladen, und so war eine zahlreiche Gesellschaft zu erwarten.

Punkt 7 Uhr war der Wagen bestellt. Als er eine halbe Stunde später — es gab nämlich nur sechs seiner Gattung in der Stadt, und die höhergestellten Gäste hatten den Vorrang — am Hause anfuhr, und der alte Major seine junge Frau, die ihm den Tag über unsichtbar geblieben, im Glanz einer himmelblauseidenen Robe mit dem entsprechenden Ausputz von Blumen, Bändern und Spitzen, dem künstlichen Haarbau und einem großen Bouquet erblickte, dessen Widmung ihm ohne sein Wissen, dank der Bescheidenheit des wirklichen Spenders, übertragen war, da erkannte er sie erst kaum. Wie ein höheres Wesen kam sie ihm vor, das reichgeschmückte Bild der Gottesmutter, wie er es einst in einer großen Kathedrale gesehen, kam ihm dabei in den Sinn, er war geblendet von ihrer strahlenden Erscheinung und sogar ein bißchen geschmeichelt, daß sie sein Weib war.

Jede Bethätigung des letzteren Gefühls aber war ihm strengstens untersagt, und wie ein halbgeknicktes Taschenmesser mußte er in dem engen Wagen ihr gegenübersitzen, damit die kostbare Robe nicht verdorben wurde. Diese Arbeit war anderen vorbehalten, Jüngeren, die bald darauf die zierliche Magdalene im sausenden Galopp durch den für Zahl und Eifer der Tanzlustigen viel zu engen Saal schwangen.

Vorher aber hatte der Gatte eine Menge Verbeugungen vor alten Damen und Herren zu machen und eine Anzahl jüngerer seiner Frau vorzustellen.

Als diese ihre Tanzkarte glücklich voll hatte, entließ sie ihn, der sich bei dem vorerwähnten Amt ziemlich linkisch benommen hatte, in Gnaden und begab sich unter den Schutz einer älteren Kollegin, aber einer wirklichen, keiner bloßen Titularmajorin und überdies einer der ersten Gesellschaftsstützen, der dies schwere Amt sogar den Rücken schon ein wenig gekrümmt hatte.

Der Gunst dieser mächtigen Gönnerin hatte sich die

schlaue Magdalene auf Holwangs Rat schon längst für diesen Fall durch die ausgesuchteste Artigkeit und Zuvorkommenheit versichert. Es war dies einer der weisesten Ratschläge, die ihr der leidende Freund erteilen konnte, und ein gutes Zeugnis für seine Menschenkenntnis, denn nun war sie geborgen, Neid, Hochmut und Mißgunst konnten ihr wenig mehr anhaben unter so mächtigem Schutz. Die Gesellschaftsstütze beherrschte alles, sie entschuldigte alles, sie wußte alles, sie stand mit allen auf dem besten Fuß, den lieben Herrgott nicht ausgenommen, in dessen Haus sie allwöchentlich verkehrte, und wo sich auch die erste Bekanntschaft mit der Magdalene anknüpfte.

Eine Zeitlang sah der alte Major dem Zerstörungswerk des Tanzes, das immerhin den Reiz der Neuheit für ihn hatte, zu, er sah seine Gattin im Arm des interessanten Lieutenants dahinschweben, der hier in seinem Element war, sah sie zusammen plaudern und scherzen; der Anblick war ihm peinlich.

Nicht daß er eifersüchtig gewesen wäre, der Alte, o nein, dazu war er viel zu ungebildet; aber es schien ihm, seine Frau hätte mehr mit gesetzteren Männern tanzen sollen, nicht gerade immer mit den jüngsten, nicht gerade immer mit dem e i n e n. Die anderen waren ihm zum Teil unverständlich, der e i n e war ihm widerwärtig. Warum? War er nicht der artigste, höflichste Mensch, den man sich denken konnte; hatte er, der Alte, je etwas anderes von ihm zu hören bekommen als Artigkeiten und Höflichkeiten? Ja, das war es gerade, was ihn so unsympathisch berührte, den alten, derben Soldaten, daß er ihn nie derb, nie grob gesehen, selbst nicht im Dienst, wo doch die kältesten Gemüter manchmal zu einer Grobheit auftauen, wo es ohne Grobheit überhaupt gar nicht geht. Na, und es war auch danach, was er da leistete in den seltenen Fällen, wo er nicht im Erholungsurlaub war. Der gehört ins Spital, nicht auf den Exercierplatz, dachte der Major; nein, vor dem konnte er keine Achtung haben, und es war ihm unbegreiflich, was die Magdalene an dem schwindsüchtigen semmelblonden Zierbengel für einen Affen gefressen hatte.

Nun kam er gar auf ihn zugetänzelt, der blasse Holwang, wie der Wolf in der Fabel.

„Ach, verzeihen Sie, liebster, bester Herr Major, die gnädige Frau Gemahlin ist von einem Unfall betroffen worden, das heißt — beruhigen Sie sich — nicht sie selbst, nur ihre Robe — beiläufig eine wundervolle Robe, die beste im Saal, macht Ihrem Geschmack alle Ehre, Herr Major — sie ist zerrissen, denken Sie doch, und ich bin der Verbrecher. Nun wäre es selbstverständlich meine Pflicht, auch für Herbeischaffung des Flickmaterials, das ich unglückseligerweise heute gerade nicht bei mir trage, besorgt zu sein, aber — ich bin von der Frau Oberstin zum Kontertanz befohlen, der gleich beginnt, und Sie begreifen, ich kann sie doch nicht sitzen lassen, kann nicht aus dem Saal. Da komme ich nun zu Ihnen, bitte tausend-, tausendmal um Verzeihung; wollen Sie, liebster, bester Herr Major, die Gefälligkeit haben und ein paar Stecknadeln, nur ein paar ganz kleine Stecknadeln herbeiholen, es gibt welche im Vorsaal. Ach, ich wäre Ihnen so dankbar, bitte, bitte — hören Sie, die Musik fängt schon an, ich muß fort: Sie thun mir die Gefälligkeit, ja?“

Die letzten Worte hörte der Major schon nicht mehr, er hatte sich, nachdem er endlich erfahren, um was es sich handelte, nur um dem endlosen Wortschwall zu entgehen, umgedreht und war hinausgeeilt, das Verlangte zu holen. Er fand es nicht gleich und als er damit zurückkam, war der Kontertanz schon zu Ende, und der Lieutenant, seiner Pflichten ledig, konnte ihm die Stecknadeln mit unendlichem

Dank abnehmen, um eigenhändig das Reparaturwerk mit dem zierlichsten Kniefall zu unternehmen.

Um den Ueberbringer aber kümmerte sich niemand weiter, und da er sonst nur Püffe und Stöße in dem Gewühl als Lohn davontrug, so zog er sich in die anderen Gelasse zurück, wo die Senioren beim Whist saßen — nur seine völlige Unkenntnis des fashionablen Spiels hatte ihn vor der Ehre einer Partie en carré bewahrt — und die Tanzfaulen plaudernd und kritisierend herumstanden.

Nachdem er den faden Witzen der letzteren eine Zeitlang teilnahmlos gelauscht und sodann mit dem gleichen

Interesse die Spielgruppen der Reihe nach gemustert hatte, versenkte er sich schließlich in die Betrachtung der Gemälde an den Wänden.

Es hingen da teils Ahnenbilder in der steifen Tracht vergangener Jahrhunderte, rauhe Kriegsleute mit entsetzlich langen Nasen und zierliche Dämchen mit zum Kuß gespitzten Lippen; teils blutige Scenen aus alten Feldzügen, darin sich des Generals Vorfahren mit Ruhm bedeckt hatten, was dem Enkel gewaltig zu statten kam; teils Stillleben, Blumen und Früchte aus der Frau Generalin eigenem Pinsel.

Am längsten verweilte der alte Major natürlich bei den Schlachtenbildern. Ach, am liebsten hätte er gleich mitgefochten, das wäre doch eine Beschäftigung gewesen.

So aber trank er erst mehrere Tassen Thee, nur um etwas zu thun und weil sie ihm beständig von schwarzbefrackten Aufwärtern, die er anfangs für Mitgäste hielt, unter die Nase gehalten wurden; aus demselben Grund leerte er verschiedene Gläser Bier, da er nicht wußte, wo sie niedersetzen, stets auf einen Zug und aß Butterbretzeln, belegte Brötchen und Konfekt durcheinander.

Beim Souper, das er als Nestor an einem Tisch junger Fähnriche mitmachte, blieb er stumm, sprach aber den aufgetragenen Weinen reichlich zu, und nachher, während der Cotillon getanzt wurde, entdeckte er zufällig ein Hinterstübchen, wo das Bier vom Faß verzapft und geraucht wurde, ein Asyl, das nur den Eingeweihten bekannt war.

Da blieb er nun auch, mit Tabaksqualm und Biergenuß die endlose Zeit tötend, bis der Ball zu Ende war, und einige Lieutenants mit ordenbesäter Brust, Holwang voran, sehr geschäftig daherkamen, ihm mitzuteilen, daß sein Wagen vorgefahren sei und die Gnädige schon längst seiner harre.

Da er aufstand, ward ihm ein bißchen schwindlig, wahrhaftig, er hatte einen kleinen Schwips, der alte Major; die Botschafter merkten es gleich und lachten zusammen.

Die Gnädige merkte es wohl auch, und die Stütze der Gesellschaft zog ihr Taschentuch, denn sie konnte den Tabaksgeruch nicht ertragen und verabschiedete sich von ihrem Schützling mit einem teilnehmenden Händedruck und einem vernehmlich geseufzten „Arme Frau!" Auch der Herr General blickte ernst.

Holwang geleitete das Paar zum Wagen und küßte der Gazelle beim Abschied galant die Hand, von dem Bären ward er keines Blicks gewürdigt.

Mitternacht war lang vorüber, die blauseidene Robe bedurfte keiner Vorsichtsmaßregeln mehr, denn sie hing halb in Fetzen. Die „arme Frau" aber hatte sich vorzüglich amüsiert und wurde während der Heimfahrt nicht müde, ihrem Gemahl von ihren Erfolgen, von den Komplimenten, die ihr der und jene über ihre Toilette, ihr Aussehen, ihre Tanzkunst gemacht, vorzuschwatzen. Da dieser aber stumm blieb, so änderte sie plötzlich das Thema und machte ihm Vorwürfe über sein abscheuliches Benehmen. Auch das blieb ohne Eindruck, denn der alte Major war schon längst in seiner Wagenecke eingeschlafen, und sein Schnarchen konnte wohl nicht als Abbitte gelten. Der Gute war gewöhnt, um zehn Uhr zu Bette zu gehen; als man am Hause anlangte, schlug die Glocke zwei Uhr, und man mußte ihn fast mit Gewalt wecken.

Der Vorgang wiederholte sich nun während der Wintermonate allwöchentlich einigemal, es war immer dieselbe Geschichte. Bald war der alte Major in den Salons der guten Gesellschaft eine stehende Figur, über die man die Achseln zuckte, die man bemitleidete oder bespöttelte: „der Major der Hinterstübchen" oder, wie ihn die mutwillige Jugend nannte, „der büßende Magdalenus".

Die Gnädige aber schwamm in Wonnen; die Pausen zwischen den größeren Gesellschaften waren mit intimen Thee- und Kaffeekränzchen ausgefüllt — Holwang war hier der einzige geduldete männliche Gast —, wo sie Gelegenheit fand, sich bei den Damen einzuschmeicheln. Die häusliche Misere, welche, längst kein Geheimnis mehr, ihren Mann lächerlich machte, verlieh ihr, wenigstens in den Augen des schönen Geschlechts, eine Art Martyrglorie, und sie wußte diese Stimmung so gut auszunützen, daß sie wirklich anfing, eine Rolle zu spielen.

Ueber die Weihnachtsfeiertage ging der Major in Urlaub, nach seinem kranken Kind zu sehen, während die Majorin in einem Bazar zum Besten armer Waisenkinder beschäftigt war. Er fand den Buben blaß und abgezehrt, das Spielzeug, das er mitbrachte, machte nur einen vorübergehenden Eindruck, der Arzt gab ausweichende Antworten, verbat sich aber entschieden, die vorgeschlagene Beiziehung eines Kollegen, und mit schwerem Herzen kehrte der gebeugte Vater in die Stadt zurück, seine traurige Rolle weiterzuspielen.

Die Vettern, Basen und sonstigen Bekannten, die natürlich alle herbeigelaufen waren, etwas von der Magdalene zu hören, und wie es denn ginge in der Stadt, hatten sich vergebliche Mühe gemacht und beklagten sich nachträglich sehr, wie stolz und undankbar der Major geworden sei.

Gegen Ende der Saison fühlte die Frau Majorin das Bedürfnis, selbst ein größeres Fest in ihrem Haus zu veranstalten, wo sie sich bisher auf kleinere Damenzirkel beschränkt hatte. Es war ja auch nicht mehr als billig, daß sie der Gesellschaft, von der sie so viel Liebenswürdigkeit genossen, eine Revanche gab; das gehörte zum guten Ton, und der Alte, so sehr ihm die Sache zuwider war, mußte sich fügen.

Die hochrückige Gesellschaftsstütze, die den Entschluß, den sie mit herbeigeführt, natürlich guthieß, ließ sich gütigst herbei, die Hausfrau beim Arrangement mit ihrer großen Erfahrung zu unterstützen. Herr von Holwang traf umfassende Anstalten zu einem glänzenden Cotillon, wie nur er ihn vortanzen konnte.

Nun ging es ein paar Tage drunter und drüber im Haus, Zimmer wurden ausgeräumt, Möbel verstellt, Böden gewichst ꝛc. In der Küche hantierte ein fremder Koch, und während dieser die ausgesuchtesten Delikatessen für das Festmahl bereitete, wurde das Essen für die Familie aus dem Restaurant geholt und auf der nächsten freien Tischecke eingenommen. Die beiden Frauen herrschten mit einer Schar gemieteter Dienstboten unumschränkt, für den Hausherrn blieb kaum ein Plätzchen zum Ausruhen. Der saß, wenn er sich im Dienst müde gehetzt, im Wirtshaus und vertrank seine Sorgen, ein Mittel, das er mit der Zeit probat gefunden hatte.

Als endlich alles in Ordnung — nach des Majors Begriff vielmehr in der größten Unordnung — war, wurden gedruckte Karten umhergesandt:

„Herr und Frau Major Farner geben sich die Ehre" ꝛc.

An einem Samstag — ein gut gewählter Tag, und das war Holwangs Idee! — abends präcis acht Uhr begann das Fest, bei dem sich gegen neun Uhr die Spitzen einfanden. Alle waren einig im Lob des reizenden Arrangements, der Reichlichkeit des Büffetts, der Güte des Getränks und der Liebenswürdigkeit der Hauswirtin. Im übrigen verlief es wie die anderen auch; die Hungrigen aßen sich satt, die Lustigen amüsierten, die Langweiligen langweilten sich und andere.

Zu den letzteren gehörte der Hauswirt.

Nachdem er die Ankommenden mit Händedrücken und Bücklingen an der Seite seiner strahlenden Ehehälfte bewillkommt, den übertriebenen Artigkeiten und Dankesbezeigungen der letzteren mit stummem Kopfnicken und dem bekannten Lächeln beigestimmt, sodann mit einem großen Zettel in der

Hand bei Verteilung der Plätze für die Spieler die entsprechende Verwirrung angerichtet hatte, war sein Geschäft beendet, die Frauen und Holwang besorgten das übrige; er wußte wieder nicht, was anfangen. Niemand kümmerte sich um ihn, die Bilder an den Wänden waren ihm alte Bekannte, und das berüchtigte Hinterstübchen war beim Arrangement wohlweislich übersehen worden.

Da ihm nun im Laufe des Abends mehrere Herren ihr tiefstes Bedauern über diesen Mangel ausdrückten, so faßte er den kühnen Entschluß, dem Versehen abzuhelfen.

Zur Ausführung dieses Planes konnte er jedoch, um keinen Argwohn zu erwecken, erst nach Beendigung des Soupers schreiten, wobei ihm das schwere Ehrenamt zufiel, die Gesellschaftsstütze zu Tisch zu führen. Er that dies mit der gebührenden Feierlichkeit, füllte ihr an dem reichbesetzten Büffett den Teller mit etwas von allem und lauschte eine Stunde lang stumm und geduldig den Reden der edlen Frau, welche, mit scharfen Ausfällen auf die Verderbnis dieser Welt und die unter der männlichen Generation so sehr überhandnehmende Trunksucht gewürzt, nichts Geringeres als die Rettung seines Seelenheils bezweckten. Die Geduld und Ruhe des Pönitenten mochten die Gute über den Erfolg ihrer Bekehrungsversuche getäuscht haben, so daß sie ihn nach aufgehobener Tafel gnädigst entließ, und dieser, hungrig und durstig wie er war, ging nun sofort an das frevelhafte Werk.

Zu dem Ende schlich er sich, um erst das Terrain zu rekognoszieren, vorsichtig, als wäre er mitten in Feindesland und nicht in seinem eigenen Haus, auf den hell erleuchteten Korridor, an dessen Ende ein schmaler und dunkler Gang nach einer Kammer abführte, die zur Aufbewahrung alten Gerümpels benutzt wurde.

Aus den Empfangszimmern tönte schon wieder lustige Tanzmusik, als er seine Patrouille antrat und zu seinem

Erstaunen durch den Spalt der leicht angelehnten Kammerthür ein Licht schimmern sah; ein unterdrücktes Kichern und Flüstern drang an sein Ohr, ein kleiner Schrei und gleichzeitig erlosch das Licht.

Mehr erschreckt als argwöhnisch zog sich der Alte aus dem Gang zurück und barg sich, da er nun leise Schritte aus der Richtung vernahm, wie ein ertappter Schulknabe hinter einem großen altmodischen Kasten.

Die Schritte wurden, als sie ins Helle traten, bestimmter, die Stimmen lauter, sie sprachen eifrig vom Cotillon, und ganz nahe an des Majors Versteck, jedoch ohne ihn zu bemerken, gingen seine Frau und der lange Holwang vorüber nach dem Tanzsaal; sie trug den Leuchter mit der verlöschten Kerze, er einen Korb mit bunten Schleifen und Blumensträußchen in der Hand.

Der alte Major stand wie versteinert, seine Fäuste hatten sich unwillkürlich geballt, unter den grauen, buschigen Augenbrauen glimmte ein unheimliches Feuer, und der lang verhaltene Atem brach sich fast keuchend Bahn.

So fanden ihn seine Mitschuldigen, welche besorgt um den Erfolg des Unternehmens daher kamen, und mit ihrer und einiger fremder Dienstboten Hilfe gelang es nun auch wirklich, in der Kammer, mitten unter dem Gerümpel, ein Tischchen zu etablieren und das nötige Material an Gläsern und Flaschen herbeizuschaffen.

Damit schien aber auch des Majors Energie zu Ende, stumm wie immer ließ er sich im Kreis seiner Schöpfung nieder, aber der böse Blick blieb ihm noch eine Weile und er trank mehr als sonst.

Auch als gegen Schluß des Festes seine Frau und die hoch entrüstete Gesellschaftsstütze sein Versteck endlich entdeckt hatten, war er nicht herauszubringen.

Die Gäste mußten sich's beim Abschied am Händedruck

der Wirtin genügen lassen, der Hausherr war plötzlich unwohl geworden, das heißt, er hatte keinen Schwips diesmal, nein, einen kompleten Rausch.

Als die Thür sich hinter dem letzten Gaste geschlossen hatte, trat Frau Magdalene mit zornglühendem Gesicht vor ihren Mann, ihm gehörig den Text zu lesen. Das durfte sie sich nicht bieten lassen, daß er ihr das ganze, sonst so herrlich gelungene Fest zum Schluß durch seine Trunksucht verdarb — es war an seinen plumpen Manieren schon genug —, daß er eigenmächtig in ihr Hausrecht eingriff, Trinkstuben organisierte, dem mußte ein für allemal ein Ende gemacht werden. Das war sie sich, war sie der indirekt mitbeleidigten Gesellschaftsstütze schuldig, die nicht versäumt hatte, sie auf die Vorteile und Pflichten ihrer Stellung aufmerksam zu machen.

Aber — war ein Wunder geschehen? — der gute alte Major war ein brüllender Löwe geworden, als er ihr entgegentrat, zum erstenmal entgegentrat.

Er war der Herr im Haus, er konnte thun und lassen, was er wollte, und wem's bei ihm nicht gefiel, der sollte sich zum Teufel scheren, die alten Weiber und die schwindsüchtigen Lieutenants voran! Und dabei schlug er mit der geballten Faust auf den Tisch, daß die Scheiben klirrten und das alte Gerümpel schetternd durcheinanderflog und die kleine Frau zitternd ihr Heil in der Flucht suchte.

O! — was war das? Ein stechender Schmerz, und das Blut quoll dunkel aus der braunen Faust. Er hatte in das Glas eines Bildes geschlagen, und da er's aufhob und ansah, da — war es das Bild seiner Ersten, der Eve Bild, das sie in die Rumpelkammer geschmissen hatten.

Da war der Rausch plötzlich vergangen, er wurde ganz nüchtern, der alte Major, und totenbleich, und die Thränen flossen ihm aus den Augen — zum zweitenmal.

Er nahm das Bild, trug es hinüber in sein Schlafgemach, das heute auch mehr einer Rumpelkammer gleichsah, dort legte er's auf sein Bett und kniete davor die ganze Nacht und überströmte das teuere Bild mit Thränen und Blut, als ob er die ihm widerfahrene Schmach davon abwaschen wollte.

In dieser Nacht war aus dem Riß, der schon längst durch die Ehe ging, ein unheilbarer Bruch geworden, der die ungleichen Teile für immer trennte. Der Verkehr zwischen den Ehegatten beschränkte sich auf das Unvermeidliche, der Major brachte den größten Teil des Tages außer dem Haus zu, und die Majorin suchte Trost bei ihren Intimen, die ihr zur Scheidung rieten.

In der kleinen Garnisonsstadt aber gab es einen großen Skandal. Am anderen Morgen schon erzählten sich's die Mägde am Brunnen, die Frauen beim Besuch, die Lieutenants in der Frühmesse und die Generale und Obersten bei der Parole. Des alten Majors Rausch und die blutige Scene mit seiner Frau, welche die aufräumenden Dienstboten noch mit angehört hatten, bildeten mit den üblichen Uebertreibungen das Tagesgespräch. In Frauenkreisen natürlich war des Majors Urteil rasch gesprochen, die Männer blickten etwas tiefer, viele bemitleideten ihn, aber auch hier hatte er die frühere Achtung eingebüßt.

Als der Frühling wieder ins Land zog und unseres Helden zweite Blüte sich jährte, erhielt er seinen Abschied, ohne daß er sich darum bemüht hätte, seinen Abschied mit der gesetzlichen Pension, dem Recht, die Regimentsuniform an hohen Festtagen weiter zu tragen, ja, sogar mit der für solche Anlässe gestifteten Dekoration.

Was wollte er mehr? Einmal mußte es ja wohl so kommen.

Und er wunderte sich auch gar nicht groß darüber, obwohl er fühlte, daß sein letzter Anker zerbrochen sei, sondern kurz und bündig teilte er seiner Frau die Sache mit.

Die erschrak nicht wenig und lief sofort in ihren Kaffeekranz, sich Rates zu erholen in dem schwierigen Fall.

„Scheidung, Scheidung!“ hieß es dort, „es ist das einzige, was Ihnen übrigbleibt, armes Opferlamm,“ und das arme Opferlamm überlegte sich nun allen Ernstes diesen Schritt.

Wäre nur die öffentliche Meinung nicht so thöricht gewesen!

Als ob ein Unglück nie allein kommen könnte, traf wenige Tage später eine Depesche von den Verwandten ein: „Schnell kommen, der Jakob ist sehr krank!“

Das rüttelte den alten Major aus seiner Lethargie auf, über Hals und Kopf reiste er ab, die Magdalene ging nicht mit.

Was sollte sie auch? Der Jakob war ja nicht ihr leibliches Kind, nur ihr Stiefsohn, und wer weiß, wie lange er das noch blieb?

Nicht mehr lang, wenn auch in anderem Sinn, als die Majorin dachte.

Als der Alte ankam, lag der Knabe schon in den letzten Zügen, eine Lungenentzündung hatte die Säfte des schwächlichen Körpers vollends verzehrt, der Landarzt und auch der nunmehr gerufene Stadtarzt, der eine Celebrität war, konnten nicht mehr helfen. Sie drückten dem Vater, der keine Thränen fand, bedauernd die Hand, und die Verwandten versicherten heulend, daß sie alles gethan hätten, was nur Eltern an ihrem eigenen Kind thun könnten, denn der Jakob wäre ihnen wie ihr eigenes Kind gewesen.

Zur Beerdigung kam auch die Stiefmutter in einem nagelneuen Traueranzug, den die Verwandten unter Thränen bewunderten. Sie erinnerte sich wieder der früheren Zeit, da sie des Kindes Tante und Exerziermeister gewesen, und schluchzte und weinte mit ihnen um die Wette. Die aufrichtigsten Teilnahmebezeigungen wurden ihr von allen Seiten zu teil.

Der Vater blieb kalt und stumm, die Hand, die sie ihm drückten, war die eines Toten. Das nahmen ihm die Leute vom Land sehr übel, daß er so hochmütig geworden und so gar kein Herz für sein Kind hatte.

Nach der Beerdigung fuhren die Eltern nach der Stadt zurück, die Magdalene aber hinterließ das Geld zu einem reichlichen Leichenschmaus, wie es Sitte war, und entschädigte auch die Verwandten und die nicht wenigen sonstigen Beteiligten für die gehabte Mühe und Pflege.

„Das wäre doch eigentlich seine Sache gewesen," dachten die, als sie das schöne Geld einsackten.

Auf der langen Heimfahrt sprachen die Ehegatten kein Wort miteinander und auch zu Haus blieb's beim alten. Eine Versöhnung hatte des Kleinen Tod nicht zustande zu bringen vermocht, höchstens daß er den offenen Bruch vertagte.

In den nächsten Wochen sah man den alten Major in einem schwarzen Civilanzug — o, welch trostlose Figur er darin machte! — an den Exerzierplätzen herumlungern und, hinter Bäumen versteckt, den Uebungen zuschauen. Er sah zu komisch aus, der Grauköpfige, in dem viel zu knappen Anzug im Konfirmandenschnitt, aber wer ihm ins Gesicht sah, der lachte nicht. Das war so fahl und eingefallen, die Augen lagen so tief in ihren Höhlen und blickten so trüb und unstät wie die eines Irrsinnigen. — „Die Geschichte hat ihm doch scharf zugesetzt," meinten die früheren Kollegen.

Auch war er menschenscheu geworden, wich allen Begegnungen aus; die ihre Teilnahme bezeigen wollten, mußten sich an die Frau Majorin wenden, welche zu dem Behuf täglich empfing.

An einem Morgen — es mochten etwa vierzehn Tage seit des kleinen Jakobs Tod vergangen sein — ließ sich der Alte eines seiner Pferde, die im Stall eines Käufers harrten, satteln, und ritt schon in aller Frühe hinaus; zu Mittag war er noch nicht zurück. — Der Gnädigen fiel's nicht auf, aber der treue Bursche, der freilich nur provisorisch noch in seinen Diensten stand, vermißte eine der beiden Sattelpistolen, die sonst über seines Herrn Bett gehangen. Er machte dem Regimentsadjutanten Anzeige.

Der ahnte gleich Schlimmes und ritt mit noch zwei Kollegen hinaus, nach dem Vermißten zu fahnden. Seine Spur führte sie in ein zwei Meilen entferntes Dorf, wo sie im Wirtshausstall den Braunen angebunden fanden.

Der Herr war, nach der Wirtsleute Angabe, nachdem er sich ein Essen bestellt, hinausspaziert in den Wald, vermutlich um die in den nächsten Tagen zu verpachtende Jagd zu besichtigen. Seitdem war er nicht zurückgekehrt und das Essen war kalt geworden.

Nun durchsuchten die Dreie den Wald nach allen Richtungen und fanden auch endlich den alten Major an einer einsamen Stelle, wie sie sich das angeschossene Wild wohl zum Sterben wählt. — Er lag auf dem Rücken und die abgeschossene Pistole neben ihm.

Rock und Hemdbrust waren geöffnet, die letztere kaum von einigen winzigen Blutflecken bespritzt, und in der Brust, genau zwischen der vierten und fünften Rippe, klaffte ein kleines Loch, kaum so groß, um die Fingerspitzen dreinzulegen, von einem bläulichen Kreis umrahmt. Ja, er war von jeher ein guter Schütze gewesen, der alte Major.

Da lag er auf dem weichen, duftigen Moosgrund, und aus den unentstellten Zügen sprach ein solcher Friede, wie wenn er zum erstenmal seit langer Zeit wieder ordentlich ausruhte; nur der Unterkiefer hing etwas tiefer als gewöhnlich.

Die Abendsonne brach durchs Gezweig und legte eine Glorie um des Toten Haupt und die Vögelein pfiffen.

Die Blicke der Dreien sagten sich: „Wir haben's nicht anders erwartet.“

Sie gingen ins Dorf zurück und bestellten eine Trag-

bahre, den stillen Gast hereinzuholen, der sein Essen kalt werden ließ, bis er selbst darüber kalt geworden.

In der Nacht brachte man die Leiche nach der Stadt, ins Haus der Witwe, die bei der ersten Nachricht ohnmächtig geworden war und nun von einigen ihrer Intimen gepflegt wurde.

Als sie nun aber vor ihm stand und die seelenlosen, halb geschlossenen Augen wie anklagend auf sich gerichtet sah, da krampfte es ihr das Herz zusammen und das Gewissen flüsterte: „Mörderin!“

Sie konnte den Blick nicht aushalten, sie mußte hinaus, sie hatte nie eine Leiche sehen können.

Der Trost der Intimen richtete sie wieder auf.

Was hatte sie denn gethan? Hatte sie ihn nicht treu gepflegt und gefüttert, wie nur eine Frau ihren Mann? War sie schuldig, daß der kleine Jakob krankte und starb, weil sie einen gebildeten Menschen aus ihm machen wollte? That sie nicht ihre Mutterpflicht? War es denn ein so großes Unrecht, daß sie, die Fünfundzwanzigjährige, ein bißchen Tanz und Vergnügen haben wollte? Hätte sie etwa darauf verzichten sollen, weil es ihrem alten Mann keinen Spaß machte? Wer hatte den Anlaß zu dem schlimmen Verhältnis der jüngsten Zeit gegeben, wer anders, als er mit seiner Trunksucht, durch die er sie vor den Leuten bloßstelle? Das Trinken, ja das Trinken war schuld daran; ehe er das anfing, war alles in Ordnung gewesen, hatten sie ganz glücklich gelebt.

Und jetzt that er ihr auch noch diese Schande an und versündigte sich an ihr und dem lieben Herrgott; warum denn? Nein, er verdiente wahrlich die Thränen nicht, die sein treues Weib um ihn weinte.

So trösteten die Freundinnen im Salon, und dem stillen Mann im Nebenzimmer that's nimmer weh.

Die Sektion hatte das bekannte vorgeschrittene Gehirnleiden ergeben, und so erhielt der alte Major wenigstens ein ehrliches Begräbnis.

Die Verwandten kamen alle dazu und heulten und wehklagten; aber schön war es doch, wie die Eskadron auf lauter dunkelfarbigen Pferden vor dem Haus aufmarschierte, und die Musik den großen Trauermarsch blies, und die hohen Offiziere drunten so ehrerbietig salutierten, als man den Sarg mit dem Jakob hinaustrug. Drei Salven erschütterten die Luft, als sie ihn hinuntersenkten, und der Geistliche hielt so eine schöne, lobreiche Rede. Nun diese Menge von Blumen und Kränzen gar — sie sprachen noch lange davon, die Verwandten.

Die Witwe blieb in der Stadt, bis ihres seligen Mannes geringe Habe versteigert war; sie hatte anfangs beabsichtigt, ganz da zu bleiben.

Aber es ging nicht, der Intimen wurden immer weniger; eins nach dem anderen zog sich von ihr zurück, und die Gesellschaftsstütze machte den Anfang. Den Lieutenant von Holwang zwang just um diese Zeit sein altes Leiden, die mildere Luft des Südens aufzusuchen, und so war sie ganz verlassen.

Es blieb ihr etwas, um das sie die Leute ansahen, ihre Rolle war ausgespielt.

Da zog sie in die Residenz, wo sich bald ein neuer Freundeskreis um die reiche, kinderlose Witwe scharte; auch an Bewerbern um ihre Hand fehlte es nicht, aber sie konnte sich bisher nicht zu einer neuen Ehe entschließen, sie hatte in ihrer ersten zu trübe Erfahrungen gemacht.

Im Winter sieht man sie in Theater und Konzerten, wo sie abonniert ist; den Sommer bringt sie auf dem Land, auf ihrem Weingut zu, wo sie sich ein hübsches Häuschen gebaut hat.

Sie thut viel für die Armen in der Gemeinde; mit Pfarrers ist sie sehr intim, in der Kirche hat sie einen eigenen Stuhl, und wenn sie in ihrem städtischen Gewand durch die Dorfstraße geht, so machen ihr die Bauern ehrerbietig Platz und ziehen die Hüte bis ans Knie; die größeren Kinder reichen ihr schüchtern die Hand, den Kleinen, die noch auf dem Arm der Mutter liegen, wird sie gezeigt mit bewunderndem Finger und dabei flüstern die Weiber fast andächtig: „Die Frau Majorin.“

———o———

La Traviata.

„Frau Venus, meine schöne Frau,
Dein Reiz wird ewig blühen,
Wie viele einst für dich geglüht,
So werden noch viele glühen."

H. Heine.

Drei Uhr — da stand ich vor ihrer Glasthüre; so steht die arme zitternde Seele vor den Pforten des Himmels.

Als solche bezeichnete sie mir ein elegantes Porzellanschild, darauf in goldenen Lettern der Name der Sängerin stand; ein Klingelzug hing darüber mit zierlichem blauem Glasgriff. Daran zog ich — so schüchtern erst, daß die Klingel gar keine Notiz davon nehmen wollte, dann stärker, ein ganz klein wenig stärker nur — oder täuschte mich meine Erregung über die Stärke des Zugs? — entsetzlich! Die Glocke nahm einen Anlauf zum perpetuum mobile! Ich stand vernichtet!

Nun aber lassen Sie sich erzählen, wie ich vor ihre Glasthüre kam:

Wir Lieutenants besuchten namentlich im Winter fleißig das Hoftheater der nahegelegenen Residenz. Wer die kulturfördernde Bedeutung der Bühne zugibt, wird dies gewiß nur löblich finden. Für uns hatte solcher Besuch noch besondere Vorteile, indem er einige der am schwersten moralisch zu verwertenden Abendstunden angenehm ausfüllte, den Appetit reizte und den späteren Genuß einer Cigarette wesentlich erhöhte, unserem Auge Gelegenheit zu Toilettestudien, unseren Herzen solche zur Anknüpfung und Weiterspinnung zarter Liebesbande bot. Dazu kam noch der Vorzug eines reservierten Platzes zu bedeutend herabgesetzten Preisen. Dieser, zuvorderst im Saal und dicht hinter dem Orchester gelegen, bildete so eine Art Uebergang vom Zuschauerraum zur Bühne, von der Wirklichkeit zur Poesie, und da saß ich eines Abends.

Man gab „La Traviata", Oper in drei Akten von Verdi.

Der Text dieser Oper ist einem bekannten Roman des jüngeren Dumas: „Die Kameliendame" entnommen und schildert uns die Schicksale einer Pariser Modedame, Marguerite Gauthier, in der Oper Violetta genannt, welche nach einem wechselreichen Leben an ihrer großen Liebe zu einem gewissen Herrn Armand Duval, dem Alfredo der Oper, und nicht, wie die Aerzte im Interesse ihrer sich unfehlbar dünkenden Kunst behaupteten, an der Lungenschwindsucht starb.

Die wiederholte Lektüre dieses Romans nun hatte eine Art von Fieber in mir erzeugt, eine ganz eigentümliche, bisher in keinem medizinischen Werk aufgeführte Krankheit, die Sucht nach Kameliendamen!

O du solide, hausbackene deutsche Frauentugend, wie gründlich warst du mir damals zuwider! —

An jenem Abend aber befand ich mich just vor einer entscheidenden Krisis.

Ob die Vorstellung gut oder schlecht war, dessen weiß ich mich nicht mehr zu entsinnen, wohl aber, daß die Künstlerin, welche die Violetta gab, wunderbar schön war, daß sie diese Rolle mit einer Leidenschaft, einer Naturwahrheit sang und spielte, die mich bezauberten.

Soll ich Ihnen sagen, wie sie aussah in der großen Sterbescene im dritten Akt? Sie trug ein langes weißes, spitzenbesetztes Gewand, das, um die Hüften von einem schmalen Gürtel zusammengehalten, in weichen Falten die schlanken, fast schmächtigen Formen der reizenden Gestalt umfloß, vor der Brust eine weiße Kamelie, den Hals bis an seine Wurzeln frei und das reiche schwarze Haar in glänzenden regellosen Flechten um das bleiche Gesicht.

Dieses Gesicht aber hatte einen so vielfach wechselnden und doch stets gleich verführerischen Ausdruck, daß ich mir kaum getraue, es zu beschreiben.

Kennen Sie jene modernen Vexierbilder, die dem Beschauer auf den ersten Blick eine liebliche Landschaft mit Felsen, Quellen und Bäumen zeigen, während der Eingeweihte bei näherer Betrachtung zwischen Bäumen und Quellen allerhand Raubgetier wahrnimmt?

So war dieses Gesicht. Auf den ersten Blick eitel Liebreiz, obwohl allenthalben die Schlänglein der Leidenschaft aus ihrem lieblichen Versteck hervorzüngelten. Ach, der größeren, grausameren Bestien ward ich selbst erst viel später gewahr.

Namentlich die Augen, diese großen schwarzen Augen, brennen mir noch im Gedächtnis, wie die der Frau Venus dem guten Ritter Tannhäuser, lange nachdem er ihrem Zauber entflohen war und wieder fromm werden wollte.

„Schaun dich die großen Augen an,
Wird dir der Atem stocken!“

Das eine davon — ich glaube, es war das linke — besaß überdies die Fähigkeit, zuweilen ein ganz klein wenig schief zu blicken, und wenn es von dieser gefährlichen Eigenschaft Gebrauch machte, wobei sich der Kopf etwas zur Seite neigte und die leichtgeschürzte Oberlippe eine blendende Zahnreihe durchschimmern ließ, so verwirrten sich die nüchternsten Sinne und der Begriff „Vernunft“ hatte aufgehört zu existieren. —

Der Vorhang fiel, Violetta hatte ausgerungen, um gleich darauf unter einem Blumenregen ihre selige Auferstehung zu feiern. Einer der vielen zündenden Blicke, womit sie ihrem Dank Ausdruck gab, hatte auch auf mir und, wie mir schien, mit ganz besonderer Zärtlichkeit und Ausdauer geruht.

Seitdem freilich habe ich vielfach Gelegenheit gehabt, das Trügerische solcher Eindrücke zu erkennen und mir über den Sehkreis schöner Frauenaugen ein minder einseitiges Urteil zu bilden. Damals aber war ich verzaubert, der Atem stockte mir, meine Kameliendame war gefunden!

Es handelte sich nur darum, wie mich ihr nähern, ihr meine Liebe gestehen, ihre Gegenliebe gewinnen, ohne welche das Leben keinen Reiz mehr für mich hatte.

Ja, wie? Das war nicht so einfach, wie Sie vielleicht denken.

O warum war ich kein Krösus, ihr die Schätze eines Weltteils vor die zierlichen Füße zu legen, — kein mutiger Gründer, um mit mehr oder weniger soliden Papieren auf die Hausse ihrer Gunst zu spekulieren, — kein einflußreicher Geheimerat im Departement der schönen Künste, um zeitweilig die oberste Leitung der Geschäfte ihren weißen Händchen zu überlassen? Warum nur ein Lieutenant?

Was vermochte ich ihr als solcher zu bieten? Nichts als meine zierliche Person, mein liebedürstendes Herz, Blumen, die in den Beeten kreditierender Gärtner blühten und lyrische Gedichte!

Meine Person übrigens war trotz ihrer Unscheinbarkeit gar nicht so übel, mein Herz barg einen Schatz unentweihter Gefühle, sämtliche Gärtner meiner Garnisonsstadt kreditierten — was blieb ihnen anderes übrig? — und erst meine Lyrik! Doch davon hoffe ich Ihnen einige Proben zu geben.

Tagelang, nächtelang erwog ich die große Frage, sie geleitete mich — nicht eben zum Wohlgefallen meiner Vorgesetzten — auf Reitbahn und Exerzierplatz, endlich aber schritt ich zu einer kühnen That. Ich kaufte alle Kamelien zusammen, die aufzutreiben waren, ließ daraus von kunstfertiger Hand einen großen Strauß binden, schloß mich in meine Lieutenantsstube ein, betete zu den Musen und schrieb auf ein Blatt feinsten Velinpapiers mit Monogramm:

„An Violetta!

Wer dir diese Blumen sendet,
Ewig bleib' es dir verhehlt;
Einer, den dein Reiz geblendet,
Deines Auges Glut beseelt.
Der beim Zauber deiner Laute
Eine Welt um sich vergaß,
Ob er gleich nur fern dich schaute,
Nur im Traume dich besaß!

Blumen, die mit Duft nicht prahlen,
Aber edel sind und rein,
Sollen meiner Liebesqualen
Flehendes Geständnis sein;
Sollen dir die Sehnsucht schildern,
Die mein Herz nach dir verzehrt,
Die mit heißen Traumesbildern
Meiner Nächte Schlummer stört!

Und es rufe jede Blüte
Das Gedächtnis in dir wach
Jener armen Marguerite,
Deren Herz aus Liebe brach,
Aber die zu neuem Leben
Deine Kunst heraufbeschwor,
Die du wieder uns gegeben
Schöner, größer als zuvor!

O beneidenswert, wer deine
Wahre Liebe je errang,
Dich umschlang, wie Armand seine
Herzgeliebte einst umschlang!

Könnt' ich solches Los gewinnen,
Ach, es ist ein schöner Wahn —
All mein Denken, all mein Sinnen,
Blut und Leben setzt' ich dran.

Lächle nicht ob meinen Klagen,
Nein, zerreiße dies Gedicht
Alles will ich gern ertragen,
Deinen Spott ertrüg' ich nicht;
Aber ist dein Herz versöhnlich,
Hefte eine Blume fest
Vor die Brust, wenn wie gewöhnlich
Morgen du ins Schauspiel gehst.

O dann wirf von deinem Sitze
Einen Blick herab auf Den,
Der von deines Auges Blitze
Wird gebannt, bezaubert stehn,
Der dir diese Blumen sendet,
Diese Verse für dich schreibt
Und, wie auch dein Herz sich wendet,
Ewig doch dein Sklave bleibt!"

Hm, hm — ich mache die Bemerkung, daß diese Verse wesentlich schlechter geworden sind, seitdem ich sie zuletzt überlesen und die saubere Abschrift in meinem Pult verschlossen habe, wohin kein fremdes Auge dringt. Und damals waren sie doch so schön, und da ich sie mit den Kamelien in einer großen Schachtel verpackt und, die Lücken mit schlecht zerrissenen Visitenkarten ausgefüllt, an Violetta abgesandt hatte, überkam mich ein so seliges Gefühl des Selbstbewußtseins, wie es nur den größten Dichtern und den kleinsten Lieutenants vorgekommen sein dürfte.

Dieses Gefühl sollte indes bald einige empfindliche Stöße erleiden. Des andern Abends — was inzwischen in mir vorging, ist unaussprechlich, um mit Leonore-Fidelio zu reden — fand ich mich lang vor Beginn des Stücks und noch dazu eines klassischen Stücks — man gab Schillers „Fiesko", für mich sollte es ein „Fiasko" sein — allen Standesgewohnheiten zuwider im Theater ein.

Das Tragische ist sonst nicht unsere Leidenschaft, und wie sollte auch den jungen, planmäßig von früh bis spät auf den Kampf mit dem Erbfeind gedrillten Kriegern ein Kampf viel imponieren, welcher wie der mit dem Schicksal den Mangel kompetenter Reglements nur allzuoft schmerzlich empfinden läßt!

Unser Platz war also leer, aber auch ein Galerieplatz war und blieb es, so oft meine Blicke sehnend zu ihm hinaufschweiften. Keine Kamelie leuchtete — was ging mich die künftige Staatsverfassung von Genua an ohne Kamelie? — kein dunkles Auge blitzte dort.

Weder Blume noch Blitz! Was sollten mir Donner und Doria!

So verließ ich denn während der feierlichsten Scene des Stücks, da der alte Verrina eben einen schauerlichen Fluch über das Haupt seiner Tochter sprach, das Theater, nicht ohne den üblichen Waffenlärm. „St!“ grollte es auf den hinteren Bänken, einige Schillerverehrer sandten mir wütende Blicke nach. Aber sollte ich denn der Einzige sein, dem eine Illusion zerstört wurde? —

„Ein Herr, der Sie kennt, wünscht Sie dringend bei mir zu sprechen. Geben Sie, bitte, umgehend Nachricht, wann.“

Die Karte, auf welcher diese Worte standen, richtete meinen gesunkenen Mut rasch wieder auf. Die Rückseite zeigte das etwas geschmeichelte Abbild einer Pension in der Residenz, deren Besitzer, selbst früheres Bühnenmitglied und ein beliebter Komiker, den Schritt vom Lächerlichen zum Erhabenen noch nicht allzulange zurückgelegt hatte.

Ich fand sie auf meinem Tisch; unter anderen Umständen hätte ich unbedingt auf einen besonders zartfühlenden Gläubiger geraten und die Botschaft mit Vorsicht aufgenommen, heute aber nahmen meine Gedanken nur eine Richtung.

Ich las also, las wieder und las zuletzt ganz deutlich: „Eine Dame, die Sie liebt, wünscht Ihnen das dringend, und zwar vorsichtshalber im Hause eines alten verschwiegenen Bekannten, zu sagen. Kommen Sie so schnell wie möglich, Sie werden mit Sehnsucht erwartet.“

Ja, so hieß es, nicht anders. Und wer sollte die Dame sein, als Violetta?

Ich schlief den Umständen gemäß, und es versteht sich, daß ich des andern Morgens nach sorgfältigst gemachter Toilette, wobei mich eine süße Ahnung den Gebrauch der Pomade verschmähen ließ, mit dem Zug — o welch ein elender Bummelzug! — nach der Residenz fuhr, die dortigen Uhren furchtbar zurückgehend fand und endlich zur bestimmten telegraphisch gemeldeten Stunde die etwas steile Treppe der Pension hinaufstieg.

Nur wer schon sehr hohe Berge erstiegen hat, wird meine Empfindungen begreifen. Herzklopfen, Atemnot und Augenflimmern waren die hauptsächlichsten.

„Numero Siebzehn!“ schrie der herbeieilende Oberkellner, dessen Begleitung ich diskret ablehnte. Numero Siebzehn; ich räusperte mich, schöpfte Atem und suchte die Fetzen einer wohlstudierten Anrede im Geiste zusammen, ehe ich anklopfte.

Da klang einer flüsternden Stimme Ton an mein Ohr, weiche, elastische Schritte näherten sich der Thür, sie flog auf und ich lag in den Armen — eines Jugendfreundes!

O Jugendfreundschaft, edles, erhabenes Gefühl! Es gibt Leute, die dich bis zum Tode treu im Herzen bewahren. Mein Freund schien von der Sorte, er weinte Thränen der Rührung, umhalste und küßte mich, stellte mich seiner alten Mutter vor, die dasselbe that und mich überdies zum Mittagessen einlud.

Wir waren ja zusammen auf der Schulbank gesessen und hatten uns so lange nicht gesehen und hatten uns so vieles zu erzählen, wenigstens er mir.

Möglich, daß das Erzählte ganz interessant, das Genossene höchst schmackhaft war, ich weiß es nicht, ich starrte auf meines Freundes Füße, er trug Galoschen.

Diese heimtückische Fußbekleidung hatte meine Täuschung bis zum letzten Augenblick aufrecht erhalten. Warum trug er nicht einfach Stiefel? Das Wiedersehen hätte mich vielleicht etwas weniger überrascht, aber wir wären Freunde geblieben.

Nun war er über meine Zerstreutheit verstimmt; mochte er meine Eile mißdeuten, wir schieden frostig. Ich habe ihn nie wiedergesehen!

Eine Jugendfreundschaft war also richtig geopfert auf dem Altar jener Leidenschaft, die aller anderen Bande spottet, und ich war meinem Ziel nicht näher wie zuvor.

In welcher Stimmung ich nun die verlassenen Pfade des königlichen Lustgartens aufsuchte, läßt sich kaum beschreiben. Es war Winter, und die Natur selbst bot bei einer Kälte von zehn Grad unter Null wenig Tröstliches für meinen Schmerz:

„Oede, sturmverwehte Bahnen,
Ach, kein Vöglein singt vom Aste,
Wie in einem Eispalaste
Wandl' ich unter den Platanen.

Wo Verliebte sonst in vollster
Schwärmerischer Andacht kosten,
Auf der Bank, der grünbemoosten,
Liegt der Schnee — ein kaltes Polster!

Und wo Bülbül sang im Haine,
Krächzen jetzt brutale Raben,
Bilden, weil sie Hunger haben,
Demokratische Vereine.

Zugefroren alle Seen,
Müde Sonnenlichter spielen
Durchs Gezweige, wo die vielen
Nackten Marmorbilder stehen.

Die einst Hellas' Sonn' beschienen,
Quält der Frost und bitt'res Wehe;
Arme Götter, ich verstehe
Eure kummervollen Mienen." —

So weit war ich mit meinen gereimten Betrachtungen gekommen, als plötzlich aus einer Seitenallee eine heiter plaudernde Gesellschaft auf mich zubog, darunter ein Götterbild in weißem Pelzmantel und Zobelmütze, Violetta!

Sie war in Gesellschaft einer Kollegin und mehrerer Herren, welche Schlittschuhe trugen; einer davon war mir zufällig bekannt. Dieser Wink des Zufalls war nicht zu mißdeuten; ich trat rasch entschlossen auf meinen Bekannten zu und bat ihn, mich vorzustellen.

Er that es und ich merkte wohl auf, welchen Eindruck die Nennung meines Namens auf die Sängerin machen würde. Gar keinen — denn sie begann in harmlosester Weise über Alltägliches mit mir zu plaudern; offenbar also hatte sie sich nicht die Mühe gegeben, meine schlecht zerrissenen Visitenkarten zusammenzufügen. Erst da mein Bekannter so artig war, sie auf meine poetischen Talente aufmerksam zu machen, schien sie einiges Interesse an mir zu nehmen, sie beschleunigte ihre Schritte und bald befand ich mich an ihrer Seite den andern um Gehörweite voraus.

„Also Sie sind Dichter?" fragte sie plötzlich nach einem träumerischen Schweigen, das ich nicht zu stören gewagt.

„Zu Befehl!" gab ich unwillkürlich zurück, so groß war der Respekt, den mir ihre Nähe einflößte, denn es war unvermeidlich, daß sich bei dem lebhaften Gang unsere Arme zuweilen flüchtig berührten. Uebrigens verbesserte ich mich und setzte bescheidentlich bei: „Dichter gerade nicht, aber ich mache zuweilen Verse."

„Nun, ist das nicht dasselbe? Und darf man fragen, welche Stoffe Sie mit besonderer Vorliebe besingen?"

„Blumen — Kamelien."

Ich atmete tief auf, da es heraus war. Gott sei Dank, ein Mißverständnis war jetzt nicht mehr zu besorgen, und der Blitz, nach dem ich geschmachtet, traf mich voll ins Gesicht.

„Ah, Kamelien!" lispelte Violetta. „Wissen Sie, Herr Lieutenant, daß ich die Dichter liebe? Nichts vermag mich so sehr zu begeistern als schöne Verse. Ach, und niemand wird so viel mit schlechten überlaufen als eben wir Künstlerinnen. Gehen einmal ein paar gute Strophen mitunter, so kann man sich darauf verlassen, daß sie von irgend einem alten Klassiker herrühren. Aber von einem wirklichen, leben=

digen jungen Dichter besungen zu werden, ach, das ist reizend! Wollen Sie mir Ihre Gedichte vorlesen?"

„Ich kenne kein größeres Glück."

„Wirklich? Aber ich dächte, solche Lektüre setze eine andächtige Stimmung voraus, die kein Dritter stören sollte. Ist dem nicht so?"

„Gewiß, ganz meine Ansicht, Fräulein —"

„Nun darin liegt eben die Schwierigkeit. Wir sind die Sklavinnen unseres Berufs, jeder, der sich die Kosten eines Theaterbillets gemacht hat, glaubt sich berechtigt, uns mit seinem Besuch, seinen banalen Schmeicheleien zu langweilen. Empfangen wir ihn nicht, so wirbt er ein Häuflein Genossen und läßt uns auspfeifen. Kein Freund schützt uns gegen solche Rache. Ach, Sie glauben nicht, welch ein schweres Los es ist, das einer Sängerin."

„Ohne Beschützer," ergänzte ich.

„Ohne Beschützer," seufzte Violetta. „Wenn es mir nun aber doch gelingen sollte, mich von dem lästigen Schwarm auf ein paar Stunden frei zu machen und ich teilte Ihnen das mit, würden Sie kommen?"

„Kann der Sklave dem Befehl seiner Herrin trotzen? Wie viel weniger der Dichter dem Ruf seiner Muse?"

Ich war selbst erstaunt über die Kühnheit, mit der ich wenigstens dieses Fragment meiner geplanten Anrede gerettet.

„Nun," sagte Violetta mit ihrem sinnbethörendsten Lächeln, „so harren Sie meines Rufs."

Mit einer scherzenden Redewendung schloß sie sich der Gesellschaft wieder an, die bereits unruhig zu werden anfing und mich mit eifersüchtigen Blicken betrachtete.

War es ein Traum? — Nein, sagte mir ihr Händedruck beim Abschied, es ist Wirklichkeit, die ganze volle, so vielgeschmähte und ach, in diesem Fall so selige Wirklichkeit! Das Glück, nach dem ich mich müde gerannt, war mir un-

versehens in den Schoß geflogen, da ich eben verzweifeln wollte; das Ende meiner Qualen war gekommen! So glauben ja bekanntlich alle Verliebten, wenn sie erhört werden.

Eine merkwürdige Naturerscheinung beobachtete ich in den nächsten Tagen an den Briefträgern meiner Garnisonsstadt. Sie trugen sämtlich große Heiligenscheine um ihre Dienstmützen und ich betrachtete sie mit entsprechender Verehrung.

Trotzdem überbrachten sie mir zwei Tage lang weiter nichts als die gewohnten Rechnungen; endlich am dritten lief einer auf mich zu, den ich nie vergessen werde.

Der Mann versieht heute noch seinen anstrengenden Dienst und rennt von morgens bis abends schwer beladen durch die Straßen der Stadt, einer der wenigen, die man dort rennen sieht. Er ist Familienvater und ernährt mit seinem Lohn kümmerlich eine kranke Frau, sowie die für Staatsbeamte seiner Rangstufe vorgeschriebene Anzahl unmündiger Kinder. Ich sehe ihn nie vorübergehen ohne ein Gefühl der Wehmut und des Wohlwollens. Wenn das letztere bisher auf die gelegentliche Gratifikation von Bier und Schnaps beschränkt blieb, so ist dies weniger meine als der Verhältnisse Schuld. Ich hege vielmehr die bestimmte Absicht, sobald sich einige meiner Hoffnungen auf die Zukunft erfüllt haben werden, dem braven Manne eine Jahresrente auszusetzen, die ihn aller Sorgen für sein Alter enthebt.

Er war es nämlich, der mir Violettas Botschaft überbrachte.

„Wollen Sie mich morgen nachmittag um drei Uhr besuchen und Ihre Gedichte mitbringen? Es grüßt und erwartet Sie Marguerite."

Das Pseudonym war vielversprechend und — nun da wären wir wieder, von wo wir ausgingen.

Drei Uhr — da stand ich vor ihrer Glasthüre.

In den unendlichen Ton der Glocke, der mir wie das Grabgeläute aller meiner Hoffnungen klang, mischte sich das wütende Gekeife eines Hündchens, ihres Hündchens, das ich vermutlich aus seiner Nachmittagsruhe aufgeschreckt hatte, ich Elender! —

Schlurfende Pantoffelschritte näherten sich der Thür, sie wird geöffnet und ich sehe mich einem ältlichen weiblichen Wesen gegenüber — schwer zu entscheiden, ob Dienstbote oder Familienmitglied. Gleichviel, in meiner Lage ein Gegenstand hoher Beachtung.

„Ist das Fräulein zu sprechen?"

Die Antwort erfolgt in einer mir unverständlichen Sprache, aber das ältliche Wesen öffnet eine Thür und verschwindet; ich befinde mich in einem eleganten Salon.

Der erste Gegenstand, der mir in die Augen fällt, ist ein aufgeschlagener Flügel von glänzend poliertem Ebenholz, der quer über eine Ecke steht, beladen mit schön gebundenen Musikalien. Auf diesen hockt eine riesige schneeweiße Katze, das größte Exemplar dieser Tiergattung, das mir je vorgekommen, und sonnt sich in einem schmalen Lichtstreifen, der sich zwischen den herabgelassenen Gardinen durchstiehlt und über den Teppich bis zu meinen Füßen fortsetzt.

Grüngoldige Dämmerung füllt den übrigen Raum, der mit eleganten Möbeln in grünem Damast ausgestattet ist; zwei Thüren, von welchen die eine auf einen kleinen Balkon, die andere in Nebengemächer führt, sind durch schwere Portieren von demselben Stoff verhüllt.

Auf einem runden Tisch liegen Kunstwerke und Albums, an den Wänden hängen schön umrahmte Bilder, größtenteils die Bewohnerin selbst in den verschiedensten Kostümen und Stellungen mit demjenigen Grad von Aehnlichkeit darstellend, auf welchen sich die Kunst gewissen Meisterwerken der Natur gegenüber leider beschränkt sieht. Durch den reichgeschnitzten Rahmen eines dieser Bilder ist ein goldener Pfeil gesteckt, der seine Spitze drohend gegen den Beschauer kehrt.

Ein starker Duft von Topfpflanzen, die hinter dem Flügel malerisch gruppiert stehen, füllt die Atmosphäre, jenes unbeschreiblichen Parfüms nicht zu erwähnen, das den Gemächern schöner Frauen so gemein ist, wie der Weihrauch den Domen.

Da stehe ich — die Elefantenkatze blinzelt mich schnurrend aus schläfrig grünen Augen an, das Hündchen, ein blondgelockter Bologneser mit einer himmelblauen Schleife im Schopf, hat sich unter das Sofa zurückgezogen und beobachtet mich dort mit leisem Knurren.

Sonst tiefe Stille — und mich überkommt ein seltsam beängstigender Gedanke. Befinde ich mich vielleicht im Empfangszimmer einer modernen Circe, die in Gestalt dieser übernatürlich großen Katze meine ersten Eindrücke studiert? Oder sind Katze und Hündchen etwa gar verzauberte frühere Liebhaber und steht mir eine ähnliche Verwandlung bevor, wie sie den Genossen des Odysseus beschieden war? Ist ihr Schnurren und Knurren nur ohnmächtige Eifersucht oder freundschaftliche Warnung?

Plötzlich zittert die Portiere zu meiner Linken, ein seidenes Gewand rauscht, und vor mir steht Violetta.

Man wird mir nicht zumuten, den Grad von Blödigkeit noch besonders zu schildern, in den mich Violettas plötzliche Erscheinung versetzte.

> Wenn Liebesglut erfüllt des Mannes Seele,
> Wird das Genie selbst manchmal zum Kamele!

Violetta aber war hinreißend schön, sie drückte mir so zärtlich die Hand, dankte mir für die schönen Blumen, die schöneren Verse, fragte, warum ich nicht längst gewagt, mein übervolles Poetenherz vor ihr auszugießen, und ich fand auf so viel Liebenswürdigkeit mit dem besten Willen keine vernünftige Antwort. Krampfhaft klammerte ich mich an meinen Säbel und meine Mütze, und da sie mich beide abzulegen bat, blieb mir gar keine Stütze mehr. Selbst die gemeinsame Betrachtung von Albums und Kunstwerken, dieses sonst so bewährte Mittel für schwächliche Unterhaltungsgaben, half meiner Blödigkeit nicht auf, und nun musterten wir miteinander die Bilder an der Wand.

Als wir zu dem mit dem durchgesteckten Pfeil kamen, wagte ich es endlich, nach dessen Bedeutung zu fragen. Lächerliche Frage!

Da legte sich ein Schatten von Wehmut über Violettas eben noch lachende Züge und sie sprach:

„Er hat jetzt keine Bedeutung mehr," nahm den Pfeil heraus und legte ihn beiseite. Ihre Augen aber sprachen: „Dieses ist Cupidos Pfeil, der jeden traf, der mich schaute, während ich selbst unverletzt blieb. Nun aber, da ich dich erblickt, hat er mich selbst ins Herz getroffen!"

Erwidern Sie doch, geehrter Leser, geschwind etwas recht Gescheites auf solche Augensprache. Mir, ich gestehe es, mir fiel nichts ein.

Erst da wir in Violettas Boudoir traten, einen kleinen, traulichen, rosafarbenen Raum, den unter verschiedenen Kunsttrophäen auch meine Kamelien an bevorzugter Stelle schmückten, als wir uns dort auf einem weichen, nicht allzu großen Diwan niederließen, da gewann ich wieder etwas Fassung.

Es waren ja meine eigenen Gedichte — ein ganzes Bändchen hatte ich mitgebracht, für das sich auffallenderweise noch immer kein Verleger gefunden hat — die ich ihr vorlas. O all ihr anderen unsterblichen Poeten, wie klein kamt ihr mir an jenem Nachmittag vor!

Sie fand alles so schön, so tief und zart empfunden, so ganz für sie geschrieben. Wo bliebe ein Dichter schüchtern, wenn ein schönes Weib seine Verse lobt?

„Ein edler Mann wird durch ein gutes Wort
Der Frauen weit geführt . . .“

sagt mein Kollege Wolfgang irgendwo, und der schöne Spruch bewährte sich an mir.

Violettas Atem streifte glühend meine Wangen, ihre rätselvollen Augen funkelten zuweilen so nahe bei den meinen, wie wenn ein Blitz den nächtlichen Himmel zerreißt, daß man einen Augenblick in die intimsten Gemächer unseres Herrgotts zu schauen glaubt. Die Stimme versagte mir, es traten Pausen im Vorlesen ein, erst kürzere, dann längere, und mit einmal — ich weiß nicht, wie das so kam — lagen meine Gedichte auf dem Teppich, meine Lippen aber lagen auf Violettas Lippen, meine Brust an Violettas Brust und ihre weißen Arme schlangen sich fest um meinen Hals — —

Da hub die verdammte Thürglocke ihr entsetzliches Geläute wieder an, wütend bellte das Hündchen dazwischen. Wir sprangen empor, glühend und bebend.

Glocke und Hündchen keiften immer toller, der Kopf des ältlichen Frauenzimmers tauchte im Thürrahmen auf, etwas Unverständliches brummend.

„Einen Augenblick,“ stammelte Violetta. Sie trat vor den Spiegel, dann schlich sie vorsichtig hinaus und ich blieb allein wie der Ritter Tannhäuser nach der großen Verwandlung.

Draußen schwiegen plötzlich Glocke und Hündchen, die Thüre öffnete und schloß sich nach einem leisen Zwiegespräch wieder. Violetta kam zurück.

„Liebster,“ seufzte sie, „ich hoffte heute dir allein gehören zu können, hatte meine Thüre jedem Besuch verschlossen, und nun melden sich Freunde an, die ich jüngst — ich vergaß es inzwischen — zum Souper gebeten; Leute, die mir widerwärtig, in diesem Augenblick doppelt widerwärtig sind, die ich aber — Sie kennen ja unsere traurige Lage — nicht

wohl abweisen kann. Unser Glück ist zerstört, in wenigen Minuten können sie hier sein."

„So will ich gehen," seufzte ich in jämmerlichem Ton.

„Nein, nein," schrie Violetta, sich an mich klammernd, „Sie dürfen mich nicht verlassen, Sie müssen hier bleiben. Bleib bei mir, mein Armand, ja?"

Hätte sie zu mir gesagt: „Bester Herr Lieutenant, wollen Sie mir die Gefälligkeit erweisen, sich kopfüber durchs Fenster aufs Pflaster zu stürzen? Sie machen mir ein Vergnügen damit —“ ich wäre ihrer Einladung gefolgt. Wie viel mehr einer solchen zum Souper, wenn auch nicht in der erwünschtesten Gesellschaft, und ich blieb.

Es kamen zwei Herren und eine Dame, die letztere eine Kollegin, die ersteren artige Leute, welche, wenn sie meine Anwesenheit auch überraschte, doch zu viel Lebensart besaßen, um sich's anmerken zu lassen. Violetta stellte mich ihnen vor — schade, daß ich die Namen vergessen habe — und wir setzten uns zu Tisch.

Wohl beunruhigte mich anfangs die wachsende Intimität der Gäste, aber die holdselige Wirtin saß ja dicht bei mir und die Sonne ihrer Huld zerstreute stets wieder das aufsteigende Gewölk der Eifersucht. Das lustige Gespräch, Gesang, Deklamation und der perlende Schaumwein waren ihr starke Bundesgenossen; es war reizend!

Aber schon wieder zupft mich Apollo beim Ohr und spricht:

„Warum erzählst du das alles in matter Prosa, mein Junge, da du es doch in Versen besungen hast, des Morgens, in der Frühe noch frisch unter dem Eindruck des Erlebten?“

Hören Sie doch:

„Das war ein seliger Nachmittag,
Da ich an ihrem Busen lag,
In Wonnen ganz versunken;
Da ich mit ihr Gedichte las,
Die Wirklichkeit darob vergaß
Und mich ein Gott zu sein vermaß,
Von ihrem Kusse trunken!

Des Abends kam Gesellschaft noch:
Wie reizend war das Souper doch!
Champagnerpfropfen flogen.
Und sie, bald toll, bald wieder scheu,
Erraten ließ sie mich dabei,
Daß ich der Auserwählte sei,
Der allen vorgezogen.

Und als wir spät in dunkler Nacht
Uns endlich auf den Weg gemacht,
Küßt' ich sie heimlich wieder.
Dann stand sie am Balkonesrand
Im schimmernd hellen Nachtgewand
Und warf als zartes Liebespfand
Mir eine Rose nieder.

Daß ich darob den Zug verfehlt
Und mich, von Kälte sehr gequält,
Im Wartsaal niederlegte,
Mich ruhlos wälzte her und hin,
Bis morgens mir die Schaffnerin
Mit rauher Hand und leichtem Sinn
Den Staub ins Antlitz fegte.

Daß mich seitdem der Schnupfen plagt,
Das sei nur nebenbei gesagt,
Was will das alles heißen?
Beim Tagesgrauen kehrt' ich heim,
Die Brust voll Glück wie Honigseim,
Und dachte schnell, in zartem Reim
Cupidos Gunst zu preisen.

Doch die Gedanken blieben rar,
So duldsam das Papier auch war,
Ich machte nichts als Kleckse,
Und endlich nickt' ich selig ein –
Da schmetterten Trompeten drein,
Ha, welche Lust, Soldat zu sein
Des Morgens um halb Sechse!"

Es folgten andere, nicht minder schöne Tage. Die Thürglocke verlor ihre Schrecken für mein Ohr, auch nahmen wir sie zuweilen herunter, damit sie sich ausruhe; das Hündchen begrüßte mich schweifwedelnd, die Elefantenkatze rieb sich vertraulich an meinen Beinen, das ältliche Familienmitglied hörte auf den Namen „Tante" und Violetta liebte mich!

Mir nur galten ihre Blicke und Kußhände von der Bühne herab. O der Thoren, die das auf sich bezogen und sich die Hände wund klatschten! In meinen Armen lag sie, nachdem sie kurz zuvor als Königin von Navarra die Hul-

digung ihrer Vasallen entgegengenommen, als Herzogin von Brabant ihrem scheidenden Schwanenritter verzweifelte Abschiedsgrüße nachgewinkt hatte; nachdem sie als Traviata gestorben, als Gretchen zum Himmel aufgefahren war.

Ja, war das denn auch wirklich noch dieselbe, die da so mutwillig lachte, so realistisch zu Nacht speiste, so durstig Champagner trank, so toll küßte? Sie war es! Kein Zweifel, ich überzeugte mich regelmäßig davon. Ach, es gab nur eine Violetta!

Sie liebte mich, mich allein! Bei allen Heiligen des Himmels, bei den Grabhügeln ihrer teuersten Verwandten schwur sie mir's, und ich — das war eigentlich das Schönste daran — ich glaubte ihr's. O der reizenden Landpartien durch Feld und Wald, mit der Einkehr in dem kleinen Dorfwirtshäuslein, wo man so gemütlich zu Mittag speiste, während die neugierige Jugend alle Thore belagerte! Gab es einen glücklicheren Lieutenant unter der Sonne? —

Wie ich sie liebte! Bezeugt mir's, du silberner Mond, ihr goldenen Sterne, die ihr so oft unser Glück belauscht; bezeugt und vergebt mir's, Apoll und ihr, ewige Musen, denen ich's täglich gestand! Bezeugt's, vergilbte Schleifen, verblaßte Bänder, verwelkte Blumen, du bunter Trödelkram Cupidos, der mir aus einer alten Kommode wehmütig entgegenduftet; bezeug's, du schwanker Federkiel, den die Erinnerung zittern macht!

Freilich ganz unbewölkt blieb der Horizont meines Glücks nicht immer, die lästigen Freunde mehrten sich in manchmal recht störender Weise; es gab Tage, an welchen sich Violetta in ihren Gemächern einschloß und für alle, selbst für mich, unsichtbar blieb. Sie hatte mich dringend vor unberufener Neugierde gewarnt, und das Schicksal des Gatten der schönen Melusine schwebte mir zu schreckhaft vor Augen, als daß ich gewagt hätte, in eifersüchtiger Laune ihr Gebot zu übertreten.

Es war so viel des Rätselhaften, so viel des Zaubers an diesem Weib, daß sie sich ja am Ende wohl ein- oder zweimal in der Woche das Vergnügen eines Fischschwanzes gestatten konnte.

Ueberdies wurde unser Verhältnis dem der französischen

Romanheldin und ihres Liebhabers, das wir getreulich nachahmten, dadurch nur um so ähnlicher, und um das Maß dieser Aehnlichkeit voll zu machen, erkrankte Violetta.

Der in unserem Klima so schlecht vermittelte Uebergang vom rauhen Winter zu sommerlicher Hitze hatte ihre zarten Nerven angegriffen, sie klagte über stechende Schmerzen auf der Brust und im Hals, hustete, und ihre glockenhelle Stimme war von einer leichten Heiserkeit umschleiert. Gewissenlose Kritiker beuteten das in ihrem Sinn aus, ein urteilsloses

Publikum glaubte ihren Verleumdungen und wurde kühler in seinen Gunstbezeugungen, eine barbarische Bühnenleitung endlich drohte der Sängerin mit Gehaltabzügen und kündigte ihr, da sie sich darauf einzugehen weigerte, den Kontrakt.

Alle diese unverdienten Kränkungen aber versetzten Violettas Gesundheit einen tödlichen Stoß. Wutanfälle und Weinkrämpfe lösten sich ab, die Aerzte rieten dringend zu einem Luftwechsel und empfahlen mittelst der üblichen Zeugnisse einen Badeort im südlichen Tirol. Dorthin reiste sie noch vor Schluß der Theatersaison, während mich die grausame Pflicht meines Lieutenanttums an die Scholle fesselte.

Auf dem Bahnhof einer Grenzstation, bis wohin ich ihr das Geleite gegeben, trennten wir uns unter heißen Thränen, Küssen und Liebesschwüren, die das umstehende Volk selbst fast bis zu Thränen rührten. Als ihr wehendes Taschentuch in der Nacht verschwunden war, fühlte ich mich verlassen wie ein Schiffbrüchiger, der das letzte Segel seiner Hoffnung am Horizont versinken sieht, und ein Gegenstand allgemeinster Teilnahme bestieg ich den nächsten Zug, der mich mit Sturmeseile in meine Garnison zurücktrug.

Hier erwartete mich eine trostlose Beschäftigung.

Es war eben eine genaue Revision sämtlicher Bestände des Regiments an leblosem Material angeordnet worden und ich, als Mitglied jener Kommission, die ihren Ursprung direkt vom ersten Sündenfall ableitet, der Bekleidungskommission nämlich, war mit der Abzählung und Prüfung jener interessanten Artikel beauftragt.

Während mein Herz nun in Violettas Gesellschaft die romantischen Thäler Südtirols durchschweifte, krümmte sich mein Körper auf einem rußgeschwärzten Dachboden, Kammer genannt, zwischen Gestellen, daran gefühllose Stiefel, Lederhosen, Mäntel, Röcke und andere Bekleidungsgegenstände baumelten.

Nur ein Feld blieb meinem Schmerz, sich auszutoben; er that es in stillen Nachtstunden auf geduldigem weißem Postpapier. Auch Violetta war keine Stümperin auf diesem Feld.

Jeden Abend, wenn des Tages harte Arbeit vollbracht war, betaute ich das Feld mit meinen Thränen, pflügte es mit stählerner Feder und streute den Samen meiner Sehnsucht in die Furchen. So wohlbestellt sandte ich es in das ferne Land mit dem südlichen Klima, von wo mir die Ernte regelmäßig in vollen Garben in die duftige Scheune meiner geheimen Schreibtischlade einlief. Da lag er hoch aufgestapelt, der reiche Erntesegen eines Sommers, daran sich mein Auge weidete:

„Doch mit des Geschickes Mächten
Ist kein ew'ger Bund zu flechten,
Und das Unglück schreitet schnell."

Ach, nun hat ihn der im Schoß meines Ofens still gehäufte Feuerzunder längst verzehrt!

Violettas Briefe atmeten Leidenschaft und tiefe Trauer. Die Badekur, die erst nur auf einen Monat berechnet war, verlängerte, das Leiden verschlimmerte sich. Todesgedanken liefen mitunter, gepreßte Alpenrosen und Edelweiß. Und kein Freund, dem sie ihren Schmerz klagen konnte, als ich, der ich so ferne weilte!

Teilnahmslos ragten die Schneefirnen in die klare Luft, stürzten sich die donnernden Fluten des Wildbachs über das Felsgestein, schimmerten die blauen Wellen des Alpensees, die Büchse des Gemsjägers weckte das vielstimmige Echo der Berge, Böcklein und Rinder sprangen lustig meckernd und blökend über die grünen Matten, die Sennin jodelte, der Hirtenbub blies die Schalmei — und ein armes Menschenherz brach aus Liebe!

Das war mir denn doch schließlich zu viel, und obwohl mir die Gute streng anempfohlen hatte, doch gewiß jede, auch die kleinste Pflichtverletzung um ihretwillen zu vermeiden, das Unabänderliche mit Geduld zu tragen, so erbat ich mir doch einige Tage Urlaub in Familienangelegenheiten, ließ mir vom Zahlmeister die Gage für einen Monat vorausbezahlen, setzte mich auf die Eisenbahn und fuhr gen Süden.

Eine Nacht und einen Tag dauerte die Fahrt, die Hitze war unerträglich, das Coupé voll der zweifelhaftesten Passagiere; zudem trug ich ein Kleid, das für den grimmigsten Winter berechnet war. Aber das alles war nichts im Vergleich mit den Qualen der Ungewißheit, die mein Innerstes zermarterten.

Ich sah Violetta bleich und abgehärmt im Lehnstuhl, daneben ein Tischchen mit Gläsern voll der bittersten Arznei; die großen geisterhaften Augen — obwohl ihnen meine bevorstehende Ankunft ein Geheimnis war — in sehnsüchtiger Starre nach der Thür gerichtet, ganz so, wie sie mir's geschrieben, ganz wie im dritten Akt von „La Traviata“, und das eintönige Gestampf der Räder ging mir allmählich in den Takt ihrer letzten Sterbearie über. Die Thür flog auf — ein wilder Schrei, und sie lag in meinen ausgebreiteten Armen, drückte mich an ihr treues, hochklopfendes Herz und bedeckte mein Gesicht mit Küssen und Thränen.

Wie aber, wenn ich zu spät kam oder die jähe Freude des Wiedersehens den schwachen Lebensfaden vollends zerriß! Ich überlegte schon etwaige Vorsichtsmaßregeln in dieser Richtung, als mich endlich der Schlaf übermannte und ein schwerer Traum mir die Bilder meiner erhitzten Phantasie mit so grausamer Deutlichkeit ausmalte, daß ich meines Nachbars Schnarchen für Violettas Todesröcheln hielt.

Aus diesem qualvollen Zustand weckte mich der Schaffner, der die Billette abzwickte. Ein heller, sonniger Tag schien ins Coupé und auf die verschlafenen Gesichter seiner Insassen. Ihre Zahl hatte sich inzwischen glücklicherweise um

Zweie vermindert, von denen nur ihre politische Gesinnung in Gestalt einiger zerknitterter Zeitungsblätter auf dem Sitzpolster zurückgeblieben war. Nun tauchten Kämmchen, Bürstchen und Spiegelchen in den verschiedensten Formen an die Oberfläche, Reisetaschen klappten auf und zu, leere Flaschen und Fläschchen wanderten durchs Fenster. Gleich darauf hielt der Zug an einer Station, wo man das Gepäck vorwies und eine Tasse warmen Kaffees — er war es in des Worts verwegenster Bedeutung — in die verödeten Mägen goß.

Dann ging es weiter. Immer höher stieg das Tagesgestirn, immer deutlicher entschleierten sich am Horizont die zackigen Formen des Gebirgs.

Zwei Weinreisende, die glücklichen Besitzer der Fensterplätze, lehnten sich weit hinaus, indem sie Cigarren ansteckten, deren Rauch der Wind in den Wagen hereinwehte. Es war eine wildromantische Alpenlandschaft, in die sie sahen. So versicherten sie wenigstens und nannten mir artig die hervorragendsten Punkte, deren Höhe ihnen bis auf den Meter bekannt war, während ich selbst nur ihre eigenen hochgewölbten Rücken sah. Diese umfloß allmählich, je tiefer der „glorreiche Ball" sank, ein rötlicher Schimmer, so daß namentlich der des einen, welcher ein weißleinenes Gewand trug, wirklich wie ein Schneefeld leuchtete.

Mir aber floß der Schweiß in Strömen von der Stirn; schwer lastete der dicke Winteranzug, schwerer die Sorge um die sterbende Geliebte auf meiner Brust.

Endlich erschien der Schaffner zum letztenmal und erlöste mich endgültig von dem ruhestörenden Kobold, den man Fahrbillet nennt, in wenigen Minuten war ich nach seiner Angabe am Ziel. Es währte indes noch ein paar Stunden, die Nacht brach an und der Mond stand am Himmel, als ich anlangte.

So mag dem aus Venedigs Bleikammern Befreiten zu

Mut gewesen sein, in vollen Zügen atmete ich die herrliche Gebirgsluft.

Aber eine Rotte allzu dienstwilliger Lohndiener, denen die Firma ihrer Auftraggeber in metallener Schrift von den Mützen leuchtete, drang sofort auf mich ein und erklärte sich bereit, meinem Wandertrieb jedes Gebiet zu erschließen. Einem davon gelang es trotz meines Widerstrebens, mir das Kofferchen, welches meine geringe Habe enthielt, aus der Hand zu winden, worauf sich die andern grollend zurückzogen.

Diesem nun folgte ich notgedrungen. Da jedoch der Badeort von der Station ziemlich entfernt und ich seiner Gesellschaft bald überdrüssig war, so trat ich in das erleuchtete Portal des zunächstliegenden Gasthofs, fand meinen Begleiter mit einem Trinkgeld ab, das er sich größer vorgestellt haben mochte, und begab mich unter den Schutz zweier elegant befrackter Herren, welche mich über teppichbelegte Treppen in das, wie sie sagten, einzige noch freie Gemach des fünften Stockwerks geleiteten. Sie verließen mich nach Verlesung der Speisekarte gleichfalls nur halb befriedigt, da ich mir die Auswahl vorbehielt, und ich war endlich allein in einem engen Raum mit einem zierlichen Bett, zwei Stühlen, einem Waschtisch und der Aussicht auf Hintergebäude.

Nachdem ich in Eile diejenige Toilette gemacht, welche mein Gepäck gestattete, schlich ich auf den Zehen die fünf Treppen wieder hinab, gelangte auch glücklich an der Portierloge vorbei ins Freie und schlug den Weg nach dem Städtchen ein.

Um ein bescheidenes Kirchlein gedrängt lagen seine Häuser im Thal, das ein rauschender Wildbach durchfloß, aber ringsherum hatte sich eine Kolonie von Gasthäusern, Villen und Tempelchen jeder Konfession gebildet, die zerstreut am Berghang emporkletternd den aufstrebenden Kurort bekundeten. Nur mit Mühe fand ich mich in dem Gewirr enger, schlechtgepflasterter Sträßchen zurecht, überschritt ich die höchst primitiven Brückchen, darunter der vielfach gewundene Bach im Mondenschein glitzerte. Aber je weiter ich vordrang, um so breiter wurden die Straßen, um so besser das Pflaster, um so zierlicher die Brückchen, um so vornehmer präsentierten sich die Häuserfronten, und wenn sie auch im allgemeinen den landesüblichen Stil beibehielten, so sah man doch, daß es nicht mehr die eigentliche echte Volkstracht, sondern ein Kostüm war, das sie zum Vergnügen trugen, wie die Berliner Bummler, wenn sie auf die Gemsjagd gehen.

So gelangte ich endlich in die Straße — wenn man einen sanft ansteigenden Spazierweg, begrenzt von blühendem Gartengebüsch, daraus hin und wieder ein weißes Landhaus aufleuchtet, so nennen darf —, wo Violetta nach brieflichen, mit der Wirklichkeit freilich nicht mehr ganz übereinstimmenden Mitteilungen ihr bescheidenes Quartier genommen. Vom Gebirg her, das sich schwarzdunkel vom mondklaren Nachthimmel abhob, wehte ein erquickender Luftzug, aus offenen Fenstern Piano- und Zitherklänge mit sich führend, aus den Veranden tönte Gespräch und Gesang, und das blühende Gebüsch atmete balsamischen Wohlgeruch.

Und hinter einer dieser weißen Mauern lag Violetta in Todeskrämpfen und ahnte nicht, daß der Geliebte nahte. Ach, doppelt schmerzlich mußte es sein, in so paradiesischer Umgebung von der freundlichen Gewohnheit des Daseins zu scheiden.

Da war es, eine zierlich geschmiedete Gartenpforte wich, nur angelehnt, dem Druck meiner zitternden Hand, und über weiche Sandwege zwischen wohlgepflegten Teppichbeeten hindurch kam ich ungehört vor das kleine, in französischem Geschmack erbaute Landhaus. Alles still! Alles dunkel! Die Balkonthüre geschlossen! „Der Menschheit ganzer Jammer faßt mich an!“

Indem ich das Häuschen umschlich, vergebens nach dem trüben Kerzenschimmer spähend, der ihr Sterbegemach erhellte, vernahm ich plötzlich aus dem nach hinten parkartig sich ausdehnenden Garten ein Geräusch, wie wenn feines Krystall zerbrochen wird und ein schreckhafter Aufschrei zarter Lippen den Schaden eben nicht allzu tief beklagt. Dem Ton folgend, ward ich auch bald eines Lichtscheins gewahr, der gedämpft zwischen dem üppigen Gerank einer Gaisblattlaube durchschimmerte, und ebendaher klang jetzt eine helle, übermütige Stimme, eine Stimme, die ich aus Tausenden erkannt hätte, und sang:

„Sempre libera degg'io folleggiare di gioja in gioja.
Vo' che scorra il viver mio pei sentieri del piacer.
Nasca il giorno, o il giorno muoja sempre lieta ne' ritrovi,
A diletti sempre nuovi dee volare il mio pensier!"

Das war aus Verdis „La Traviata"! ach, aber nicht aus dem letzten Akt. Ich stand wie betäubt, plötzlich brach der Gesang ab und eine tiefe Stille herrschte. Da schlugen die Geier der Eifersucht ihre Krallen in meine Brust, trotz des dicken Winteranzugs so tief und blutig, daß ich die paar Schritte vorwärts stürzte und den vollen Einblick in die Laube gewann. Und was sah ich?

O glücklicher Jüngling von Sais! Dich schlug der Anblick der entschleierten Wahrheit wenigstens zu Boden, ich aber stand wie angewurzelt und schaute das „nimmermehr Erfreuliche"!

Hinter einem Tischchen, das die zerstreuten Reste eines in heiterster Laune genossenen Mahles trug, auf der weichen Moosbank nachlässig hingegossen, lag Violetta in den Armen eines fremden Mannes. Ihre Linke ließ eben den geleerten Champagnerkelch zur Erde gleiten, die Rechte aber umschlang den Hals jenes Fremdlings, eines Mannes in mittleren Jahren, in leichtem, bequemem Sommeranzug, einer weißen Weste über dem wohlgerundeten Bauch, darauf das goldene

Behäng einer schweren Uhrkette baumelte, eines Mannes mit vollem, blühendem Gesicht, dunklem Haar und Vollbart, blitzenden Augen und kühn geschwungener Nase.

In seinen Armen lag Violetta, die schwarzen Flechten gelöst, die Augen voll unheimlichen Glanzes.

Aber alle die versteckten Schlangen und Tiger und anderen Bestien traten dreister wie je aus ihren Schlupfwinkeln hervor, freilich nur mir bemerkbar, denn der Fremdling beugte sich vertrauensvoll zu ihnen, er zog sie an seine breite Brust, daß die weiße Weste vernehmlich knatterte und die goldenen Berlocken glirrten.

Da stand ich, ein waffenloser Mann!

Aber indem ich noch über einem furchtbaren Verbrechen grübelte, fuhr mir plötzlich mein Freund, das Bologneserhündchen, knurrend an die Waden — auch seine Treue war ein Wahn, ich kann die Sorte seitdem nicht mehr ausstehen! —

und dicht hinter mir gellte ein Schrei. Er kam von dem ältlichen Familienmitglied, das eben mit einem silbernen Eiskübel, daraus der Hals einer Flasche blickte, herantrat.

Erschreckt fuhren Violetta und der Fremdling von der Bank empor.

Das gab mir meine Besinnung wieder, ich versetzte dem blonden Hündchen einen wuchtigen Fußtritt, daß es heulend ins Gebüsch flog, überrannte das ältliche Familienmitglied, daß Kübel und Flasche in den Sand rollten, und stürzte, die Gartenpforte aufreißend, unter dem Sturmgeläute der mit ihr verbundenen Glocke hinaus in die Nacht.

Fragen Sie mich nicht, wohin. Von einigen verspäteten Kurgästen, die mich für einen Dieb halten mochten, verfolgt, rannte ich wie ein Verzweifelter die Kreuz und Quer in dem engen Thal herum und gelangte endlich bei Tagesgrauen zu Tod erschöpft in meinen Gasthof. Dort hatte ich eben noch Zeit, mein Köfferchen zu packen, eine Tasse schlechten Kaffees hinunterzustürzen, eine unglaubliche Rechnung zu begleichen. Der Frühzug trug mich in die Heimat zurück.

„Nun, sind die Familienangelegenheiten in Ordnung?" riefen mir scherzend am Bahnhof die Kameraden zu, die dort wie gewöhnlich den Zug erwarteten.

Ich aber eilte ohne Antwort an ihnen vorüber nach meiner einsamen Wohnung, deren Thür und Laden ich fest verschloß, daß kein Schimmer des Tages durchdringen konnte.

Da saß ich, ein armer betrogener Lieutenant, mit gebrochenem Herzen, und ein fürchterlicher Schnupfen war der Lohn meiner Fahrt. Die Monatsgage war dahin und mit ihr auf ewig Violetta!

Ich besaß einen eleganten Revolver zu sechs Patronen. Den lud ich und betrachtete ihn lange finster sinnend, richtete auch wohl den glänzend polierten Lauf auf die Stelle, wo mein Leiden saß.

Aber kein „Nachbar sah den Blick des Pulvers“, denn ich nahm die sechs Kugeln nach einiger Zeit vorsichtig wieder heraus und verschloß die Waffe in meinem Kasten.

Dort liegt sie noch jetzt. — Wie hätte ich Ihnen sonst diese traurige Geschichte erzählen können?

Eine Besichtigung.

Ave Caesar, morituri te salutant!
Römischer Gladiatorengruß.

Es ist nachgewiesen, daß mit dem Wegfall der Erbsünde und ihrer Folgen die Menschheit keineswegs in paradiesische Zustände zurückversetzt, sich vielmehr in einer Weise vermehren würde, die den Aufenthalt auf unserem Planeten gar bald zu einem lästigen Gedräng, die sociale Frage permanent und das vorerst noch stark verkümmerte Recht der Ellbogen (jus cubitorum) zum allein maßgebenden machte.

Diese Thatsache rechtfertigt so manches, was Kurzsichtige als Uebel bezeichnen, wie z. B. Kriege, Seuchen, den Tod und gewissermaßen auch die militärischen Besichtigungen.

Wie der Menschheit im allgemeinen, so erginge es nämlich im speciellen auch demjenigen Teil derselben, welcher sich den Schutz des Rests zum Beruf erkor, auch ihm ist

SOLDATEN LEBEN.
JA DAS HEISST
LUSTIG SEIN
WENN . . .
H. a.

ein Ausscheiden und Ersetzen von Kräften notwendige Lebensbedingung. Da sich nun der Prozeß bei dem immer selteneren Auftreten der Kriege und der anerkannten Widerstandsfähigkeit höherer Grade gegen Seuchen und Altersbeschwerden nicht immer in gewünschtem Maß von selbst vollzieht, so hat man beim Militär gleichsam zur Nachhilfe die Besichtigungen erfunden, eine Erfindung, welche sonach mit der bekannteren des Nürnberger Mönchs innig verwandt ist.

Es gibt aber, wie verschiedene Pulversorten, so auch verschiedene Besichtigungen, gröbere und feinere, und man benennt sie nach der Jahreszeit ihres Auftretens Frühjahr-, Sommer- und Herbstbesichtigungen, die letzteren auch Manöver. Diese zerfallen wieder in Reit-, Fuß-, theoretische und ökonomische Besichtigungen, ja neuerdings hat man, wie ich höre, sogar den Gesang, diese Specialität des deutschen Volksgemüts, zum Gegenstand der Besichtigung — Belauschung wäre wohl richtiger — gemacht. Der „Regenstrom aus Felsenrissen", durch kundige Trompeter in Rinnen abgeleitet und dem militärischen Oberen vorgeführt, dokumentiert so aufs schlagendste seine Verbündung „mit den furchtbarn Wesen, die still des Lebens Faden drehn".

Was die Tonkunst im allgemeinen durch die Neuerung gewann, ist mir leider nicht bekannt.

Der Vielseitigkeit des zu Besichtigenden steht in den meisten Fällen die Verantwortlichkeit eines Einzelnen gegenüber, den man bei der Kavallerie den Eskadronchef nennt, den Mann mit den Schultern des Atlas und dem Gehalt eines Rittmeisters. Die Unvollkommenheit der menschlichen Natur, von welcher leider auch diese Species nicht ganz frei ist, bringt es mit sich, daß dabei stets eine oder die andere Schwäche in mehr oder minder schroffer Weise, je nach der Auffassung des Besichtigenden zu Tage tritt. Am gefährlichsten jedoch erweisen sich in dieser Beziehung meistens die

Frühjahrsbesichtigungen, wie ja die Jahreszeit überhaupt für schwächliche Organismen auf einer gewissen Entwickelungsstufe verhängnisvoll ist.

Darum auch habe ich gerade eine Frühjahrsbesichtigung aus dem Schatz meiner Erinnerungen hervorgesucht, um Ihnen an einem schlagenden Beispiele die Vergänglichkeit irdischer Größe und die Hoffnungslosigkeit eines Kampfes mit den Schicksalsmächten zu beweisen.

Eine Frühjahrsbesichtigung! Schlagen Sie sich, liebes Fräulein, doch alles, was Sie je vom Zauber des Frühlings, vom Knospen der Veilchen, Murmeln der Quellen, linden Wehen der Lüfte, vom Schluchzen der sehnsuchtskranken Nachtigallen u. s. w. u. s. w. bei älteren und neueren Dichtern gelesen oder gar selbst empfunden haben, gefälligst aus dem Kopf und denken Sie sich eine römische Arena!

Freilich keine solche, deren hoch in die blaue Luft ragende Marmortrümmer Sie gelegentlich einer Vergnügungsreise zu Rom, Verona oder an andern Orten durchwandelten, mit Hilfe Baedeckers, Ihrer eigenen oder Ihres Begleiters Phantasie die gestürzten Säulen wieder aufrichtend und die verwitterten Galerien mit antiker Hautevolee bevölkernd — nein, denken Sie sich nur den Sand einer solchen Arena. Sand? Sagen wir lieber gleich Lohe oder Sägmehl, es kommt ja am Ende auf dasselbe heraus.

Dieses Gemisch von Lohe und Sägmehl also denken Sie sich gefälligst von vier hohen, nackten — Sie verzeihen den Ausdruck — Mauern in der Form eines länglichen Rechtecks umschlossen, die beiden Langwände von Fensteröffnungen mit staubblinden Scheiben durchbrochen und, wie die kürzeren etwa bis auf Manneshöhe mit hölzernen Dielen in schräger Stellung bekleidet. In der einen kurzen Wand befindet sich die Thür, die in eine Vorhalle führt; ihre wuchtigen Holzflügel öffnen sich dank einer äußerst sinnreichen aber etwas verwickelten Konstruktion mit markerschütterndem, dem Rasseln des Guillotinenbeils ähnlichem Geräusch nach außen. Was da in unheimlichen Windungen sich die Wände entlang zieht und von der Decke baumelt, ist eine Gasbeleuchtungseinrichtung. So, nun übers Ganze ein Dach und Sie haben eine moderne Arena, eine Reitbahn, den Schauplatz des wichtigsten Teiles einer Frühjahrsbesichtigung!

Danken Sie Gott, daß Sie ihn nur in Gedanken betreten durften, denn der Weg dahin führt durch eine Zone des ewigen Sumpfs — haben Sie Dantes Hölle gelesen? Kalbslederne Reiterstiefel vermögen ihn kaum zu durchschreiten, Ihre zierliche Damenchaussure aber würde dabei sicher zu Grunde gehen.

Das Gebäude, das ich Ihnen beschrieb, steht nämlich abseits von den Verkehrsstraßen auf einem freien Platz, dessen Lehmboden sich trotz der Tausende darin vergrabener Kiesfuhren beim leisesten Regen in einen Brei verwandelt, welchen erst die Hitze des Spätsommers wieder zu erstarren vermag.

Das ist die große Wandelbahn der Pferde im Winter, Fluch und Peitschenknall erfüllt sie vom ersten Hahnenschrei bis zur sinkenden Nacht. Hier verbringt der Lieutenant den größten Teil seines Tages, hier vollzieht sich sein wichtigster Dienst.

Ja, staunen Sie nur, liebes Fräulein! Derselbe, der Ihnen des Abends auf dem Ball so hinreißend die Cour macht, so herrlich, so unermüdlich tanzt und plaudert,

Früh, wenn die Hähne krähn,
Eh' die Sternlein schwinden,
Muß er im Reithaus stehn,
Muß Pferde schinden.

Plötzlich da kommt es ihm
— Schrecklicher Knabe! —
Daß er die Nacht ja nicht
Geschlafen habe.

Knallend die Peitsche dann
Sauset hernieder;
So kommt der Tag heran,
O ging er wieder!

Naht nun aber der Tag der Besichtigung, so sehen wir schon im Morgengrauen eine Menge dunkler, mit Schaufeln

hantierender Gestalten in besagtem Morast beschäftigt, nicht etwa mit der Legung von Torpedos, wie das im fernen Rußland vorkommt, sondern mit der Herstellung einer Art Brücke für den besichtigenden Herrn General und das Gefolge derer, die da kommen werden, unter dem Vorwand der Belehrung sich das grausame Spiel mit anzusehen.

Die Brücke hält knapp so lange, als die Besichtigung

währt, dann versinkt sie wieder spurlos in ewigem Sumpf, wo sie der ausgrabenden Nachwelt dereinst ein schwieriges Forschungsrätsel aufgeben wird.

Im Innern aber ist die Arena fein säuberlich mit Pflug und Rechen bearbeitet. Die wilden Tiere — beruhigen Sie sich, ihre Wildheit ist nur Schein, es sind harmlose Pferde mit noch harmloseren Reitern darauf — stehen in einer langen Reihe mit gleichen Abständen nebeneinander und ihr Bändiger ist eben mit der Sisyphusarbeit des Ausrichtens beschäftigt. Schon mehr wie zehnmal hat er den Stein fast auf die Höhe des Berges gerollt, wo er immer wieder seinen Händen entschlüpft.

Und doch liegt an dieser Richtung sehr viel, man kann sagen alles, denn sie bestimmt den ersten Eindruck des Besichtigenden. Sie wissen, was das heißen will, der erste Eindruck! Aber die dumme Kreatur hat keine Ahnung davon, sie schüttelt den Kopf, legt die Ohren, setzt die Beine nach Bequemlichkeit vor oder zurück, schlägt nach den Sporen und blickt aus blöden Augen in die Welt, als ob heute ein Tag wäre, wie jeder andere auch. Es ist zum Verzweifeln!

Auch das übliche Publikum ist schon versammelt. Sie müssen sich jedoch keine Konsuln, Senatoren und am allerwenigsten Vestalinnen darunter vorstellen. Es sind die Offiziere des Regiments vom Obersten abwärts in festlichem Gewand mit behelmtem Haupt und mehr oder weniger feierlichen Mienen, je nachdem sie bei der heutigen Besichtigung beteiligt sind.

Vorerst stehen sie noch in Gruppen flüsternd beisammen aber die Thür rasselt zum erstenmal, aller Blicke wenden sich nach ihr, das Geflüster erstirbt und durch die Rückgrate zuckt es, wie eine sanfte elektrische Strömung.

Der Unteroffizier du jour tritt herein und meldet dem Obersten ein leises Wort. „Das Wort klingt in der Runde, tönt wieder fern und nah". Der Herr General hat die Zone des ewigen Sumpfes betreten.

„Meine Herren!" ruft, sich hoch aufrichtend, der Oberst.

„Meine Herren!" — hallt es gedämpft aus dem Munde einiger Strebsamen nach.

Da lösen sich die Gruppen und die Offiziere reihen sich gleichfalls in eine lange Linie nach ihrem Dienstalter.

Lautlose Stille! Nur ein paar Gäule wagen es noch, mit den Hufen zu scharren und lassen sich auch durch die Medusenblicke ihres obersten Bändigers nicht von der Zuchtlosigkeit solchen Thuns überzeugen.

Es ist zu spät, sie durch andere Mittel zu belehren; die Thür rasselt zum zweitenmal, diesmal fährt es wie der volle Strom einer galvanischen Batterie in Beine und Rückgrate, Köpfe und Augen fliegen mit einem vernehmbaren Ruck nach rechts, taktgemäß und feierlich erheben sich die rechten Hände an die Kopfbedeckung zu einem stummen Ave! —

Der Rittmeister von Banting war einer der diensteifrigsten Offiziere des Regiments, sein Eifer artete zuweilen geradezu in Fanatismus aus, ohne ihm deshalb das Aussehen eines Fanatikers zu verleihen, wie es uns aus alten Märtyrerbildern überliefert ist. Im Gegenteil bezeugte die freundlich blühende Rundung von Wangen und Kinn, sowie die klerikale Wölbung des Bauchs, daß er sich um die Diätvorschriften seines Namensvetters wenig kümmerte, vielmehr Freund einer wohlbesetzten Tafel und eines gemütlichen Trunkes war.

Wie er sich nun trotz aller dienstlichen Erregungen die behagliche Pflege besagter Rundungen wohl angelegen sein ließ, so wurde ihm mit der Zeit diese Form zur normalen für alles gutgeartete Vieh- und Menschenkind, und er empfand, wie einst Julius Cäsar, eine Art einseitigen Widerwillens gegen jedes konkave Gebild.

Deren gab es jedoch namentlich unter der jüngeren

Generation der Lieutenants nicht wenige und sie alle hatten schon als beklagenswerte Opfer jenes Widerwillens bei der Eskadron Banting gedient, bis es mit der Zeit Brauch im Regiment wurde, nur noch solche Offiziere dorthin zu versetzen, welche entweder ein gewisses Maß leiblicher Rundung schon erreicht hatten, oder doch hoffen ließen, daß sie es bei richtiger Anleitung in nicht allzu ferner Zeit erreichen würden.

Das wohlhabende Aussehen der Offiziere blieb aber nicht ohne Einfluß auf Unteroffiziere und Mannschaften, wie das ja auch bei normalen Wechselbeziehungen kaum anders erwartet werden kann. Aller Ehrgeiz ging dahin, ihren Vorbildern auch in der Richtung nachzustreben und der Erfolg blieb wie bei jedem ernsten und zielbewußten Streben nicht aus.

Gleichmäßigkeit heißt das Ziel und das leitende Prinzip jeder militärischen Ausbildung und hier trieb es die schönsten Blüten, indem sich selbst die Pferde der Eskadron vor allen anderen des Regiments durch behagliche Wölbung der Lenden auszeichneten.

Der letztere Umstand freilich hatte auch seine Schattenseiten.

Im Sommer nämlich, wenn man die Reitbahn verließ, um draußen auf freiem Felde durch größere Uebungen in gesteigertem Tempo die letzten Konsequenzen der Winterausbildung zu ziehen, zeigten die Bantingschen Rosse eine bedenkliche Atemnot, als ob sie an Asthma litten. Ein orkanartiges Pusten und Schnauben machte sie namentlich im Galopp schon auf weite Entfernungen kennbar, und wenn man darauf stille stand, war auf einige Zeit jedes Kommando unverständlich.

Diese Eigenschaft machte der Eskadron das überraschende Auftreten, in welchem gerade die Stärke der Kavallerie liegt, zur Unmöglichkeit.

Deshalb war sie auch ein Greuel in den Ohren des

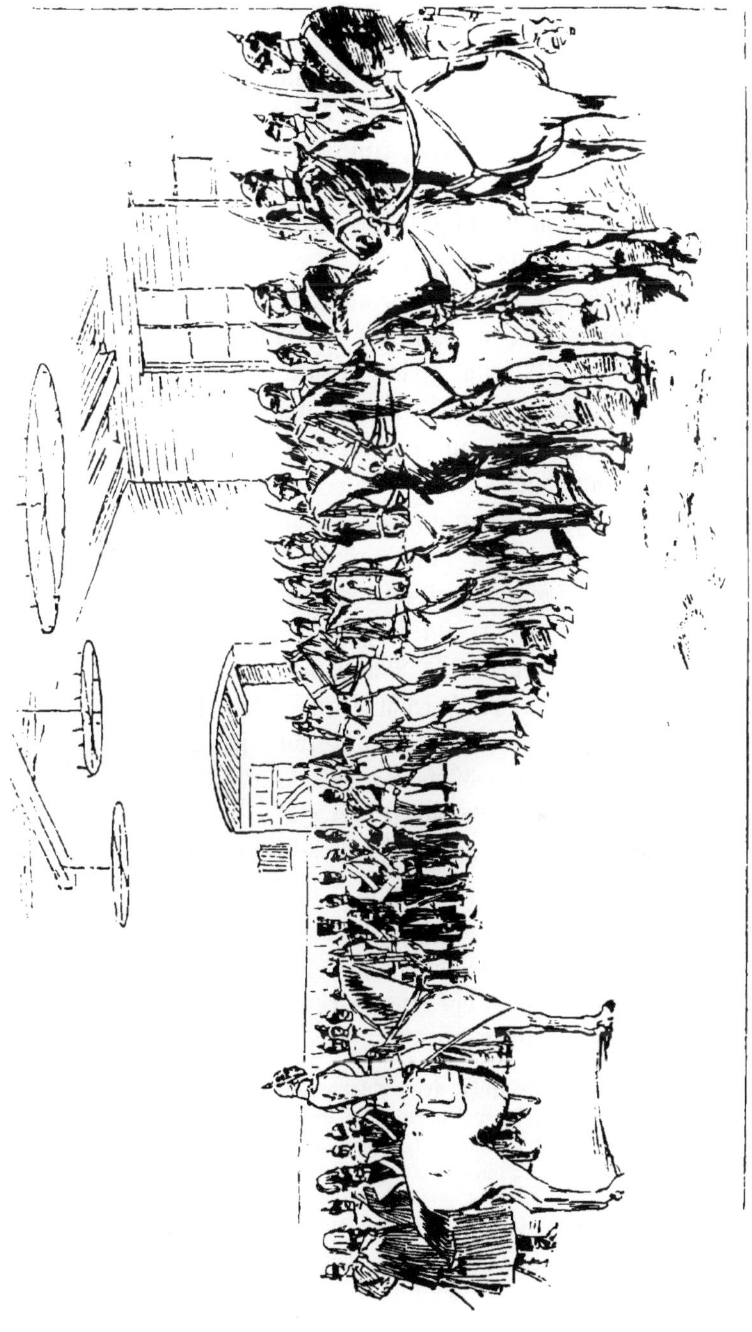

Kommandeurs, welcher sich vor Beginn der eigentlichen Uebung regelmäßig veranlaßt sah, die Eskadron durch eine längere Galoppade auf die späteren Anstrengungen vorzubereiten oder, wie man in der Sportsprache sagt, zu trainieren.

Unter dem Einfluß solcher Extragaloppaden, welche der frivole Lieutenantswitz mit der Bezeichnung „Bantingkuren" belegte, schmolz aber das winterliche Fett der armen Gäule rasch dahin, so daß sie denen der anderen Eskadrons nicht nur bald an Umfang gleich wurden, sondern am Ende der Uebungsperiode infolge der ungewohnteren Anstrengung sogar hinter diesen zurückstanden und nur mehr wie ihre eigenen Schatten aussahen.

Dem guten Banting, welcher in dieser Zeit ohnehin an sich selbst eine wenn auch geringe Gewichtsabnahme zu beklagen hatte, blutete bei solchem Ergebnis des Gleichmäßigkeitsprincips, wie es im Regiment angewandt wurde, das Herz. Da er jedoch als Mann der starren Disciplin nicht wohl gegen das Machtgebot seines Vorgesetzten ankämpfen konnte, so verschloß er seinen Groll, so gut es eben ging, in der Brust und tröstete sich mit dem still aber um so bestimmter gefaßten Beschluß, bei Eintritt der Winterperiode das verlorene Fett nach seinem erprobten System so rasch und gründlich, wie nur möglich, wieder zu ersetzen.

Schmunzelnd strich er im Kalender Tage, Wochen und Monate der bösen mageren Zeit, sah er die gute fette näher und näher rücken, bis die ersehnte endlich — es geht ja Gott sei Dank alles vorüber — eintraf. Nun aber —

„Nun glühte seine Wange rot und röter
Von jener Jugend, die uns nie entfliegt,
Von jenem Mut, der früher oder später
Den Widerstand der stumpfen Welt besiegt!"

und in kurzem waren seine Rosse wieder so wohlbeleibt wie je. Die Vergleiche, die er bei der Frühjahrsbesichtigung mit denen seiner Kollegen anstellte, entlockten ihm ein mitleidiges Achselzucken und das Lob des besichtigenden Generals, welcher viel darauf hielt, blieb ihm denn auch in diesem Hauptpunkt nie aus und entschädigte ihn reichlich für all die überstandenen und nun bald wiederkehrenden Qualen der mageren Zeit.

Das Schauspiel hatte sich seit vielen Jahren wiederholt, denn der Rittmeister Banting gehörte zu den ältesten seines Grades, sein Haupthaar fing an, sich mit Silber zu mischen, wie dies bei solch aufreibender Thätigkeit nicht wohl anders möglich ist, es wäre denn, daß es — was gleichfalls vorkommen soll — ganz ausfiele. Die Frühjahrsbesichtigung hatte ihre Schrecken für ihn verloren, er stand nah der Schwelle zum Major und etatsmäßigen Stabsoffizier, zwischen Fegfeuer und Paradies, einer Schwelle, die, wie man weiß, etwas schlüpfrig zu sein pflegt.

So war nach einem besonders qualvollen Sommer und Herbst wieder einmal der erlösende Winter für ihn gekommen und er hatte ihn weidlich ausgenützt. Die Besichtigung war wieder da und Bantings Eskadron eröffnete den Reigen.

„Salvete!“ — oder, da wir doch nicht im alten Rom sind —

„Guten Morgen, meine Herren!“ erwiderte der General den stummen Gruß seiner Untergebenen, dessen Dauer durch eine gnädige Handbewegung abkürzend, während er den Rapport des Obersten und das umfangreiche Besichtigungsprogramm aus den Händen des Adjutanten entgegennahm, welcher sich sofort anschickte, ähnliche Programme an die Höheren des Gefolges zu verteilen.

„Guten Morgen, Herr General!“ tönte es schüchtern zurück.

„Wollen die Herren,“ fuhr der General gleich huldreich fort, „welche heute nicht beschäftigt sind, vielleicht ihre Paletots umlegen? Es ist doch recht empfindlich kalt.“

Alle Blicke hingen erwartungsvoll an den Lippen des Obersten, es herrschte wirklich ein abscheuliches Aprilwetter draußen, das richtige Besichtigungswetter, denn der Himmel blickt meistens etwas griesgrämig auf diese gewerbstörenden Eingriffe in seine Befugnis.

„O," bemerkte der Oberst, „ich finde, die Temperatur ist doch ganz erträglich hier innen. Finden Sie nicht auch, meine Herren?"

Ein bittersüßes Lächeln und der militärische Gruß, dieser unzertrennliche Begleiter aller in solchem Fall gesprochener oder auch nur angedeuteter Meinungsäußerungen, bekundete das allgemeine Einverständnis und die Paletots blieben draußen.

Nunmehr folgte ein Akt, der den römischen Auspicien und Augurien insofern vergleichbar ist, als aus ihm, und hier wohl sicherer als dort aus dem Flug der Vögel und dem Appetit der heiligen Hühner die nächste Zukunft gedeutet werden konnte.

Der Herr General erkundigte sich nämlich, die Reihe der Offiziere entlang schreitend und die zum Gruß erhobenen Arme der Angeredeten mit sanftem Druck in ihre natürliche Lage zurückdrängend, mehr oder weniger eingehend, zuweilen mit einem Händedruck nach dem Befinden einzelner, ihrer Frauen, Kinder, Geschwister, Pferde und sonstigen Anverwandten. Dabei blieb es nicht unbemerkt und wurde vielfach als böses Omen gedeutet, daß der Rittmeister von Banting, obgleich gerade er mit der größten Zahl von Familienangehörigen gesegnet war, von jeder Frage verschont blieb.

Nur ein kaltes Kopfnicken hatte der General auf seine feierliche Rapporterstattung, dann trat er auf den Flügel der Abteilung und die Gnadensonne erlosch plötzlich unter dem Andrang blitzkündender Gewitterwolken. Die erste Aufstellung war nichts weniger als genügend. Die Einzelbetrachtung von Mann und Pferd erhielt das Haupt des Besichtigenden in jener schüttelnden Bewegung, vor der einst die Höhen des Olympos erbebten und die auch heute noch keineswegs als Zeichen der Anerkennung gilt. Als nun vollends die Verdauungslust der wohlgenährten Tiere seinem Schritt wiederholt Hindernisse in den Weg legte, die von der säumigen Ordonnanz nicht zeitig genug beseitigt wurden, zuckte schon ein leises Wetterleuchten durch die Wolkenmasse und ein fernes Donnergeroll ward vernehmbar.

Armer Banting! Wie gerne hätte er selbst nachgeholfen, aber jeden Versuch dazu, wenn er sich nur in lebhafterem Mienenspiel verriet, schnitt der General kurz mit den Worten ab: „Ich bitte, Herr Rittmeister! Jetzt ist es zu spät!"

Endlich war der Passionsgang zu Ende.

„Lassen Sie anreiten!" grollte es aus der Wolke. Der Herr General aber tippte dem Obersten auf die Schulter und zog sich, ihn gelind unterm Arm fassend — „halb zog er ihn, halb sank er hin" — in eine ferne Ecke zurück, wo sich alsobald ein flüsterndes Zwiegespräch zwischen den beiden entspann, von avancementslustigen Lieutenants mit Interesse beobachtet.

Die Pferde waren einstweilen im Schritt angegangen, in welcher Gangart sie der mißtrauisch gewordene Banting ohne besonderen Befehl nicht zu stören wagte.

„Nun weiter, weiter!" tönte des Generals Stimme aus der fernen Ecke in einem Ton, als ob er sich von dem weiteren nicht mehr allzuviel verspräche.

„Eskadron Trab!" kommandierte der Rittmeister.

Nun waren die Kugeln im Rollen. Leise erst, aber allmählich lauter, wie anschwellende Meerflut tönte das Schnauben und Pusten der gequälten Tiere, dünn erst, doch allmählich dichter und dichter entströmte der Odem ihren

Nüstern, grauer Nebel lagerte sich über der Bahn, wie ein dunkles Schicksal.

Wiederholt rasselte inzwischen die Pforte, der Nebel lichtete sich einigermaßen beim Erscheinen des Divisionskommandeurs, das von einer allgemeinen Bewegung begleitet war, aber das Kommando „Galopp“ führte ihm bald neue Dunstströme zu. Nun endete auch das Zwiegespräch und die Aufmerksamkeit der Vorgesetzten wandte sich wieder voll auf die Abteilung.

Es ist in neuerer Zeit viel über den stummen aber erbitterten Kampf geschrieben und geredet worden, welchen der scheinbar unbeseelte Gegenstand, das Objekt mit dem Menschen führt. Nirgends aber tritt die Boshaftigkeit und Heimtücke des Objekts so deutlich zu Tage, nirgends feiert sie solche Triumphe wie bei einer Besichtigung.

„Rrrratsch! — Bumm! — Radabumm, Radabumm! — Bumm!“

Da war eine Gurte, die seit Jahren für zuverlässig gegolten, plötzlich geplatzt, ein Reiter wälzte sich im Staub, und ein lediges Roß, dem der Sattel am Bauch baumelte, raste in tollen Sprüngen durch die Bahn, vergeblich bemüht, sich durch Ausschlagen des infamen Objekts zu entledigen.

Solche Verwirrung, wie sie nun entstand, mag wohl einst im römischen Zirkus geherrscht haben, wenn einmal eine der gereizten Bestien die eiserne Umzäunung durchbrach und sich nach Nahrung im Zuschauerraum umsah. Da galt nicht Alter und Stand mehr, Greise und Jünglinge, Waschweiber und Vestalinnen, Senatoren und Proletarier drängten sich in wirrem Knäuel nach den Pforten, in wilder Flucht ihr Heil suchend. So glich auch hier die Größe der Gefahr alle, selbst die schroffsten Gegensätze aus; Besichtigte und Besichtigende, Lieutenants und Generale drängten sich Schulter an Schulter nach der Thür, alle Bande der Disciplin schienen gelöst.

Auch die übrigen Rosse, da sie ihren Kollegen so in zügelloser Freiheit an sich vorbeirasen sahen, spitzten die Ohren und gaben Zeichen der Unruhe, der Empörung zu erkennen. Eine völlige Meuterei drohte.

„So lassen Sie doch halten! Eskadron Haaalt!“ brüllten der Herr General den armen Banting an, den die Verzweiflung stumm gemacht hatte. Seine Donnerstimme brachte die Meuterer zum Stehen. Mit List und Güte gelang es, den Flüchtling, er hieß überdies zufällig Spartacus, zu erhaschen und zu beruhigen. Lieutenants und Generale kehrten in ihr natürliches Verhältnis zurück, die Ordnung war wiederhergestellt, aber die Stimmung keineswegs zu Bantings Gunsten verändert. Die Vorgesetzten hatten wohl väterlich besorgte Fragen für den Zustand des gefallenen Reiters, für den unglücklichen Rittmeister nur finster drohendes Schweigen.

Der Staub, den die Scene aufgewirbelt, vermengt mit den in der Luft lagernden Dünsten erweckte in beiden Generalen das Bedürfnis, draußen frische Luft zu schöpfen. Kaum hatte sich dieses durch eine Annäherung an die Thür verraten, so zog auch schon die diensteifrige Ordonnanz den eisernen Hebel und — in das Gerassel mischte sich diesmal der nicht zu verkennende Klang von zerbrochenem Glas und Porzellan. Draußen stand ein todbleicher Mann, den Scherben eines Tellers in der zitternden Hand, die Trümmer einer Weinflasche und einiger mit Kaviar belegter Brodschnitten zu seinen Füßen.

„Was soll das heißen?“

Der Mann brachte erst kein Wort heraus, wiederholte Fragen brachten ihn jedoch zu der stammelnden Erklärung, daß er in Ausführung eines höheren Befehls begriffen, diese Gegenstände vom Kasino hierher gebracht habe, wo sie ihm der Schreck über die unerwartete Erscheinung der beiden hohen Würden-

träger aus der Hand schlug. Der Unglückliche war von Bantings Eskadron und ursprünglich dazu bestimmt, die Stiefel seiner Kameraden nach Durchreitung des ewigen Sumpfs mittelst einer Glanzbürste wieder besichtigungsfähig zu machen.

„Ich bitte die Herren Offiziere auf einen Augenblick!" ruft der Brigadier, ins Reithaus zurücktretend.

„Die Herren Offiziere!" tönte ihm ein vielstimmiges Echo eifrig nach und schnell hat sich der Kreis um die beiden höchsten Vorgesetzten geschlossen. „Die Scene wird zum Tribunal!"

„Excellenz gestatten?"

„Gewiß."

Meine Herren, ich will schon mit Rücksicht auf die Mannschaften nicht näher untersuchen, wer derjenige war, der seiner Magenschwäche hier mit einem heimlichen Frühstück nachhelfen zu müssen glaubte. Nicht zu vergessen aber bitte ich Sie, meine Herren, daß wir hier im Dienst, im allerhöchsten Dienst sind, und da finde ich es denn doch etwas stark, daß während seine Excellenz, ich und Ihr Herr Oberst bis zum Mittag fasten, die jüngeren Herren unter irgend welchem Vorwand draußen lukullische Mahlzeiten einnehmen. Sie alle, meine Herren haben mehr oder weniger das Bedürfnis, ich sollte auch meinen, ein Interesse, jedenfalls aber heute gerade die beste Gelegenheit, sich aus dem, was hier drinnen vorgeht, weise Lehren zu ziehen. Wenn Sie das nicht thun, ist es Ihr eigener Schaden, meine Herren.

Energisch aber muß ich mir verbitten, daß die Vorhalle eines Dienstgebäudes von Ihnen in einen Speisesaal oder gar in einen Flaschenkeller umgewandelt werde. Was soll ich, meine Herren, von dem gemeinen Mann erwarten, wenn Sie ihm mit solchem Beispiel vorangehen? Ich will, wie gesagt, nicht näher untersuchen wer der Schuldige ist, aber ich werde ihn, wenn das wieder vorkommen sollte, zu finden und rücksichtslos zu bestrafen wissen. Möge er sich das merken! Ich danke, meine Herren!"

Ein stummes Nicken des Divisionärhauptes bekundete dessen volle Uebereinstimmung mit dem Gesagten.

Wohl machte der schreckensbleiche Mund einiger Lieutenants in der hintersten Reihe schnell die Schuldbewußten kund, allein des Generals Augen hatten während der Rede so durchdringend auf den runden Formen Bantings geruht, daß kein Zweifel darüber walten konnte, wo er sie suchte.

Der Vorteil blieb hier sonach auf Seiten der Ibikusse.

Die Besichtigung nahm ihren Fortgang, die Rosse sollten nunmehr ihre Sprungfertigkeit zeigen, wozu sie sich mit dem Ungestüm der Verzweiflung anschickten. Eine hölzerne Stange wurde in der Höhe von etwa zwei Fuß in die Wand gesteckt, und los ging die wilde Jagd. Gleichzeitig war es jedoch dem Sonnengott nach schwerem Kampfe gelungen, das graue Aprilgewölk zu durchbrechen und einen goldenen Streifen quer über die Bahn, ein paar Schritte vor der Stange und parallel mit dieser zu ziehen. Die getäuschten Rosse über-

sprangen nun zwar mit dem Aufgebot aller Kräfte den Sonnenstrahl, stockten aber selbstverständlich vor der Stange, die ihnen so unerwartet in den Weg trat, prallten aufeinander und kamen teilweise zu Fall. Das hinterste, ein besonders kluges Tier, das sich bisher stets in dieser Uebung hervorgethan hatte, zog es nach diesen Erfahrungen vor, ganz auf den Sprung zu verzichten, eine Klugheit, die nur leider nicht gebührend gewürdigt wurde.

„Es ist sonst der beste Springer in der ganzen Eskadron," versicherte Banting.

Aber der General runzelte finster die Stirn. — „Hic Rhodus, hic salta!" oder „Was nützt mir das, wenn er heute nicht will!" brummte er.

Wieder entstand eine bedenkliche Verwirrung. Der Herr Divisionskommandeur zog sich nunmehr im Interesse seiner eigenen Sicherheit, wie es ihm die militärische Regel in solchen Fällen zur Pflicht macht, aus dem Getümmel zurück.

Inzwischen hatte sich der Adjutant schon einige Zeit mit gezogener Uhr hinter dem Besichtigenden aufgepflanzt, bemüht, durch ehrerbietige Grüße dessen Aufmerksamkeit auf sich zu lenken, was ihm auch endlich gelang.

Rittmeister von Banting erhielt den Befehl, in Anbetracht der vorgeschrittenen Zeit seine Abteilung zur Schlußproduktion, dem sogenannten „Einzelreiten“ aufzustellen. Es ist dies eine höchst einfache Uebung, wobei der Reiter sein Pferd veranlaßt, sich aus dem geschlossenen Glied heraus nach dem entgegengesetzten Ende der Bahn zu begeben, um dort in vielfach verschlungenen Bewegungen, denen gewöhnlich die Figur einer liegenden Acht ∞ zu Grunde liegt, die Biegsamkeit seiner Muskeln zu zeigen; eine Uebung, welcher der leidige Geselligkeitstrieb dieser Tiere nicht selten die größten Hindernisse in den Weg legt.

Da nun der General mit einer Sicherheit, wie sie eben nur Generalen eigen ist, gerade die zwei am stärksten mit diesem Trieb behafteten zum Vorgehen bestimmte, die selbständigen aber stehen ließ, so verlief auch diese Uebung nicht nach Wunsch.

Der Oberst gab seine Ansicht in pythischer Kürze und Deutungsfähigkeit zu erkennen. Der General behielt sich sein Urteil bis zum Schluß der Besichtigung vor, dann machte die Abteilung einer anderen Platz.

Fürchten Sie aber nicht, verehrte Leserin, daß ich Ihnen die sämtlichen nun folgenden Abteilungen in gleich umständlicher Weise vorführen werde wie diese, nein, denn einmal bin ich mir wohl bewußt, Sie fast schon allzulange mit equestrischen Dingen unterhalten zu haben und dann wüßte ich Ihnen auch nicht viel neues mehr zu berichten. Es war bei allen anderen ganz dieselbe Geschichte. Sie wissen ja und haben es wohl trotz ihrer Jugend schon selbst erfahren, daß es Tage gibt, die man im Kalender mit einem schwarzen Strich zu bezeichnen pflegt, und ein solcher war für den Rittmeister Banting angebrochen, ein „dies nefastus“ wie die Alten sagten.

Das Unglück verfolgte ihn in allen möglichen Formen, die Objekte hatten sich gegen ihn verschworen, und die Laune seiner Vorgesetzten war ihr Verbündeter. Die Götter hatten ihn zum Opfer ausersehen, und wer wollte gegen ihre Macht ankämpfen!

Er hatte, wie man sagt, Pech, der gute Banting, Pech in solcher Fülle, daß er einer ganzen Schusterzunft den Bedarf des ihr so notwendigen Materials hätte abtreten können.

Ja, hätte ihm der Herr General bei der Ankunft die Hand gedrückt, sich nach dem Befinden seiner Familie erkundigt, anstatt sich mit dem Obersten in geheimnisvolle Gespräche einzulassen, so stand die Sache anders. Aber die Augurien waren ihm, wie wir wissen, nicht günstig.

Trotzdem glimmte noch ein Hoffnungsfunke in seiner Brust; der Futterzustand, das gesunde, wohlgerundete Aussehen seiner Rosse, seine Specialität, die ihm schon mehr wie zehnmal bei solcher Gelegenheit den Sieg über alle Tücken des Zufalls verschafft hatte, sie war bisher noch in keiner Kritik des Obersten erwähnt worden. Kein Wunder! Wir wissen, wie dieser darüber dachte. Aber konnte der Herr General, den er in diesem Punkte mit sich gleicher Meinung wußte, konnte er diese unumstößliche Thatsache, an der nichts zu mäkeln und zu deuteln war, unbeachtet lassen? Nein, das war ja nicht möglich, daran, des war er sich bewußt, hing jetzt alles! Das war das Daumenzeichen, welches dem römischen Gladiator Tod oder Gnade beschied!

Mittag war vorüber, der ruhige Bürger saß beim Mahl, auch in Bantings Familie lag man dieser Beschäftigung mit dem den Grundsätzen des heute fehlenden Oberhauptes entsprechenden Eifer ob, als die letzte Abteilung dampfend und schweißtriefend aus der Bahn ritt. Da bat der Herr General die Offiziere zu einem letzten Wort und sie scharten sich um ihn in zwei konzentrischen Halbkreisen, im Innern Banting und seine Leidensgenossen, etwas zurück, so daß die Diskretion gewahrt blieb, ohne das Gehör zu beeinträchtigen, die übrigen.

Ave! Die rechten Hände hoben sich wieder an die Kopfbedeckung. Salvete! und sie sanken langsam zurück. Friedliche Stille, nur einzelne Mägen knurrten leise, die Ordonnanzen verließen die Bahn, ein schlimmes Zeichen!

„Meine Herren von der xten Eskadron," hub der General an, „lassen Sie mich zunächst meine Freude über Ihr gesundes blühendes Aussehen aussprechen."

Freudiges Ave!

„Leider ist das aber auch das einzige, worüber ich mich bei dieser Eskadron freuen kann."

Trauriges Ave!

Und nun zählte er ein ganzes Sündenregister von Fehlern und Uebelständen auf, für die er, obwohl sie fast sämtlich auf Rechnung des Objekts gingen, unsern Banting verantwortlich machte. Regungslos, die Blicke starr auf den Vorgesetzten gerichtet, mit der Würde eines römischen Fechters stand dieser da, jeden Stoß, der gegen seine Brust geführt wurde, mit einem stummen Ave parierend. Noch glimmte der Hoffnungsfunke, noch war ja der entscheidende Hauptpunkt nicht berührt und jetzt, jetzt mußte er kommen, und er kam.

„Dies alles", fuhr der General fort, „sind Dinge, die ich zur Not, freilich nur zur Not, entschuldigen könnte, Fehler, die ja vereinzelt überall, wenn auch nicht in solcher Vollendung vorkommen, die sich abstellen lassen und — ich zweifle nicht, auch abgestellt werden, niemand ist ja unfehlbar!" —

Ave! (die Geschichte spielt vor dem letzten Konzil.)

Eines aber, was mir bei Ihrer Eskadron aufgefallen ist, das trifft Sie, Herr Rittmeister, und das läßt sich nicht entschuldigen. Sie muß ich dafür verantwortlich machen, Sie ausschließlich, und ich kann das auch in meinem Bericht an die höheren Behörden nicht mit Schweigen übergehen. Darum muß ich den Herrn Obersten bitten, Sie strengstens zu überwachen" — Ave des Obersten! — „denn damit schädigen Sie den allerhöchsten Dienst, damit ruinieren Sie fremdes Eigentum, damit belasten Sie den Staat, es ist dies der Futterzustand ihrer Pferde!"

Hier wäre aus dem römischen Ave Bantings beinahe ein deutsches Au weh! geworden. —

„Ihre Pferde, Herr Rittmeister, sind nicht in dem Zustand, den ich am Schluß dieser Ausbildungsperiode erwarten kann und verlangen muß, sie sind nicht in dem Zustand, in welchem sie den Strapazen eines Feldzugs, auf den wir jederzeit gefaßt sein sollen, gewachsen sind!" — (Diese durch die Indiskretion eines Anwesenden verratene Bemerkung weckte in einigen Lokalblättern Kriegsbefürchtungen und drückte eine Zeit lang stark auf die Kurse.)

„Ihre Pferde, Herr Rittmeister, sind mager, mager, hundemager! Das sind keine Pferde mehr, das sind Skelette! Ich danke meine Herren!"

Allgemeines Ave und Schluß der Besichtigung. Der General, der Oberst und die übrigen Offiziere verlassen das Reithaus und begeben sich aufs Kasino, wo ein festliches Mahl bereitet ist, nur Banting steht noch wie angewurzelt, versteinert, als hätte er das brennende Sodom geschaut, und um ihn, stumm wie er, mit trübseligen Mienen die Getreuen seiner Eskadron. „Ses gardes affligés imitaient son silence, autour de lui rangés!"

Als das Wort „mager" zum drittenmal gefallen war, da ward's ihm dunkel vor den Augen und er sah seinen General nur noch wie eine verschwommene Nebelmasse, aus der blitzgleich die Skelette zuckten. Die Skelette hatten ihm den Todesstoß gegeben und er wäre unfehlbar gesunken, hätte ihn nicht die langjährige militärische Gewohnheit vor diesem Los bewahrt. Langsam nur löste sich die Erstarrung — „Ich danke, meine Herren!“ sprach auch er ganz mechanisch, und die hiermit erlösten Offiziere, froh, so leichten Kaufs weggekommen zu sein, denn sie hatten eine Ablenkung des Gewitters auf ihre Häupter befürchtet, eilten ihren Kameraden nach aufs Kasino.

„Entschuldigen Sie mich bei Tisch, ich fühle mich unwohl,“ rief ihnen Banting nach. Er fühlte sich in der That unwohl, die Spannung in den Muskeln ließ nach, der müde Arm hing schlaff hernieder, und er wankte förmlich nach Haus. Die Welt schien ihm so sonderbar verändert, die Menschen kamen ihm in dem Nebel so dünn, so mager, so skelettartig vor, und er griff sich selbst wiederholt an den Bauch, um sich zu überzeugen, daß er noch vorhanden sei.

Und vom Kasino her trug der Wind die schmetternden Klänge eines Tusches fast höhnisch an sein Ohr, der erste Toast auf den Landesvater war ausgebracht. Auch er hatte dort zu sitzen gehofft, auch er hatte dort so manchmal seine Stimme in das donnernde Hoch gemischt, um so lauter, je höher der Behochte schon war, und heute — da fiel ihm plötzlich ein, daß er ja gar noch nicht zu Mittag gegessen; daß er zu Hause auch voraussichtlich kein Essen mehr zu erwarten hatte. Seltsam! Der Gedanke beunruhigte ihn nicht einmal. Schrecklich! Er hatte nicht einmal Appetit.

Neuer Tusch vom Kasino, man vernahm sogar die Stimmen der Hochrufer; das galt dem Herrn General! Ja, dort perlte jetzt der kalte Sekt, ja dort ging es lustig her!

„Weil das Glück aus seiner Tonnen
Die Geschicke blind verstreut,
Freue sich und jauchze heut,
Wer das Lebenslos gewonnen.“

Aber ihm war Bacchus' Gabe kein Balsam, er hatte nicht einmal Durst. Erst vor seiner Wohnung merkte er, daß ihm sein Wachtmeister stumm wie sein Schatten gefolgt war. Wie sein Schatten, in des Wortes vollster Bedeutung,

denn schattenhaft ausgezehrt kam ihm der Mann vor. Ja, hatte er denn wirklich bis jetzt eine ganz falsche Anschauung von Menschen und Tieren gehabt, sah er heute zum ersten=

mal „das Ding an sich?“ Der Aermste begann im stillen zu philosophieren.

Der Wachtmeister sah sich mit ungewohnter Milde, deren Grund er nicht ahnte, entlassen, Banting aber stieg in seine Wohnung hinauf und legte sich, die besorgten Fragen der Seinen kühl ablehnend, zu Bett.

Er verfiel in einen fieberhaften Zustand, in dem ihm die ganze Welt von Skeletten bevölkert erschien. Er selbst, zum Skelett ausgedorrt, nahm den Rapport seines Wachtmeisters entgegen, der ihm, wie ein Don Quichotte aussehend, meldete, daß die Pferde der Eskadron wahre Rosinantes an Magerkeit geworden seien. Frau und Kinder saßen als Skelette um den karg bedienten Tisch, und Azor, der treue Haushund, nagte seine eigenen Knochen. Der Zustand war nicht unbedenklich.

Als Banting nach einigen Monaten wieder genas, hatte er sich zwar immer noch ein gutes Teil seines leiblichen Wohlstandes bewahrt, aber er war als Compagniechef zum Train versetzt.

Ob man das im alten Rom einen malerischen Todeskampf genannt hätte? —

Der Fall von Granada.

Sui cuique mores fingunt fortunam.

Ja, mein Fräulein, auch durch Lieutenantsmemoiren schreitet zuweilen „das große gigantische Schicksal“ und erhebt den einen, wenn es den andern zermalmt.

Wenn daher unser unsterblicher Dichter bei einem Besuch in der Unterwelt Shakespeares Schatten die seltsame Frage stellen läßt:

„Aber ich bitte dich, Freund, was kann denn dieser Misère
Großes begegnen, was kann Großes denn durch sie geschehn?“

so muß ich doch auch sehr bitten und mir bei allem Respekt für Verstorbene die Bemerkung gestatten, daß das ein Schattengeschwätz ist, noch dazu das Geschwätz eines britischen Schattens, der — er mag sonst so gescheit sein als er will —

von militärischen Dingen nichts versteht, eine Frage, welche nur die trostlose, nicht einmal durch den Einlauf neuerer Zeitungen unterbrochene Langeweile des Orkus einigermaßen entschuldigen kann.

Wir aber, die wir „noch atmen im rosigen Licht", wir wissen das besser. Ich zum Beispiel brauche nur irgend ein unvorschriftsmäßiges Kleidungsstück anzuziehen und ein paar hundert Schritte zu gehen, so begegnet mir sicherlich ein gestrenger General oder sonstiger Vorgesetzter — ist das vielleicht nichts Großes? — und diktiert mir drei Tage Stubenarrest, was doch auch keine Kleinigkeit ist. Nun, und was Großes durch uns geschehen kann? Darauf, mein Fräulein, entheben Sie mich hoffentlich jeder Antwort. Sie lesen die Zeitungen, und die Geschichte von den verlorenen und wiedergewonnenen Reichslanden und von den 5 000 000 000, sage fünf Milliarden, ist Ihnen noch zu frisch im Gedächtnis.

Es ist merkwürdig, wie gerade die größten, phantasiereichsten Männer manchmal in ihrem Urteil über das Nächstliegende befangen sind, und da ist es denn recht gut, wenn einmal ein Kleinerer aufsteht und an einem konkreten Beispiel ihre falschen Theorien widerlegt, wie ich es jetzt thun will.

* *

Noch war Deutschland nicht völlig geeint, noch gab es eine Main- und Deinlinie, ob sie gleich schon im Zerfließen war, noch hatte der Herzog von Grammont seine berühmte Rede nicht geredet, noch war der selige Max Schneckenburger kein Rouget de Lisle, noch — indessen ich komme später auf die Zeitbestimmung zurück — da zahlte der Lieutenant von Wilmsky seine Schulden. — Einige Erdschwankungen waren zwar vorhergegangen, und längst erloschen geglaubte Vulkane hatten sich wieder gerührt, ein Komet war durchs Firmament gerast, und die Störche waren einen Sommer lang ausge-

blieben, aber darauf war niemand gefaßt. — Die Erdbebenfrage ruhte im Schoß einer besonderen Kommission um so bequemer, als sie uns nichts anging, und auch das Los Pompejis brauchten wir nicht zu befürchten. Der einzige, nicht gar hohe Berg, der sich in der nächsten Umgebung unserer Garnisonsstadt, allerdings ziemlich unvermittelt, aus der Ebene erhob und ein altes Fort mit einer kleinen Besatzung trug, war kein Vulkan, wenn auch der Besatzungskommandant manchmal Feuer und Flammen spie. Von dem

Kometen aber versprach sich jedermann ein gutes Weinjahr, und das Ausbleiben der Störche hatte die Bevölkerungsziffer nicht im geringsten alteriert, aber — was soll es bedeuten, wenn ein Lieutenant seine Schulden bezahlt?

Die Aufregung war denn auch in den betreffenden und betroffenen Kreisen eine ungeheure.

Ein verfluchter Kerl, der Wilmsky! Hatte er richtig eine alte, längst verschollene Tante beerbt? — War ihm richtig eine Millionärrin ins Netz gegangen? — Hatte er richtig die Bank des heiligen Carlo gesprengt?

Niemand wußte es, der Lieutenant selbst war stumm, wie ein gemauertes Grab, aber — es blieb kein Zweifel — er bezahlte seine Schulden, und die waren zudem nicht klein. Die Kinder Israels kamen mit strahlenden Nasen aus seiner Wohnung, voran der Moses Goldstein, sein Hauptgläubiger, so vergnügt, als hätte er das gelobte Land von ferne geschaut; Schuster und Sattler, Schneider und Handschuhmacher präsentierten bei der ersten Kunde des fabelhaften Ereignisses, noch etwas mißtrauisch zwar, ihre Rechnungen, wie sie früher so oft vergebens gethan, und — wurden bar bezahlt.

Gleichzeitig aber standen die vier dunkelbraunen Jucker, die der Lieutenant so anmutig vom Bock durch die Straßen der Stadt gelenkt hatte, samt Wagen und Geschirr zum Verkauf, desgleichen seine beiden Rennpferde, der „Pfeil" und die „Brieftaube", die so oft siegreich ans Ziel geflogen waren, und in einem der besten Stadtteile war eine elegant möblierte Wohnung von drei Zimmern zu vermieten. Die junge Dame, welche sie seither bewohnt und einem „on disait" zufolge in intimsten Beziehungen zu dem Lieutenant gestanden hatte, ohne gerade mit ihm verwandt oder verschwägert zu sein, war plötzlich abgereist.

Nachdem alles geordnet war, nahm der Lieutenant von Wilmsky einen sechswöchentlichen Erholungsurlaub, den man ihm nach solchen Opfern nicht wohl abschlagen konnte, und verschwand zunächst vom Schauplatz seiner Thätigkeit, seine Mitbürger in gerechtem Erstaunen zurücklassend.

Hier mache ich eine Kunstpause, verehrtes Fräulein. Diese etwas kühne Einleitung ist mir nur so von der Feder geflossen, und ich gestehe, es wird mir nun doch etwas schwül bei dem Gedanken, wer denn eigentlich die Schulden des Herrn von Wilmsky bezahlt haben soll. Ich kann's doch unmöglich selbst gewesen sein.

Nein, mein Fräulein, so weit treibe ich die poetische Licenz nicht. Sie würden mir's auch nicht glauben, denn ganz entre nous, ich suche eben nach jemand, der die meinigen bezahlt. Ja, aber wer denn, ihr Musen?

Pardon, daß ich mich in so heikler Angelegenheit an eine höhere weibliche Behörde wende, aber von dort kommt mir auch schon die erbetene Auskunft. Horch! Höre ich nicht das Rauschen eines langen Gewandes, sehe ich nicht eine hohe, ernste Gestalt zu mir niederschweben?

Wie streng sie blickt und was sie hohe Absätze an den Schuhen trägt! Näher, immer näher, mir wird ganz Angst, mein Gott, ich glaube, es ist Melpomene selber.

Und nun, mein Fräulein, habe ich auch den verlorenen Pfad meiner Erzählung wieder gefunden; darf ich um Ihren Arm bitten? Nur vergessen Sie nicht, daß der Weg, wenn ich ihn auch, um Sie nicht zu erschrecken, mit Blumen bestreue, ins Tragische führt, und halten Sie für alle Fälle ein Taschentuch bereit von der größeren Sorte.

Hatte der Lieutenant von Wilmsky beabsichtigt, durch sein Verschwinden einer Menge müßiger Fragen und Anspielungen auszuweichen und die erregte öffentliche Meinung zu beruhigen, so gelang ihm zwar das erste, nicht aber das zweite.

Denn, da während seiner Abwesenheit ein anderes Ereignis von nur annähernd gleicher Bedeutung nicht eintrat, so blieb er nach wie vor der Held des Tages.

Er hatte als Reiseziel, wie dies zur Ersparnis zeitraubender Formalitäten üblich, irgend einen deutschen Staat genannt, aber niemand glaubte, daß er sich dahin begeben habe, und niemand wußte, wohin sonst. So blieb denn der Phantasie der Zurückbleibenden ein weiter Spielraum.

Die Einen sagten: „Er ist übers Wasser, er kommt nicht wieder.“

Dieser Pessimisten Logik hinkte übrigens gewaltig, ich wenigstens habe noch nie gehört, daß es in solchem Fall unter Lieutenants Sitte wäre, seine Schulden vorher zu bezahlen.

„Er holt seine Braut heim,“ sagten Andere, und darunter stellte man sich allgemein irgend eine überseeische, mit Plantagen, Goldminen und Diamantfeldern ausgestattete, dunkelfarbige Schönheit mit Mandelaugen, vollen Lippen und einer kleinen Stülpnase, eine Kreolin, wenn nicht gar eine Mulattin vor.

Die Dritten sagten: „Er nimmt von seiner Erbschaft Besitz,“ welche, außer in einem stattlichen Häufchen baren Geldes, der Vermutung dieser Dritten nach in einem weitläufigen Komplex erst zu veräußernden Grundeigentums bestand.

Was die Vierten, Fünften, Sechsten und so weiter sagten, ist unerheblich, denn die erwähnten drei Ansichten waren die vorherrschenden, und um sie einigermaßen zu motivieren, muß ich jetzt zu einer näheren Beschreibung der Persönlichkeit meines Helden übergehen.

Der Lieutenant von Wilmsky war ein schöner Mensch. Ich weiß, mein Fräulein, daß dieser Begriff, streng genommen und auf das männliche Geschlecht angewendet, für Sie nicht existiert. Aber die große Mehrzahl Ihrer Schwestern in damaliger Zeit hielt ihn dafür, ja sogar männliche Zeitgenossen, was nicht zu unterschätzen ist, sprachen ihm dieses Attribut zu, und so gestatten Sie es auch mir.

Er war dabei — und das werden Sie schon eher gelten lassen — ein interessanter Mensch. Groß und schlank, ohne deshalb lang und schmächtig zu sein, trug er einen Kopf auf den Schultern, wie man ihn nicht alle Tage sieht. Die Hautfarbe war dunkel, als hätte die Sonne des Südens darauf gebrannt, das Kinn fast klassisch geformt, der Mund geistreich und mit zwei blendenden Zahnreihen ausgestattet, der Schnurrbart darüber von der weichen, seidenen Art derer, die beim Küssen nicht verwunden. Kaum merklich gebogen, wohlstilisiert war die Nase, dieses prekäre Organ der meisten Gesichter. Dunkle, feurige Augen, von starken gewölbten Brauen überschattet, und das dichte, leichtgelockte, tiefschwarze Haar mit einem Stich ins Blaue gaben dem Gesicht einen leicht dämonischen, für reifere Frauen höchst gefährlichen, und auch für Backfische, trotz eines gelinden Greuselns, immerhin fesselnden Ausdruck. Verstärkt wurde derselbe noch durch einen frivol ironischen Zug, der gewöhnlich darüber lag, wie über der italienischen Litteratur des sechzehnten Jahrhunderts.

Im Anzug tadellos, wie man dies nur bei den Offizieren des neunzehnten Jahrhunderts im gleichen Lande findet, war er frei von der geckenhaften Aengstlichkeit, welche jenen Enkeln von Togenträgern anzuhaften pflegt, so seltsam mit dem immer noch klassischen Typus der Köpfe kontrastierend.

Er trug, was selten ist, Civil und Uniform mit gleichem Anstand, und man konnte darüber streiten, was von beiden ihn besser kleidete. Seine Manieren waren, wenn auch gelegentlich etwas frei, doch weltmännisch sicher, die Rede ein weicher, klangvoller Bariton mit fremdartigem Accent, welcher mit keinem der bekannteren vergleichbar, von großer, einschmeichelnder Wirkung fürs Ohr war, sein Witz von der ironisierenden Sorte.

Er sprach die romanischen Sprachen geläufig im Ton und Silbenfall des Eingeborenen, war auf den meisten Gebieten wenigstens oberflächlich unterrichtet, schlagfertig und ein vollendeter Causeur.

Dieser internationale Zug seines Wesens stimmte ganz zu dem Dunkel, das über seiner Geburt waltete, und das eben machte ihn so interessant.

In den Genealogien deutscher Adelsgeschlechter war der Name derer von Wilmsky in geschichtlicher Zeit nicht nachzuweisen.

Etymologisch deutete er auf slavischen Ursprung hin, und wirklich war auch in den Personalpapieren des Lieutenants Südrußland als sein Vaterland angegeben.

Nun gehörte aber das Russische gerade zu den Sprachen, die der sonst so Sprachgewandte nicht verstand; er erklärte das damit, daß er in frühester Jugend schon seine Heimat verlassen und seine Erziehung, dem dortigen Gebrauch gemäß, in Frankreichs Hauptstadt erhalten hatte. Obwohl ihm eine massenhafte Korrespondenz von allen Seiten der Windrose zuging, empfing er doch niemals den Besuch irgend eines Anverwandten, und ob er selbst seine häufigen größeren Urlaube zu Besuchen bei solchen benutzte, blieb mindestens zweifelhaft. Er selbst sprach nur höchst selten von seiner Familie, seinen Brüdern und Schwestern, seinen Onkeln und deren großen Schlössern und Jagdgründen, und dann immer in etwas mignonhafter Weise, so daß niemand daraus klug wurde. Namentlich unaufgeklärt blieb der Punkt, warum er eigentlich bei solch vorzüglichen Konnexionen und Eigenschaften in fremde Dienste getreten war, denn Rußland galt damals noch für einen sichern Staat, und das Dynamit wurde erst viel später erfunden.

Nehmen Sie nun noch dazu, daß er gleich von Beginn seines Auftretens an einen großen Train führte, vierspännig fuhr, Rennpferde und Livreediener hielt, eine kostbare Wohnung mietete, überhaupt nicht genug Fenster fand, das Geld hinauszuwerfen, nun aber gar seine Schulden bezahlte — und das Geheimnis ist fertig.

Ach, mein Fräulein, wenn es nur schon wieder gelöst wäre!

In den Kreisen meiner Garnisonsstadt war dies auf die verschiedenste Weise versucht worden.

Für einen gewöhnlichen Abenteurer, wofür ihn manche ganz im stillen hielten, war der Lieutenant doch eine zu noble Erscheinung, mehr Berechtigung hatte es schon, ihn für den geheimen diplomatischen Agenten irgend einer fremden Großmacht zu halten, aber weitaus die verbreitetste, seinem Kredit unglaublichen Vorschub leistende Ansicht war die, daß er ein Kind der Liebe sei. Keiner gewöhnlichen, spießbürgerlichen Liebe, versteht sich, nein, sondern der natürliche Sprößling irgend einer fürstlichen und einer andern gleichfalls hochstehenden, aber leider nicht ebenbürtigen Persönlichkeit, wie dies ja vorzukommen pflegt.

So nur, indem man aus dem Lieutenant von Wilmsky einen von der Thronfolge zunächst zwar ausgeschlossenen, der Etikette zulieb zeitweilig sogar aus dem Reiche verbannten, aber von den zärtlichen Eltern heimlich beschützten und reichlich, wenn auch nicht regelmäßig, je nach dem Stand der Privatschatulle mit Subsistenzmitteln dotierten Königssohn machte, ließen sich dessen fürstliche Gewohnheiten, die adeligen Manieren, die bestechende Erscheinung und der Titel erklären, den ihm die öffentliche Stimme alsbald beilegte „Der verwunschene Prinz“.

Der verwunschene Prinz also machte die hinkende Logik seiner Feinde zu Schanden, ohne die Erwartungen der Freunde zu erfüllen. Er kam nach Ablauf des sechswöchentlichen Urlaubs wieder, wenn auch ohne Braut und sichtbare Erbschaft, so doch ein wesentlich anderer, als da er ging. Der frivol ironische Zug war aus seinem Antlitz geschwunden, dasselbe hatte einen ernsten, gesetzten, fast vorschriftsmäßigen Anstrich. Zweifellos hatte die Schuldentilgung einen Abschnitt in seinem Leben bezeichnet.

Jucker und Rennpferde kehrten nimmer in seinen Stall zurück, die elegant möblierte Wohnung im besseren Stadtteil blieb leer, denn Liebhaber aus den besseren Ständen schreckte die dort herrschende Sittenstrenge ab, und den unbemittelten war sie zu teuer. Ja sogar seinen eigenen Haushalt vereinfachte der Lieutenant, indem er in öffentlicher Versteigerung einen guten Teil seiner Luxusartikel unter den Hammer brachte, wo sie zu Spottpreisen meist in Damenhände übergingen.

War man früher gewohnt, den Lieutenant von Wilmsky als stehende Figur am Bahnhof, wenn die Züge nach der Residenz abfuhren, zu sehen, so benutzte er diese jetzt nur noch sehr selten und kehrte dann stets mit dem ehrbaren Abendzug und nicht mehr mit dem als höchst unsolid verschrieenen und vom Volksmund „Lumpensammler" benannten Nacht-, respektive Frühzug zurück. Im übrigen blieb er viel zu Haus und arbeitete.

Lachen Sie nicht, der Lieutenant arbeitete, und wie früher die Geldmäkler, so gingen jetzt Lehrer der Mathematik, Geschichte und Geographie bei ihm ein und aus.

Ganz ernsthaft, er machte ein Anlehen bei den Wissenschaften, er bereitete sich für den Generalstabskursus vor, er diente auf Karriere.

Nun denken Sie sich das Staunen seiner enttäuschten Kameraden.

Der flotte Wilmsky ein Streber, der verwunschene Prinz ein Bücherwurm, ein Landkartenschmierer, ein Tintenkleckser! Nein, es war doch wirklich zu schade um ihn.

Bei den Damen natürlich machte ihn dieser, von seinen früheren so verschiedene und plötzliche Wechsel nur noch interessanter, und ehrbare Mütter mit Töchterbesitz stellten seiner Zukunft ein glänzendes Prognostikon.

Les extrêmes se touchent, und so ward nun der solideste, schäbigste Lieutenant des Regiments, der Lieutenant Hechtlein, ein trockener, linkischer Gesell, mit schlecht ge-

schnittenem Haupthaar und einem Zahnbürstenbärtchen, der sich selbst rasierte und das Kinn stets mit Pflästerchen und Schwammstückchen verklebt trug, der in den abgerissensten Uniformen im Kommißschnitt herumlief, die ältesten Mähren ritt, die er mit halben Rationen fütterte, sich das Mittagessen aus einer Garküche tragen ließ und das Nachtessen selbst in der Tasche vom Metzger heimtrug, der im Lauf der Jahre von seiner Gage notorisch ein kleines Kapital zurück- und bei einer Sparkasse auf Zinsen angelegt hatte, dieser Mann, den seine Kameraden über die Achsel ansahen und mieden, ward nun des schönen Wilmsky täglicher Umgang.

Ein paar gute Eigenschaften — freilich, wer hat die nicht? — besaß auch der Lieutenant Hechtlein. Er verließ fast nie die Garnison und war somit in der angenehmen Lage, den Regimentsdienst, wenn derselbe just auf einen schönen Sonntag fiel, für die davon betroffenen Kameraden zu übernehmen, eine Gefälligkeit, an welche sich diese so gewöhnt hatten, daß sie ihm kaum mehr Dank dafür wußten. Außerdem verstand er es vorzüglich, größere und kleinere Terrainabschnitte planmäßig auf Kartonpapier darzustellen, eine Kunst, die sich besonders zur Zeit der Felddienstübungen seinen Kollegen oft recht nützlich erwies.

Das waren aber auch die einzigen Berührungspunkte, die dieser Lieutenant mit seinen Kommilitonen hatte.

Vermutlich hatte Hechtleins letztgenannte Eigenschaft auch das Band zwischen ihm und seinem fernsten Antipoden geknüpft, denn um Planzeichnen, worauf die Prüfungskommission mehr Gewicht legte, als Herr von Wilmsky seither gethan, handelte es sich vornehmlich, wenn die Beiden jetzt lange Abende in des Letzteren immer noch höchst komfortabler Wohnung beisammen saßen; die dampfenden Schüsseln und Weinflaschen mit Lackverschluß, die Wilmskys Diener vom nahen Hotel herübertrug, stellten wohl eine Art diskreter Gegenleistung für genossenen Unterricht vor.

So erklärte es sich, daß, während der verwunschene Prinz in dieser schweren Zeit sichtlich abmagerte und bleicher ward, sein Freund und Lehrer vielmehr an Farbe gewann, an Umfang zulegte, überhaupt ein anständigeres Aussehen erhielt und dabei doch seine Sparkasseneinlage vermehrte.

Vier Tage lang saß der Lieutenant von Wilmsky im Examen, das im ersten Herbstmond in einem großen Saal des Generalstabsgebäudes stattfand, in welchen der Wind durch die geöffneten Fenster die ersten welken Blätter der auf dem Hof stehenden Kastanienbäume hereinwehte; stumme

Zeugen der Vergänglichkeit mitten unter die weißen, die sich drinnen mehr oder weniger schnell mit einem Gewirr verschnörkelter Lettern bedeckten, ach, und großenteils auch schon den Keim der Vernichtung in sich trugen.

Obwohl der Lieutenant über seine Erfolge schwieg, oder höchstens seinem Freund Hechtlein im Vertrauen einiges mitteilte, so zweifelte doch niemand daran, daß er das Examen glänzend bestehen würde.

„Der Wilmsky kann alles, wenn er nur will!“ erklärten seine Kameraden, die Lieutenants, mit der ganzen Bestimmtheit, mit der sich Vertreter dieser Charge in zweifelhaften Fällen auszudrücken pflegen, und die öffentliche Meinung stimmte ihnen bei.

Annähernde Entrüstung war daher das allgemeine Erstaunen, als das Verordnungsblatt, welches ein paar Monate später die Namensliste der infolge der Prüfung zum Kursus Einberufenen veröffentlichte, den unseres Helden verschwieg.

Das konnte unmöglich mit rechten Dingen zugegangen sein, da mußten sich fremde Einflüsse geltend gemacht haben, welche sich bei dem dunklen Stammbaum des Kandidaten jeder Beurteilung entzogen. Uebrigens konnte er froh sein, der Wilmsky, daß es so gekommen war. Er paßte nicht in die Schreibstube, er gehörte der Gesellschaft, der Welt.

Hoffentlich würde er sich nun auch dieses schäbigen Kopfhängers, des Hechtlein, wieder entledigen, der wie des Doktor Faust Famulus neben ihm einhergeschlichen war und ihn wahrscheinlich noch dazu perfid beraten hatte. „Es irrt der Mensch, so lang er strebt,“ und die Wahl dieses Umgangs war ein schwerer Irrtum gewesen.

So legten sich unsere Lieutenants den Goethe aus, der Hechtlein war der Sündenbock für alles, und das Ansehen des verwunschenen Prinzen hatte durch den Mißerfolg eher gewonnen als verloren.

Uebrigens benützte er auch diesen Lebensabschnitt wieder zur Einreichung eines Urlaubsgesuchs, das man ihm wieder billigerweise nicht wohl abschlagen konnte.

Nun, mein Fräulein, beginnt die Verwickelung, wobei Ihrem Geschlecht bekanntlich seit Urzeiten die Hauptrolle zusteht. Längst schon lese ich in Ihren schönen Augen die Frage, die berühmte Frage: Où est la femme? Und Sie sollen nicht länger auf Antwort warten.

Der Lieutenant von Wilmsky kehrte diesmal schon eine ganze Woche vor Ablauf seines Urlaubs in die Garnison zurück, was immer auf ein außerordentliches Ereignis hindeutet.

Er benützte diese Zeit, um eine standesgemäße Wohnung für seine nachkommende Frau Tante, die verwitwete Gräfin Trepotchin, zu mieten, welche den Winter bei uns zubringen wollte.

Unsere Garnisonsstadt war nämlich auch ein Luftkurort, was ja bei der allgemeinen Verbreitung dieses Gases mehr oder weniger von jedem Punkt der Erdoberfläche behauptet werden kann. Hier nun war diese Eigenschaft durch den von einer Aktiengesellschaft unternommenen Bau verschiedener villenartig angestrichener Häuschen außerhalb der Stadtmauer, am Saum eines kleinen Gehölzes, noch besonders betont.

Da sich die Luftgäste gewöhnlich nur im Hochsommer, und auch da spärlich genug, hier einzunisten pflegten, so standen die auf allerhand schön klingende Namen getauften Villen im Winter meist leer, und es wurde daher dem Lieutenant nicht schwer, die stattlichste derselben, die ein Maurenschloß darstellen sollende Villa Granada, zu verhältnismäßig billigem Preis — doch, was kümmerte ihn das? — zu mieten.

Der Fall erregte selbstverständlich, wie alles, was den verwunschenen Prinzen betraf, großes Aufsehen, das Lokal blatt teilte ihn seinen Abonnenten in der gleichen Spalte, in welcher es dieselben über Hofangelegenheiten zu unterrichten pflegte, mit, und die Luftaktien stiegen infolge davon fast wieder al pari.

Trepotchin! -- Herrgott, was wurde damals von zarten Fingern in Gotha'schen Almanachen geblättert! Vergebens; die Trepotchins standen so wenig darin, wie die Wilmskys, und es ist mir deshalb beim besten Willen nicht möglich, Ihnen das Alter der Dame genau anzugeben, welche kurz darauf, über und über in kostbare Zobelpelze gehüllt, mit dem Pariser Kurierzug eintraf, von dem Neffen mit achtungsvollem Handkuß am Bahnhof begrüßt und in einer geschlossenen Mietkutsche nach der Villa Granada geleitet. Sie werden indes mit mir einverstanden sein, wenn wir sie zwischen die Grenzen von dreißig und vierzig mit beliebigem Spielraum nach beiden Extremen versetzen, ein Frauenalter, das viele vernünftige Männer — ob mit Recht oder Unrecht, mag dahingestellt sein — zu den interessantesten rechnen.

Am Thor von Granada, das zuvor einige stattliche Möbeltransporte in sich aufgenommen hatte und durch des Neffen Fürsorge trotz der winterlichen Jahreszeit im herrlichsten Blumenschmuck prangte, stand das Ausschußkomitee der Luftaktiengesellschaft im Frack zum Empfang bereit und überreichte nach einer feierlichen Ansprache die Schlüssel.

Was zunächst durch die Herren vom Komitee über die innere Ausstattung der Villa und die äußere der Gräfin in die Oeffentlichkeit drang, berechtigte, obwohl es von dieser Seite leicht als Reklame aufzufassen war, zu den kühnsten Erwartungen.

Allein sie wurden übertroffen, als wenige Tage später die Tante in Begleitung ihres Neffen bei der guten Gesellschaft ihre Besuche abstattete.

„Bezaubernd, hinreißend, vornehm und liebenswürdig!“

sagten die Damen; — „reizend, pikant, voll Rasse und Geist!“ die Herren in seltener Uebereinstimmung. Was sage ich? —

Die Gräfin trug stets schwarze Gewänder mit viel Schmelz und Spitzen, welche, indem sie ihr frühes Wittum bekundeten, zugleich die etwas zur Ueppigkeit geneigten Verhältnisse der mittelgroßen Gestalt aufs richtige Maß zurückführten und den Glanz des reichen silbergrauen Haares verstärkten.

Ja, silbergrau war dieses Haar, aber nicht das Alter hatte es so gebleicht, und waren es schwere Sorge oder jäher Schreck gewesen, die das gethan, so hatte die Besitzerin allen Grund, ihnen dafür dankbar zu sein. Denn der Kontrast dieser silbergrauen Haare mit dem noch frischen, zart modellierten Gesicht und den dunklen, blitzenden Augen darin wirkte ungemein überraschend, fesselnd und erquickend auf den Beschauer, wie Schnee im Hochsommer. Der elastische Gang, die lebhaften Gesten bewiesen überdies zur Genüge, daß die Gletscherformation noch lange nicht bis ans Herz gedrungen war.

Ein Zug von Familienähnlichkeit mit dem verwunschenen Prinzen ließ sich nicht verleugnen. Für die Vermutung, daß sie seine Mutter sei, erschien sie zwar fast etwas zu jung, indes die klimatischen Verhältnisse des südlichen Rußlands mochten ja vielleicht eine raschere Entwickelung des schönen Geschlechts bedingen, und Vermutungen pflegen bekanntlich faute de mieux mit den abnormsten Verhältnissen zu rechnen.

Der Umstand, daß der selige Trepotchin durch die Gunst seines Herrschers bei seiner Verheiratung vom einfachen Edelmann zum Grafen erhoben und zugleich mit einer kriegerischen Mission in der entferntesten Provinz des Reiches betraut worden war, wo er durch asiatisches Raubgesindel einen etwas komplizierten Heldentod fand, ließ über die Motive solcher Gunst mindestens einiges Bedenken zu. Kurz, unsere kleine Garnison hatte zu ihrem verwunschenen Prinzen nun obendrein noch eine verwunschene Prinzessin bekommen, und das interessante Halbdunkel, das den neuen Hof von Granada umgab, lockte Scharen Neugieriger aus den besten Ständen — sie sind dort nicht in der Minderzahl — dahin.

Zu Fuß und Wagen pilgerten sie im tiefen Schnee hinaus nach der kleinen Villa, und diejenigen, welche nicht das Glück hatten, vorgelassen zu werden, gaben wenigstens ihre Karten an den prachtvollen Portier ab, der in stolzer, schweigsamer Würde am Thor stand.

Derer waren aber nur wenige, die zu ganz unkonventioneller Zeit anlangten, denn die schöne Witwe verschloß ihre Thüre niemand; eine ganz besondere Vorliebe jedoch hatte sie für alte Generale und junge Mädchen.

Mit den ersteren sprach sie beim Whist über Politik und Diplomatie mit einem seltenen Verständnis für die pikanten Seiten des Gegenstands, den letzteren erteilte sie Unterricht in Anfertigung künstlicher Blumen und Stickereien. Sie musizierte ein bißchen und sang namentlich die schwermütigen Volksweisen ihrer Heimat mit großem Gefühl und angenehmer Stimme. Ihre Umgangssprache war das Französische, den Schwächen ihrer Schützlinge auf diesem Sprachgebiet gegenüber befleißigte sie sich jedoch auch des Deutschen, das zwar etwas gebrochen, aber, namentlich wenn sie sich auf Dialekte einließ, geradezu entzückend von ihren Lippen klang.

Ihre Gemächer, reich und geschmackvoll ausgestattet — der fürsorgliche Neffe hatte alles bei den ersten Möbelfabrikanten der Residenz selbst bestellt und ausgewählt — enthielten eine Sammlung von Kunstgegenständen, Nippsachen und Kuriositäten, eine Masse von Souvenirs des verstorbenen Gatten und anderer hoher Persönlichkeiten. Das Bild des Zaren und der Mitglieder seines Hauses schmückte im verschiedensten Format Wände und Konsolen, und kostbar gebundene Albums boten dem Beschauer eine Entschädigung für die Lücken des Gotha'schen Almanachs. Sie zeigten ihm die dort völlig fehlenden Wilmskys und Trepotchins wenigstens im Bild, und zwar meistens im großen Staatskleid mit Stern und Band.

So, in den einflußreichsten und eindrucksfähigsten Schichten der Gesellschaft Wurzel fassend, war die Gräfin Witwe bald der Mittelpunkt alles gebildeten Verkehrs in der Garnison, und ihre Freundschaft das Abiturientenzeugnis der Salonfähigkeit.

Die Damen schwärmten, die Lieutenants bewunderten, die Stabsoffiziere und Generale interessierten sich zum mindesten sehr stark für sie.

Allen voran der mit den Funktionen des Gouverneurs betraute Generallieutenant von Strowitz, ein zwar schon etwas gichtbrüchiger, aber immer noch äußerst beweglicher und lebensfroher alter Knabe, wie er sich selbst mit scherzhafter Anspielung auf sein Junggesellentum nannte. Er verehrte die Frauen, wie man einen tapfern Feind ehrt, sein Lebtag war er auf Kriegsfuß mit ihnen gestanden, den nur 'mal hin und wieder ein kürzerer oder längerer Waffenstillstand mit gegenseitigem Kündigungsrecht unterbrach, aber ein ewiger Friede war ihm ein schrecklicher Gedanke. Man rühmte ihm eine glorreiche Vergangenheit voll großer, blutiger Siege und kleiner galanter Abenteuer nach.

Schlachtenbilder mit Liebesarabesken und Liebesscenen mit Trophäenschmuck waren die stehenden Themata seiner Unterhaltung, die siamesischen Zwillinge seines Gehirns; eines aus dem anderen herauswachsend, wiederholten sie sich im Lauf des Gesprächs so regelmäßig, wie im Lauf der Geschichte die Christiane und Friedriche auf Dänemarks Thron.

Ein Muster rührendster Zärtlichkeit und pietätvollster Verehrung war das Benehmen des verwunschenen Prinzen gegenüber seiner Tante. Jede dienstfreie Stunde, alle seine

Abende — den einen allwöchentlich, an welchem die Unterhaltung im Regimentsverband vorgeschrieben war, natürlich ausgenommen — brachte er bei ihr zu; er war der stete Genosse ihrer Spazierfahrten und Gänge, ja des Sonntags geleitete er sie sogar zur Kirche, wo ihr durch stillschweigendes Uebereinkommen ein Platz in erster Reihe reserviert war.

Um wenigstens die gute Absicht seiner Generalstabsbestrebungen anzuerkennen und die Examenspille einigermaßen zu überzuckern, hatte man ihn, da die Stelle eben frei wurde, zum Regimentsadjutanten gemacht, ein Platz, auf den, der damit verbundenen Gehaltszulage wegen, eigentlich der sparsame Hechtlein spekuliert hatte.

Mit diesem Erfolg sich begnügend, hängte er die Wissenschaften vorerst wieder an den Nagel, die Professoren der Mathematik, Geschichte und Geographie verschwanden nicht ohne schmerzliche Anerkennung der schönen, leider nur halb entwickelten Talente ihres Zöglings, und die Herren Moses Goldstein und Konsorten fanden sich schüchtern wieder ein, beklagten sich über unverdiente Vernachlässigung und fragten nach den Bedürfnissen des Herrn Baron.

Diese waren nun natürlich auch wieder größere geworden, der Herr Baron kaufte, obwohl nur im Auftrag der Frau Tante, wieder Wagen und Pferde, stellte Kutscher und Dienerschaft an und ließ sie standesgemäß kleiden.

Eine wehmütige Erinnerung an die kurze Streberzeit aber blieb ihm sein Freund Hechtlein, und das Fortbestehen dieser Freundschaft, welche die Kameraden so sehr mißbilligten, war doch ein edler Zug seines Herzens. Hechtlein verkehrte in der Villa Granada nicht nur an den offiziellen jours fixes, sondern er nahm auch, der Einladung seines Freundes folgend, öfter in der Woche seine Mahlzeiten daselbst ein. Die Hauswirtin behandelte ihn mit der zuvorkommendsten Freundlichkeit, fast auf gleichem Fuß mit den alten Generalen, die teilweise eifersüchtig auf ihn waren. Und merkwürdig war es, wie sich infolge dieses Umgangs sein ganzes Wesen allmählich verfeinerte. Es schien fast, als hätten die milden Worte der schönen Gräfin die widerspenstigen Borsten des Zahnbürstenbärtchens geglättet, ihre feurigen Blicke die letzten Oelflecke aus des Lieutenants Ueberröcken geschmolzen. — Auch trug er den Kopf merklich höher, einige wollten ihn wirklich im Kabinett des Haarkünstlers gesehen haben, wo er sich rasieren, vielleicht gar frisieren ließ. Ja es war sogar der unerhörte Fall vorgekommen, daß er einem jüngeren Kameraden die verlangte Uebernahme des Sonntagsdienstes rundweg verweigerte und sich der Zeichnung eines Terrainabschnittes (Croquis genannt) für einen anderen durch vorgeschützte Beschäftigung zu entziehen suchte, was keine geringe Entrüstung im Lieutenantskorps hervorrief.

Ich sehe es Ihnen an, Fräulein, Sie möchten, obwohl Sie der Geschichte nicht recht trauen, doch fürs Leben gern auch in der Villa Granada eingeführt sein.

Freilich haben Sie keine Karte erhalten, die Ihnen auf Französisch mitteilt, daß die Frau Gräfin Trepotchin, née de Wilmsky, jeden Dienstag und Samstag Abend von 8 Uhr ab „bei sich" sein wird, aber ich stehe doch nicht an, Ihren wohl begreiflichen Wunsch zu befriedigen und Sie mittelst der allgemeinen Freikarte, die mir als Poeten zusteht, dort einzuführen.

Was ist Ihnen also lieber, der Dienstag oder der Samstag? Mir gilt es ganz gleich, obwohl ich Sie pflichtschuldigst darauf aufmerksam mache, daß an den Samstagen die Gesellschaft gewöhnlich bei lustigerer Laune ist und länger bleibt, aus dem einfachen Grund, weil der Tag darauf ein Sonntag und daher für alle guten und schlechten Christen ein Ruhetag ist. Sie werden es ja wohl schon an sich selbst erfahren haben, daß man sich an einem Abend weit besser amüsiert, viel unternehmender in die Wogen des Vergnügens stürzt, wenn man weiß, das man des anderen Morgens den etwaigen üblen Folgen durch verlängerten Schlaf bei herabgelassenen Gardinen trotzen kann. In diesem Punkt denken wir Lieutenants genau wie Sie, mein Fräulein.

Also: Samstag, 8 Uhr — ein Winterabend. Die Scenerie ist in den meisten neueren Romanen vielfach beschrieben.

Ueber der Villa Granada steht der Mond in seinem ersten Viertel, ein silberner Halbmond, der den maurischen Absichten des Architekten sehr zu statten kommt.

Diese, ursprünglich die besten und an keine geringeren Vorbilder als die Alhambra und den Alcazar sich anlehnenden, waren nämlich während des Baues durch eine plötzlich eingetretene Kassenebbe der Luftaktiengesellschaft stark behindert worden. Völlig stilgerecht zwar verfuhr der Meister, indem er allen menschlichen Bilderschmuck, den der Islam verbietet, ängstlich vermied, leider aber war er nun genötigt, diese Beschränkung auch auf das übrige dekorative Beiwerk auszudehnen. Doch zeigten die in diesem Augenblick hell erleuchteten Fenster sämtlich die bekannte Hufeisenform, auch besaß das Haus einen Hof, und dieser einen, freilich nicht von Löwen flankierten Ziehbrunnen. Auf den nur durch einen niedern Staketenzaun abgeschlossenen Hof ging eine hölzerne Veranda, welche ohne Zweifel die einst an den Ufern des Xenil und Darro üblich gewesenen Arkaden ersetzen sollte und bei hellem Wetter die Aussicht auf eine Gebirgskette bot, von der ich nicht sagen kann, ob sie mit der Sierra Nevada eine Aehnlichkeit hatte, weil ich die letztere leider nie gesehen habe.

Im Hölzchen, an dessen Saum, wie ich bereits zu bemerken die Ehre hatte, die Villa liegt, ist alles dunkel und still, denn der Mond scheint etwas trübe, er bringt der Landschaft nicht jenes leuchtende Interesse entgegen, das er in lauen Sommernächten dem Treiben schwärmerischer Liebespaare zu widmen pflegt. Die Aeste seufzen und stöhnen zuweilen unter der drückenden Schneelast, wie Menschen, die einen schweren Traum träumen, zuweilen huscht, vom Lager aufgeschreckt, ein Wild über den schneefeuchten Grund, kein Vogel singt, aber von Granada her trägt der Wind, mit den Akkorden eines Piano vermischt, die Töne einer Menschenstimme an unser Ohr. Nur vereinzelte, nur die höchsten, aber ich erkenne sie an ihrem ausgesprochenen Gaumenlaut, und kann Ihnen daher jetzt schon mit ziemlicher Bestimmtheit sagen: Das ist Fräulein Leonore von Siebeneich, die das Lied „Am Meere“ singt. Horch! — Hören Sie? — „Das unglücksel'ge Weib“ — „vergiftet mit ihren Thränen“. Ja, ich habe mich nicht getäuscht.

Im Dunkel der alten Lindenallee, welche von der Stadt

herausführt, taucht ein paar rotglühender Punkte auf, die feurigen Augen eines Fiakers, dessen Gerassel die verhallende Singstimme wohlthuend ablöst. Zwei magere Klepper ziehen ihn, aber auf dem Bock neben dem Kutscher sitzt ein reich betreßter Jäger im Federhut, und wenn wir hinten aufspringen, so treffen wir gleichzeitig mit dem General von Strowitz in der Gesellschaft ein.

Eine große Bewegung entsteht unter dem in der Vorhalle herumlungernden Bedientenvolk, als Seine Excellenz mit einem hüpfenden Anlauf, der indes in der Ausführung stecken bleibt, aus dem Wagen steigt und sich den schweren Pelzmantel von den Schultern nehmen läßt.

Die Worte „Um halb zwölf Uhr", die er dem Jäger zuruft, scheinen eine Art Losung für die hier Versammelten, deren man nur geharrt, um sich still zu verlaufen.

Wir aber steigen mit dem alten Herrn die teppichbelegte — (Teppiche sind eine Specialität der gräflichen Einrichtung) — und von zwei lampentragenden Mohrenknaben (in effigie) beleuchtete Treppe hinauf und treten mit ihm nach einem kurzen, befriedigenden Aufenthalt vor dem großen Toilettespiegel des Vorzimmers in den Salon, dessen Thür ein vornehmer Lakai mit dem Ruf: „Seine Excellenz!" öffnet.

„Ah, enfin, cher baron! Quel bonheur! Vous vous faites attendre," ruft die Dame des Hauses, welche in seidenem Gewand, schwarz, wie immer, herangerauscht kommt und sich von dem galanten Kriegsmann die weißen Pfötchen küssen läßt.

„Wahrhaftig, charmanteste Komtesse, fast eine halbe Stunde zu spät! Schlimm, sehr schlimm für einen alten Soldaten, daß er auf den Platz kommt, wenn das Gefecht schon begonnen hat. Hoffe aber, ist nur Vorpostengefecht, nichts Ernstes passiert noch, wie?"

„Es hat am Feldherrn gefehlt, Excellence."

„Ah, ah, Gnädigste, Sie thun meinen Kollegen da schweres Unrecht," bemerkt die Excellenz mit einer freundlichen Handbewegung gegen einige sich tief verbeugende jüngere Generale und Stabsoffiziere. — „Uebrigens, mein brauner Handgaul ist wieder 'mal vernagelt, und mit den Mähren des Lohnkutschers kommt man nicht vom Fleck. Die armen Luder schnaufen wie die Maschinen eines Güterzugs, während den armen Passagier die Ungeduld verzehrt."

„Armes Passagier!" scherzt die Gräfin, „das nächste Mal, wenn das braune Gaul wieder krank ist, schicke ich Ihnen meine Rappen. Das ist nichts Güterzug, oh non, express-train, grande vitesse! Vous arriverez le premier alors au champ de bataille."

„Gnädig, wie immer, obwohl's eine gefährliche Situation gäbe. Ja, das muß man sagen, ein flottes Gespann, die Rappen, schöne, feurige Tiere, haben auch was Schönes zu ziehen! Habe 'mal einen ähnlichen geritten im böhmischen Krieg, hätte mich bald in eine nette Patsche gebracht mit seinem Ungestüm. Da war . . ."

„Das Thee, das Thee, Excellence! Vous prenez donc une tasse? Es wird ganz kalt werden!" unterbricht hier die Hausfrau den Redseligen, indem sie seinen Arm nimmt.

„Ah, Pardon! Gewiß, wird mir sehr gut thun. Man vergißt alles in Ihrer liebenswürdigen Gesellschaft, Komtesse, sogar die Sorge für seinen schwachen Magen. Sie verzeihen mir also die Verspätung, ja?"

„De bon coeur, mon général."

Das Paar entschwebt. Im Vorübergehen begrüßt die Excellenz noch einige Untergebene, welche, bisher stumme Zeugen des Gesprächs, über den Witz ihres Vorgesetzten ganz in Ekstase sind und den Abbruch der Geschichte aus dem böhmischen Krieg, die sie indes schon gehört haben, aufs tiefste bedauern. Einigen älteren Damen, die darauf Anspruch haben, wird die Hand gedrückt, und ins Nebengemach, wo sich die liebe Jugend gleichfalls ehrerbietig erhoben hat, wirft der artige General gar einige Kußhände, die so viel sagen wollen, als: „Setzen Sie sich, meine jungen Damen und Herren. Genieren Sie sich durchaus nicht und machen Sie ruhig weiter."

Wir lassen Seine Excellenz am Theetisch auf dem Divan neben der Gräfin, von ihren schlanken Händen bedient und von einer Schaar älterer Damen und Herren umringt, denen das böhmische Abenteuer nicht vorenthalten bleibt, und begeben uns ins Nebengemach.

Hier macht der verwunschene Prinz einem Kreis junger Damen und Lieutenants die Honneurs, der da, auf Sitzgeräten aller Art, vom Tabouret bis zum Lehnstuhl verteilt, Thee nippt, Biskuit schmaust, Cour macht, scherzt, lacht und kichert.

Nur unser Freund Hechtlein lehnt ganz steif und ernsthaft an einem Fauteuil, darin eine Dame, keine der hübscheren, hingegossen liegt und das Gähnen verschluckt, das des Lieutenants strategische Auseinandersetzung stets erfolgreich wieder heraufbeschwört. Die anderen blicken zuweilen spöttisch zu ihm hinüber und reißen schlechte Witze über ihn, aber der kluge Hechtlein weiß, was er thut: es ist die Tochter seines Obersten, die er langweilt.

Am Piano sitzt, wie ich vorhersagte, Fräulein von Siebeneich und läßt die schlanken Finger unschlüssig über die Tasten gleiten. In anmutigster Haltung über sie gebeugt, steht der schöne Wilmsky, der ihr sehr bemerkterweise den Hof macht. Er hat eben, ihrer Unentschlossenheit abzuhelfen, aus einem dicken Notenbündel ein Blatt herausgezogen und aufs Klavierpult gelegt.

„Bitte," so fleht er, „singen Sie uns das, Fräulein Leonore, Sie singen es so schön."

Aber das Fräulein taucht, nachdem sie von der Vorlage Einsicht genommen, einen vorwurfsvollen Blick in die dunklen Augen ihres Verehrers. Der Unglückliche hat einen italienischen Walzer erwischt, und sie haßt die Italiener in der Musik. Mozart und Beethoven sind ihre Ideale, Schumann und Schubert sind ihr eben noch recht. Aber etwas Italienisches, und gar einen Walzer. Ah! Wie man ihr nur so etwas zumuten kann!

Zu spät bemerkt der Lieutenant sein Versehen, stammelt eine Entschuldigung und begräbt sich, seine Verlegenheit zu verbergen, tiefer in das Notenbündel.

Fräulein Leonore von Siebeneich ist eine üppige, frühreife Brünette, die Tochter eines verstorbenen Rittergutsbesitzers, und bei ihrer Schwester, der Gattin eines Obersten, welcher das Generalspatent so gut wie in der Tasche hat, dauernd zu Besuch.

Sie gilt für sehr wohlhabend, freigebig mit Körben, anspruchsvoll und wählerisch. Ihre Abstammung leitet sie von jenem braven Schwabenritter, Hermann von Siebeneichen, her, der einst in einer stürmischen Herbstnacht des Jahres 1167 zu Susa dem Kaiser Friedrich Barbarossa auf der Flucht das Leben rettete, indem er sich für ihn ins Bett legte.

Der verwunschene Prinz ist der erste Mann, dem es gelang, Leonores Herz wirklich zu begeistern, obwohl ihr Stolz das Geheimnis vorerst noch streng bewahrt. Aber sie liebt ihn, mehr als er, der Verwöhnte, selbst ahnt, liebt ihn mit der ganzen Treue und Hingebung, die ihren Ahn so berühmt gemacht, denkt nur an ihn, träumt nur von ihm. Sein photographisches Abbild dünkt ihr profaniert in dem Bilderkreis ihres Albums, sie verwahrt es im geheimsten Fach ihres Schreibtisches, wo nur sie allein in weihevollen Stunden es betrachten kann, und heimlich auf dem Busen trägt sie eine kleine Stilprobe ihres Ideals, nicht etwa einen Liebesbrief — o nein, so weit ist die Sache noch nicht — sondern nur einen winzigen Zeitungsausschnitt, worauf der Lieutenant irgend einem reklamebedürftigen Industriellen „auf Wunsch gerne bezeugt, daß er mit dem gelieferten Paletot von porös wasserdichtem Stoff sehr zufrieden sei und dieses Präparat allen Wasserscheuen nur angelegentlichst empfehlen könne".

Endlich hat Herr von Wilmsky das Passende gefunden, aber kaum präludiert Leonore mit einigen schwermütigen Akkorden das neue Stück, so kommt Fräulein Klara Lesbach, ein mutwilliges, stumpfnäsiges, blondes Hauptmannskind, um einige Jahre und Ahnen ärmer wie die vorige, aber wie diese sterblich, nur etwas weniger heimlich in unsern Helden verliebt, ans Piano getänzelt.

„Ach, beste Leonore, warum schon wieder so traurig?" ruft sie, „du fährst immer ums Morgenrot und kokettierst mit Gespenstern auf dem Kirchhof. Bitte, bitte, spiel' doch zur Abwechslung auch mal was Lustiges, was zum Mitsingen oder zum Tanzen. Nicht so, meine Herren? Nun, Herr von Wilmsky, so unterstützen Sie mich doch ein bißchen."

Der schöne Wilmsky ist in einer schwierigen Lage, er zögert. Fräulein von Siebeneich ist die Dame seiner Verehrung, wohl liest er in ihren Augen die stumme Frage: „Bist untreu, Wilmsky, oder tot, wie lange willst du säumen?" Aber als feiner Mann, als Stellvertreter der Hauswirtin, möchte er auch gegen die andere Dame, deren Liebe ihm schmeichelt, nicht unhöflich sein. Die Mehrzahl seiner Kameraden unterstützt zudem den Vorschlag der letzteren, und ehe er ein schlichtendes Wort gefunden hat, erhebt sich Leonore, den Zwiespalt in seinem Herzen ahnend und sichtlich gekränkt, vom Piano.

„Bitte," sagt sie ziemlich spitz, „nimm Platz, Klara.

Ich kann das Zeug nicht spielen. Wenn dir's Spaß macht, so thu's selbst, chacun à son goût."

Damit entfernt sie sich, gefolgt von Wilmsky, der nun sein Zögern bereut und entschlossen ist, es wieder gut zu machen.

Die mutwillige Klara aber zuckt nur mit spöttischem Lächeln die Achseln, setzt sich auf den eroberten Platz und spielt, rasch entschlossen, der Einladung ihrer Rivalin folgend, das Lied des russischen Prinzen aus der „Fledermaus" mit dem Refrain:

„'s ist 'mal bei uns so Sitte,
Chacun à son goût."

Aus dem Lied entwickelt sich gar bald ein Walzer, sie spielt ihn schneidig, die kleine Klara, und der Johann Strauß hat seine Anhänger im Auditorium so gut, wie der Mozart und der Beethoven, ja, ich fürchte fast, daß er die Majorität für sich hat.

Mit Ausnahme des steifen Hechtlein, dessen pädagogische Ruhe kein Rhythmus erschüttert, dessen Rede selbst in der endlosen Melodie eines Wagnerschen Götterdialoges dahinfließt, fühlt sich alles mehr oder weniger mitgerissen. Köpfe, Oberkörper und Beine gehorchen unwillkürlich dem wiegenden Walzertakt, und ein paar übermütige Lieutenantsstimmen summen sogar vernehmlich den leichtsinnigen Text mit:

„Erst ein Kuß, dann ein du,
Du, du, nur immer zu!
— — — — —
Für die Ewigkeit
Immer so wie heut,
Wenn wir morgen noch dran denken."

„Bravo, bravissimo!" tönt's von der Schwelle, wo Seine Excellenz der Herr Gouverneur, die Gräfin am Arm, vom Souper zurückkehrend, eben erscheint, hinter sich die Crême der Gesellschaft, welche sitzend serviert wird.

„So ist's recht, nur immer lustig, so lange man jung ist, Leutchen! Bin auch 'mal jung gewesen, verflucht jung und (mit einem Blick auf die Dame) das Herz ist's noch, aber die Beine wollen nicht mehr recht mit. Sind schon zu lang mitgegangen, haben manchen Strauß durchgekämpft, Walzer und Sturmschritt, Schwerenot!"

Der alte Herr steht schon wieder im Begriff, sich — man weiß nicht recht, ob auf den Kriegs- oder Liebespfad, zu begeben, schon erhebt sich das Beifallsgemurmel der Untergebenen, aber die Dame an seiner Seite gibt ihrem Neffen ein Zeichen und „Zum Büffett, wenn's gefällig ist, meine Damen und Herren!" ruft dieser.

Die Thür wird frei, die Musik bricht mit einem Tusch ab.

Auf diesem Feld ist Fräulein Klara Lesbach Siegerin geblieben, aber auf einem andern ist sie unterlegen. Der verwunschene Prinz reicht der völlig versöhnten Leonore den Arm, welche es nicht unterläßt, der an der Seite eines höchst unbedeutenden Lieutenants an ihr vorbeidefilierenden Rivalin nun ihrerseits einen triumphierenden Blick zuzuwerfen.

Chacun à son goût.

Auch unsern Freund Hechtlein hat der Ruf elektrisch durchzuckt und die Kette seiner Folgerungen jäh zerrissen. Seine Partnerin atmet tief auf, — man möchte fast glauben, sie hätte zum letztenmal gegähnt — nimmt den ihr angebotenen Arm und folgt den Uebrigen nach dem Speisesaal.

Herr von Wilmsky beschließt mit Leonore den Zug, wie es sich für den Stellvertreter der Hauswirtin ziemt. Im Zwischengemach wird vor den Müttern und sonstigen Anverwandten vorbeidefiliert, elegische oder ermunternde Blicke begrüßen die teuren Töchter und Nichten, je nach dem Los, das sie aus der Kavalierserie gezogen.

Der Oberst, Leonores Schwager, blickt dem Paar wehmütig nach; ach, im Geist sieht er das schöne Vermögen, das er schon als ein Erbteil für sich und seine Nachkommen anzusehen gewöhnt war, ins Unbekannte entschwinden. Ueberaus freundlich aber blickt die Gräfin Tante, welche, schon die Whistkarten in der Hand, neben dem Gouverneur sitzt. Ja, sie legt die Karten beiseite und winkt den beiden mit dem Fächer: „Bon soir, mes enfants, et bon appetit! Surtout amusez vous bien.“

„Faites comme nous, ma tante!“ gibt ihr der Neffe zurück, und die strahlende Leonore macht ihren schönsten Knix.

„Qu'ils sont heureux, les enfants!“ bemerkt die Gräfin, zu dem General gewandt, der mit den Karten gegrüßt hat, — ça n'a pas besoin de manger, mon général.“

„Ein prächtiges Paar, in der That, glückliche Leutchen! Ach wer noch so glücklich sein könnte!“ erwiderte ihr dieser mit einem Seufzer und einem so schmachtenden Blick, daß man glauben könnte, sein Lebensgrundsatz wäre erschüttert und er in seinem hohen Alter noch geneigt zu einem dauernden Waffenstillstand, wenn nicht gar zu einem ewigen Frieden mit dem gefährlichen Weibsvolk.

Auch vergißt er auffallenderweise ganz, eine Anekdote aus seiner Jugend an den Fall zu knüpfen, und so — die Karten sind gemischt — kann das Spiel beginnen.

Aber ich glaube, mein Fräulein, Ihre Neugierde dürfte hiermit befriedigt sein und wir sollten aufbrechen. Das Büffett ist ohnehin schon abgeräumt, bis wir hinkommen, denn wer weiß, was ich Ihnen unterwegs noch alles zu erzählen hätte.

Offen gestanden, ich fürchte von einem längeren Bleiben Nachteile für meinen guten Leumund. Es gibt Leute, die mich frech, perfid, indiskret nennen; ja wohl, mit all diesen Titeln bin ich schon beehrt worden, einige Nichtsachverständige haben mich sogar witzlos genannt.

Ich habe in dieser Beziehung so schlimme Erfahrungen gemacht, daß Sie mir's nicht übel nehmen können, wenn ich zum Aufbruch dränge; vielleicht sind wir jetzt schon zu lang geblieben. Da heißt es nachher: „Er macht sich über uns und unsere intimsten Gebräuche lustig, nichts ist ihm heilig, die und den hat er damit gemeint, der Ruchlose!"

Wenn ich Aermster mich auch noch so sehr gegen solche Unterstellungen verwahre und mein freies Verfügungsrecht über die Geschöpfe meiner Phantasie beanspruche, was hilft's? Sie glauben mir's nicht, sie bestreiten mir's.

Ach, mein Fräulein, davon könnte ich Ihnen eine lange Geschichte, eine wahre Märtyrergeschichte erzählen, aber — ich darf nicht.

Wohl hat irgend ein neuerer Poet — wer ist es doch gleich? — sehr bezeichnend gesungen:

„Nichts ist im Leben schwieriger,
Als Dichter sein und Lyriker!"

Aber noch viel bezeichnender könnte ich aus Erfahrung ein Pendant dazu singen, das begänne:

„Nichts gibt es, was so schwierig ist,
Als Lieutenant sein und Humorist!"

„Difficile est satiram non scribere," sagt Juvenalis, ein römischer Ritter, also brechen wir auf! Ich wenigstens bleibe um keinen Preis auch nur eine Minute länger, und da es Nacht, der Halbmond hinunter und ein Gehölz in der Nähe ist, was bleibt Ihnen ohne anderen Schutz übrig, als sich mir anzuschließen?

Auch sind wir, wie Sie sehen, schon auf einer vorgerückten Seite, und ich bin kein Freund von langen Geschichten. Eilen wir also zur Katastrophe, von der Sie hoffentlich noch keine Ahnung haben. Uebrigens will ich mein möglichstes thun, Sie für den Verzicht zu entschädigen, und so frage ich Sie, mein Fräulein, wie denken Sie über Mobilmachungsarbeiten?

Sie sehen mich erstaunt, sogar etwas beängstigt an, aber beruhigen Sie sich, das Kapitel gehört zu den ehrbarsten, die man auf einem nächtlichen Spaziergang besprechen kann.

Haben Sie überhaupt schon darüber nachgedacht? Wissen Sie überhaupt, was Mobilmachungsarbeiten sind? Natürlich nein! Der Gegenstand steht nicht auf dem Unterrichtsplan höherer Töchterschulen, er rangiert sogar in Militärbureaus unter der Rubrik „Secreta“, und seine hohe Wichtigkeit legt mir in den Aufschlüssen, die ich Ihnen darüber geben möchte, leider einige Reserve auf.

Sie haben gewiß schon über den Thoren von Arsenalen und anderen militärischen Prachtbauten die klassische Lapidarschrift gelesen: „Si vis pacem, para bellum!“ oder: „Pax paritur bello“, oder einige andere Variationen, die alle so viel sagen wollen, als: „Willst du Frieden haben, so mache dich kriegsbereit!“ eine logische Folgerung, die in Parlamenten oft erörtert, in der Praxis nicht immer zutrifft und sehr viel Geld kostet. Nun, zu diesen Kriegsvorbereitungen, die uns den Frieden sichern sollen, gehören auch, und in erster Linie, die Mobilmachungsarbeiten, worüber sich alljährlich zur Frühlingszeit so viele Häupter in der Armee abquälen und grübeln:

„Häupter in Generalstabsmützen,
Häupter im Helm mit Haar und Federbusch,
Perückenhäupter und tausend andre
Arme schwitzende Menschenhäupter —
Sagt mir, was bedeutet der Mensch?
Wie wird er am besten genährt und bekleidet,
Bewaffnet und ausgerüstet,
Am schnellsten gesammelt, befördert und gelenkt,
Den Erbfeind zu bekämpfen?

Es kritzeln die Federn ihr ewiges Gekritzel,
Es füllen sich die Listen, es wachsen die Zahlen,
Es blinken die Sterne gleichgültig und kalt,
Und das Ministerium wartet auf Antwort."

Es handelt sich bei den Mobilmachungsarbeiten namentlich auch darum, genau auf die Minute die Zeit der Abfahrt und Ankunft, Haltestellen und Direktion der vielen sich kreuzenden Bahnzüge zu bestimmen, vermittelst welcher Menschen, Pferde, Kanonen und anderes zum Totschießen oder Totgeschossenwerden geeignetes Material nach den gefährlichen Stellen befördert wird. Diese wahrlich nicht kleine Arbeit erledigt eine besondere Abteilung des großen Generalstabs mittelst eines Tableau, das sodann bei den Armeekorps zirkuliert, die ihre Auszüge machen und solche zum gleichen Zweck ihren untergebenen Truppenkörpern mitteilen. All dies geschieht unter dem Siegel des tiefsten Geheimnisses mit der blau unterstrichenen Aufschrift: „Militaria Secreta Mobilmachungsangelegenheiten."

Es ist natürlich von höchster Wichtigkeit, daß der vermutliche Feind nichts davon erfährt, weil er sonst in der Lage wäre, seine Gegenmaßregeln zu treffen, denn es gilt auch hier der alte Spruch: „Wer zuerst kommt, mahlt zuerst!"

Nun, mein Fräulein, in dem Punkt sind wir immer noch die Ersten, und es soll mich freuen, durch diese fachmännische Auseinandersetzung etwas zu Ihrer Beruhigung im nächsten Kriegsfall beigetragen zu haben.

*

Auch in unserer Garnison war der Frühling wieder eingekehrt, wie er alljährlich zu thun pflegte, weshalb ich Sie bezüglich seiner Schilderung auf einige meiner früheren Erzählungen verweise. Der verflossene Winter hatte das Ansehen des verwunschenen Prinzen und seiner vornehmen

Tante, der Comtesse, noch um ein Bedeutendes gesteigert. Die Villa Granada hatte einige glänzende Feste gesehen, die alles bisher Dagewesene übertrafen. Man sprach in den besten Kreisen viel von einer bevorstehenden Verbindung des Generallieutenant von Strowitz Excellenz mit der gräflichen Witwe, und nicht weniger von einer solchen des Lieutenant von Wilmsky mit Fräulein von Siebeneich, als den wichtigsten Resultaten der Saison.

Da tauchte plötzlich ein dunkler Punkt am Horizont unseres Vaterlandes auf und — Achtung! das ist der historische Hintergrund, den jede ordentliche Erzählung beanspruchen kann — das europäische Gleichgewicht kam bedenklich ins Schwanken.

Der Kaiser der Franzosen nämlich zeigte nicht übel Lust, das durch die Auflösung des deutschen Bundes unabhängig gewordene Großherzogtum Luxemburg käuflich zu erwerben, um damit dem seit Sadowa etwas abgeblaßten Prestige seiner auswärtigen Politik einen neuen Anstrich zu geben. Dadurch entstand die sogenannte Luxemburger Frage.

Eine gewaltige Erregung bemächtigte sich aller Gemüter, mochten die Liedertafeln auch noch so dringend das „lieb' Vaterland" zum Ruhigsein auffordern.

Die Patrioten ballten die Fäuste ob der welschen Tücke, bleich und schlotternd schlichen die Kapitalisten einher, Handwerker zogen schleunigst ihre Ausstände ein, der ruhige Bürger sprach an seinem Stammtisch von nichts als von Krieg, Pulverdampf und Kanonendonner. Ein Zug der Einigkeit ging durch alle deutschen Lande, von der Donau bis zum Belt, Krieg war die allgemeine Losung.

Die Armee kam wieder zu ihrem verdienten Ansehen. Im tiefen Frieden vergleicht man sie zuweilen mit einem Ofen im Sommer, oder mit einem Kapital, das keine Zinsen trägt. Der Bürger, durch eine Reihe milder Winter verwöhnt, findet den Ofen überflüssig, der Geschäftsmann ärgert sich über das totliegende Kapital.

Aber nun kommt plötzlich ein Krieg in Sicht, o wie schnell ändert sich da die Stimmung! Wie froh sind die Bürger nun an ihrem Ofen, wie heizen sie ihn mit Liebesgaben und schüren die Glut mit dem patriotischen Blasebalg ihrer Lungen!

Und die Geschäftsleute erst! Wo geht denn überhaupt ein Geschäft als bei der Armee?

Die Armee ist mit einemmal das einzige zinsentragende Kapital geworden, und jeder Lieutenant ist ein Teil dieses Kapitals. Nun denken Sie sich, wie er sich in solch ungewohnter Lage fühlen muß!

Krieg! Und alle Misere seines Daseins verschwindet wie Rauch vor der Sonne; seine Unwiderstehlichkeit wird Ereignis. Die schönsten Augen zerfließen in Thränen über sein Heldenlos, den sprödesten Herzen entlocken Begeisterung und Mitgefühl die lang versagte Gunst.

Krieg! Nun müssen die Alten und Gichtbrüchigen ja wohl weichen, die durch eigensinniges Ausharren sein Emporklettern auf den Sprossen der Ruhmesleiter bisher gehemmt.

Krieg! Nun ade Reitbahn und Exerzierplatz, lebt wohl, Rekruten! Mag ein anderer euere krummen Beine gerade richten und eueren ruppigen Schädeln die Geheimnisse des Wachdienstes einpauken. Er zieht hinaus vor den Feind!

Krieg! Wer denkt da noch ans Schuldenbezahlen? „Ich habe nichts als mein Leben, das muß ich dem Könige geben!" spricht stolz der Lieutenant zu dem undankbaren Dränger, dessen Herd zu verteidigen er sich anschickt.

Ach, wie kühn läßt sich's dem Hagel der feindlichen Geschosse entgegenstürmen in dem erhebenden Bewußtsein, daß zu Hause aus Gläubigerbrust täglich die inbrünstigsten Gebete für unser Wohl zum Himmel aufsteigen!

* *

Solche Stimmung herrschte in unserer Garnisonsstadt, und es ist klar, daß die Ereignisse den laufenden Mobilmachungsgeschäften, woran zwei Personen unserer Erzählung stark beteiligt waren, eine erhöhte Wichtigkeit verliehen.

Der verwunschene Prinz saß bis tief in die Nacht auf dem Regimentsbureau, nur von dem treuen Hechtlein unterstützt und beraten, während der General von Strowitz, um

des ihm zum Bedürfnis gewordenen Umgangs mit der Gräfin nicht ganz zu entbehren, ein Filialbureau in der Villa Granada errichtet hatte.

Dort nahm er die wichtigsten Vorträge entgegen, und gab so, das Nützliche mit dem Angenehmen verbindend, seinen Untergebenen Gelegenheit zu einer höchst zeitgemäßen Marschübung.

Granada aber erlebte damals die Zeit seines höchsten Glanzes, denn es ward vorübergehend das Hauptquartier, von welchem aus ein, wenn auch noch so kleiner Teil der Europa bewegenden Angelegenheiten erledigt wurde. Adjutanten und Ordonnanzen gingen sporenklirrend, dicke Mappen unter dem Arm, dort aus und ein, die lebhafte Witwe selbst interessierte sich aufs höchste für die Sache und soll sie sogar mit beachtenswerten Winken und Ratschlägen unterstützt haben.

Leider sah sie sich zu Anfang des Wonnemonds, da die Lage just am verwickeltsten wurde und man ihres Beistands am wenigsten entbehren konnte, plötzlich zu einer Reise nach ihren Familiengütern genötigt. Der Entschluß, infolge verschiedener, rasch hintereinander eingelaufener Briefschaften und Depeschen gefaßt, mußte um so schneller ausgeführt werden, als jeder Aufschub hochwichtige Erbschaftsansprüche wesentlich gefährdet hätte.

So wurden denn schleunigst die Koffer gepackt, und die Gräfin reiste ohne jede Begleitung, denn ihr Neffe konnte in so ernster Zeit nicht an Urlaub denken, ab. Nur den treuen Coco, den gebildetsten der Papageien, der so täuschend „Bon jour!“ und „Comment ça va-t-il?“ sagen konnte, ließ sie durch den Diener in verhängtem Käfig nach der Bahn bringen und nahm ihn zu sich ins Coupé.

„Eine trauernde Gemeinde, aus Herren und Damen der besten Stände bestehend, Seine Excellenz den Herrn Gouverneur an der Spitze, hatte sich am Bahnhof eingefunden, der allbeliebten Scheidenden Lebewohl zu sagen, und das kleine Coupé erster Klasse vermochte kaum die schwere Menge der seltensten Blumen zu fassen.“ So der Wahrheit gemäß das Lokalblatt.

Namentlich die Damen aber bestanden darauf, auch dem

treuen Coco Adieu zu sagen und ihm einiges Zuckerbrot für die Reise zuzustecken.

Das Letztere war nun leider nicht möglich, da es mit Rücksicht für die Ruhe des Vogels verboten war, das verhüllende Tuch von dem Bauer zu nehmen, und so begnügten sie sich mit Kußhänden und zärtlichen Abschiedsworten in der Richtung, wo der Aermste vermutlich zusammengekauert auf einem Bein saß, und manches gestickte Taschentuch wurde dabei thränenfeucht.

Endlich war auch Coco glücklich untergebracht, die Maschine pfiff.

„Adieu mes chers amis!“ rief die Gräfin thränenumflorten Blicks, mit den feinbeschuhten Händchen sich an den Rand des Coupéfensters klammernd. „Adieu et au revoir bientôt!“

„Au revoir!“ „Auf Wiedersehen!“ klang es vielstimmig schluchzend zurück, die Tücher wehten krampfhaft, und davon dampfte der Zug.

Es schien wirklich, als ob die Sonne an Glanz, der Himmel an Bläue verloren hätte, als sie fort war. Der verwunschene Prinz selbst wischte sich die Augen, der Gouverneur vergaß ganz, an seine Haltung zu denken, mehr wie je gab er dem Einfluß des Podagra nach, und man sah eigentlich jetzt erst, wie alt er war.

Auch unseren Freund Hechtlein erfüllte die Erinnerung an so manches Genossene mit Wehmut.

Tiefgebeugt, wie eine Versammlung Leidtragender, die vom Friedhof zurückkehrt, machte sich die Gesellschaft auf den Heimweg.

Aber wer beschreibt die allgemeine Entrüstung, als der Diener, welcher den Vogelkäfig getragen hatte, Wilmskys Diener, jetzt in verspäteter Reue seinem Herrn gestand, daß der liebe Coco eigentlich gar nicht mitgereist, vielmehr während des Transports zur Bahn, da sich der Boden des Bauers durch Ungeschicklichkeit des Trägers gelüftet hatte, entflohen sei.

Das Unglück war auf dem Weg von der Villa zur Stadt passiert, und dorthin eilte nun die ganze Gesellschaft, nach dem Flüchtling zu fahnden.

Da saß er auch auf dem höchsten Ast eines Lindenbaums, angestaunt von einem Gesindel ordinärer Spatzen und Meisen, dem er durch die Pracht seines Gefieders gewaltig imponierte, und rief den Ankommenden ganz vergnügt sein bestes „Bon jour! Comment ça va-t-il?“ entgegen, der liebe, der treulose Coco.

Aber alle Bemühungen, ihn zu haschen, blieben, obwohl der Gouverneur eine ganze Compagnie dazu aufbot, ein Teil der städtischen Feuerwehr mit Handspritzen ausrückte und ein hoher Preis dem glücklichen Häscher winkte, erfolglos.

Nicht Schmeicheleien, nicht Drohungen halfen, selbst das beliebte Zuckerbrot hatte seine Anziehungskraft verloren, der eigensinnige Vogel flog von Ast zu Ast unter fortwährendem „Bon jour!“ und „Comment ça va-t-il?“ immer tiefer ins Gehölz hinein. Die einbrechende Nacht setzte der Jagd ein Ziel.

Es war eine frostige Nacht und eine schlaflose für Viele.

Des anderen Morgens fand man den armen Coco erstarrt, als Leiche am Boden liegen, ein Opfer des Eigensinns und des Undanks.

Doch dem Toten wurden diese Gebrechen rasch verziehen, in feierlicher Prozession wurde die Leiche nach der Villa gebracht, krächzend umschwirrt von einigen Raben, welche sich umsonst auf das seltene Frühstück gefreut hatten.

Die Betrübnis war eine allgemeine. Die arme Gräfin! Was mochte sie empfunden haben, da sie zuerst das Tuch hob, nach ihrem Liebling zu schauen, und den Bauer leer

sand! Der verwunschene Prinz mußte es allen in die Hand geloben, daß er seiner Frau Tante den Verlust möglichst schonend mitteilen wolle, und bei ihrer Rückkehr sollte sie ihren Liebling wenigstens in ausgebälgtem Zustand am alten Platz wiederfinden.

Das jähe traurige Ende des glänzenden Vogels aber — und nur deshalb habe ich die Episode so ausführlich behandelt — war ein trübes Vorzeichen für den schwindenden Glanz von Granada.

Wenige Wochen später und kurz vor dem Termin, zu welchem die abgeschlossenen Mobilmachungsarbeiten der höheren Behörde eingereicht werden sollten, herrschte auf dem Bureau des Gouvernements große Erregung, die sich bald allen anderen mitteilte. Die Excellenz schrie zornrot auf den Adjutanten und dieser wieder auf seine untergebenen Schreiber hinein, Aktenstöße wurden mit peinlichster Genauigkeit durchgemustert, Schränke gerückt und ihres Inhalts entleert, geheime Fächer wohl zum hundertstenmal geöffnet und geschlossen, alle Winkel durchstöbert.

Umsonst, eines der wichtigsten Aktenstücke, das Eisenbahntableau, war spurlos verschwunden.

Das war keine geringe Verlegenheit, und sofort erging citissime an sämtliche unterstellte Truppenteile der Garnison der Befehl, nach der vermißten Piece zu recherchieren, die sich ja wohl in einen der vielen Erlasse des Gouvernements eingeschlichen haben konnte.

Allein auch hier war alles Suchen und Stöbern in Generalibus und Specialibus vergebens; schließlich erhielten sogar die Lieutenants den Befehl zur peinlichsten Durchforschung ihrer Privatpapiere. Wieder umsonst, Rechnungen und Liebesbriefe die schwere Menge, aber kein Eisenbahntableau, dieses war und blieb verschwunden.

Immer düsterer umwölkte sich der politische Horizont,

immer weiteren Kreisen teilte sich die Erregung mit, immer näher rückte der verhängnisvolle Termin.

Herr von Wilmsky, welcher sich bei der Jagd nach Coco das Bein verrenkt hatte, hütete seit jenem verhängnisvollen Tag Zimmer und Bett, der Arzt hatte ihm kalte Umschläge verordnet; da erschien eines Morgens sein Stellvertreter, Lieutenant Hechtlein, in Helm, Schärpe und Kartusche auf dem Bureau und bat um eine Privatunterredung mit dem Regimentskommandeur.

Sein Wesen war feierlich, sein Gang gemessen, ernst sein Blick, als trüge er Krieg und Frieden in den Falten seines Gesichts.

Und was er meldete, sträubte dem Kommandeur seine wenigen Haare vor Entsetzen und schmerzlicher Ueberraschung.

Er hatte das vermißte hochwichtige Aktenstück vor noch nicht allzulanger Zeit gesehen, gesehen in den Händen seines Freundes des Lieutenant von Wilmsky, welcher ihm sogar das Ansinnen gestellt hatte, eine Kopie davon für ihn zu fertigen.

Damals hegte er zwar noch keinen Argwohn, er nahm an, das Tableau gehörte zu den sekreten Akten des Regiments, die der Adjutant unter Verschluß hatte, aber die Mitteilung an ihn selbst schon erschien ihm als sträfliche Verletzung des Dienstgeheimnisses, und er verzögerte die Anfertigung der Kopie unter allerhand Vorwänden.

Jetzt aber erinnerte er sich auch wieder ganz genau der verlegenen Miene, mit welcher Wilmsky das Ansinnen an ihn gestellt, und wie er nicht gewagt hatte, ihm dabei offen ins Gesicht zu sehen.

„O Welt! O Welt!“ seufzte der Kommandeur, der für alles ihn betreffende Mißgeschick, um den wahren Schuldigen ja nicht zu übergehen, gewöhnlich die ganze Welt verantwortlich machte; dabei fuhr er sich mit der flachen Hand an den Nacken, wie er in schwierigen Fällen zu thun pflegte und flehte schwärmerischen Blickes die Zimmerdecke um Erleuchtung an.

„Aber es ist ja unglaublich, Hechtlein,“ fuhr er endlich heraus, „überlegen Sie sich doch um Gottes willen noch einmal, was Sie da sagen, prüfen Sie Ihre Worte, bedenken Sie, welche Verantwortung Sie auf sich laden und was daraus entstehen kann. Der Wilmsky, es kann ja kaum sein! Sie sprechen da eine furchtbare Beschuldigung aus gegen einen der beliebtesten Offiziere des Regiments, ich kann sagen der Garnison, einen Mann von bisher tadellosem Charakter, von bester Familie und hohen Konnexionen. Sind Sie denn Ihrer Sache so gewiß, sind Sie ganz sicher, daß Sie sich nicht getäuscht haben? Wie soll der Wilmsky zu dem Tableau kommen, dem einzigen vorhandenen Exemplar, das auf dem Gouvernementsbureau verwahrt wurde? Wie? Durch wen? Es wäre denn durch . . . durch seine . . . Nein, das ist ja rein unmöglich, nein, damit kann ich nicht vor Seine Excellenz treten. Herr Lieutenant Hechtlein, prüfen Sie sich!“

Bei diesen Worten, die gegen den Schluß immer erregter klangen, sah der Kommandeur den armen Hechtlein gar zornig an.

Dieser jedoch ließ sich nicht aus der Fassung bringen, er hatte sich geprüft, er war seiner Sache sicher, er that seine Pflicht, und so schmerzlich es ihm war, den Zorn eines Vorgesetzten auf sein Haupt zu lenken, beharrte er auf seiner Aussage.

Solcher Halsstarrigkeit gegenüber blieb kein Mittel, als den Beschuldigten selbst zu vernehmen.

Wer weiß, vielleicht erklärte sich die Sache durch einen Zufall, und dann wehe dir, Hechtlein!

Der Kommandeur begab sich also mit dem Kläger sofort in die Wohnung des interessanten Lieutenants. Dieser

Besuch zu so früher Stunde verfehlte nicht, einiges Aufsehen zu machen. Die Kameraden kannten die Mimik ihres Obersten, und wer die beiden so finsteren Blickes über den Platz schreiten sah, der ahnte, daß etwas Ernstes im Werk sein müsse. Nicht ohne einige Schadenfreude sah man den Hechtlein in dieses Ernste verwickelt.

Die Vorthür zur Wohnung des verwunschenen Prinzen war geschlossen, und der herbeigerufene Diener gab an, der Herr Lieutenant, welcher gestern den ganzen Tag fleißig die kalten Umschläge gemacht, hätte ihn gegen Abend mit der Weisung entlassen, ihn nicht vor Mittag des anderen Tages zu wecken, auch niemand vorzulassen, da er müde und ruhebedürftig sei. Der Herr Lieutenant hätten gestern den Besuch einiger fremder Civilherren gehabt, die dann nachher die beiden Rappen der Frau Tante mit fortnahmen, das habe ihn wahrscheinlich so aufgeregt.

„Die Rappen?“ Der Herr Oberst vernahm diese Nachricht mit offenem Mund, und um Hechtleins Lippen spielte ein triumphierendes Lächeln.

„Schließen Sie auf!“ gebot der erstere sehr bestimmt. „Die Sache ist zu wichtig, um bis Mittag verschoben zu werden.“

Stumm gehorchte der Bursche.

In des Lieutenants Salon herrschte eine verdächtige Unordnung; ein Chaos von Möbeln, geöffnete Schränke und Kästen, teils leer, teils mit bunt durcheinander geworfenem Inhalt, im Kamin ein Häufchen Asche von verbrannten Papieren.

„Wecken Sie Ihren Herrn!“

Der Bursche schlich auf den Zehen ins Schlafzimmer, um nach einigen Augenblicken mit unbeschreiblich dummem Gesichtsausdruck und der Meldung wiederzukehren: „Der Herr Lieutenant sind nicht mehr da, sind fort!“

„Was, nicht mehr da? Was, fort? Das kann ja gar nicht sein. Seh' er genauer nach, Schafskopf!“ schrie jetzt der Kommandeur wütend und folgte selbst dem Zitternden in das Gemach; Hechtlein blieb kalt und ernst im Salon stehen, wie einer, der alles so kommen sah.

Das Schlafzimmer war wirklich leer, das Bett zwar ungemacht, aber kalt, der letzte Umschlag dagegen, der auf dem Rand des Waschbeckens lag, schon ganz warm; der Toilettetisch zeugte von vorhergegangener Benutzung.

„Er wird wohl einen Augenblick hinausgegangen sein, sehen Sie nach, vielleicht . . .“

Aber er war auch nicht draußen, er war wirklich fort.

„O Welt!“ Mit diesem Ruf sank der Oberst ganz vernichtet in einen Lehnstuhl, Hechtleins Gestalt dagegen wuchs sichtlich in die Höhe, sein Verdacht war glänzend bestätigt.

„Schließen Sie alle Thüren ab und lassen Sie niemand in die Wohnung bis auf weiteren Befehl!“ war das nächste Gebot, nachdem der Kommandeur sich einigermaßen erholt hatte. „Und Sie, Herr Lieutenant Hechtlein — ach, es scheint, Sie haben nur zu recht gehabt, hätten Sie doch früher gesprochen! — Sie folgen mir sogleich zu Seiner Excellenz.“

Mit dem Schrecken der Exzellenz will ich Sie verschonen. Die Aufregung der letzten Tage war dem alten Herrn ohnehin schon bös in die Beine gefahren, nun noch dieser Schlag, der ein edleres Organ mittraf. Kaum fand er die Kraft, die beiden zu nochmaliger Durchforschung der Wilmskyschen Wohnung zu begleiten.

Inzwischen war es nahe an Mittag geworden, die Straßen erreichten ihre höchste Frequenz, der Gang der dreie wurde allgemein bemerkt, wie ein Lauffeuer verbreitete sich das Gerücht von des Lieutenants Flucht in der Stadt und bald auch darüber hinaus.

Die Nachmittagszüge brachten schon eine Anzahl verdächtiger Gestalten, denen man ansah, daß nicht bloße Neugier sie herführte.

Die zweite Durchforschung war natürlich so erfolglos wie die erste. Was nun beginnen?

Sollte man — der Schritt barg eine letzte Hoffnung — direkt nach der Villa Granada steuern und die Haussuchung dort fortsetzen? Aber war man dazu berechtigt, war das nicht Hausfriedensbruch? Lag wirklich so gegründeter Verdacht gegen die einstige Bewohnerin vor, um diesen Schritt zu rechtfertigen? Oder sollte man gleich Lärm schlagen?

Noch einmal wirkte der Nimbus des Verwunschenen, der Kriegsrat entschied sich für Zuwarten. Vielleicht war er ja doch nur auf vierundzwanzig Stunden in wilden

Urlaub gegangen und kehrte in der Nacht zurück. Immer noch war eine natürliche Lösung des Falls möglich, und so blieb beiden Teilen ein höchst unangenehmer Skandal erspart.

Daher endgültiger Beschluß: Zuwarten bis zum nächsten Morgen und bis dahin strengstes Geheimnis.

Aber mit dem Geheimnis war es eine eigene Sache, die Kunde ging schon von Haus zu Haus, die Bahnbeamten konstatierten, daß der Lieutenant in der Nacht ein Eilzugbillet nach Paris gelöst habe, also direkt ins feindliche Lager. Immer zahlreicher trafen die Gläubiger ein, und das Luftaktienkomitee, um seine Ansprüche sicherzustellen, wandte sich direkt ans Gericht.

Als die dreie des anderen Morgens — der Verwunschene war inzwischen nicht zurückgekehrt und hatte auch nicht geschrieben — in der Villa eintrafen, fanden sie die Thüren bereits gerichtlich versiegelt, den Moses Goldstein und Konsorten davor, weinend und wehklagend, wie ihre Vorfahren dereinst an den Wässern Babels gethan.

Die bald darauf vom Gericht vorgenommene Haussuchung ergab nichts weiter, als geleerte Schubladen und Kästen, ein paar silbergraue Perücken (sic!) und wertloses Gerümpel. Die kostbaren Möbel waren zwar alle noch da, aber die verschiedensten Eigentumsansprüche erhoben sich auf jedes einzelne Stück, selbst der ausgebälgte Coco hatte seinen Liebhaber.

Ja, man murmelte sogar von hochgestellten Gläubigern, die ihre Ansprüche nicht einmal geltend machten.

Granada war gefallen. Ach, und nicht die Kreuzesfahne wehte siegreich über den Trümmern, nein, die Bekenner des Talmud saßen, trauernden Scipionen gleich, darauf. Ein glänzendes Autodafee wurde auf des Gouverneurs Wunsch sofort mit einigen vorgefundenen Privatpapieren der Pseudogräfin veranstaltet, das verhängnisvolle Tableau aber nicht entdeckt.

Unter solchen Umständen war die Londoner Konferenz, welche kurz darauf die Luxemburger Frage endgültig und bekanntlich nicht ganz im Sinn der patriotischen Heißsporne erledigte, ein wahres Glück zu nennen. Auch wirft der Fall ein spätes Schlaglicht auf die Entschlüsse des damals so viel verleumdeten Reichskanzlers, wofür mir künftige Geschichtsschreiber dankbar sein werden.

Der arme, vielgeschmähte Lieutenant Hechtlein aber war der Held des Tages, der Retter des Vaterlandes, und wenn ihm auch nicht, wie einst dem Cicero nach Entlarvung des Catilina, eine Bürgerkrone dekretiert wurde, so rückte er doch in die durch Wilmskys Verduften vakant gewordene Regimentsadjutantenstelle vor. In dieser Stellung schrieb er ein Büchlein über die Handhabung des Felddienstes zum Gebrauch der Mannschaften und jüngeren Offiziere, das reißenden Absatz fand. Ein Jahr darauf bestand er mit Glanz das Examen, daran sein einstiger Freund gescheitert war, im letzten Krieg bekleidete er, der homo novus, bereits eine höhere Adjutantenstelle, und nach dem Friedensschluß ward er wirklich in den Generalstab versetzt, das Sparkassenkapital häufte Zinsen auf Zinseszinsen.

Solchen Verdiensten gegenüber blieb auch das Herz der Oberstentochter nicht ungerührt, sie gähnt weniger oft bei seiner Unterhaltung, ja gibt ihm Zeichen ihrer Gunst, und es ist anzunehmen, daß er sie einst noch als Gattin heimführen wird.

Ueberhaupt, mein Fräulein, dieser Hechtlein hat das Zeug zu einem ganz respektablen Hecht, von dem ich Ihnen vielleicht später einmal wieder eine Geschichte erzähle.

Vertuschen ließ sich nun natürlich nichts mehr, gerichtliche Untersuchung mußte eingeleitet, es mußten die Akten dem Oberkommando eingesandt werden, von wo sie mit den üblichen Nasen zurückkamen. Zwar die erlassenen Steckbriefe waren erfolglos, aber der Lieutenant von Wilmsky wurde, nachdem er aus den Listen der Offiziere gestrichen war, in contumaciam zu einer schweren Kerkerstrafe verurteilt. Hoffen wir, daß ihn die rächende Nemesis mit der Zeit doch noch den Händen seiner Richter überliefert!

Der schöne Wilmsky! Der verwunschene Prinz ein Spion, ein Verräter! O, wie diese Lösung des Zaubers schmerzte!

Sieben Wochen lag Fräulein Leonore von Siebeneich in Fieberphantasien, und man glaubte nicht, daß sie's überlebte. Jedenfalls hat sie bei dieser Gelegenheit ihren Glauben an den männlichen Teil des Menschengeschlechts eingebüßt und den Entschluß gefaßt, ewig ehelos zu bleiben, ein Entschluß, den ihr Schwager natürlich nur billigen kann.

Nicht ganz so schwer nahm Fräulein Klara Lesbach den Fall, sie gehörte auch zu denen, die eigentlich alles vorausgesahen, der Schmerz der begünstigten Rivalin war ihr genügender Trost. Sie spielte Straußsche Walzer weiter und spielte sich damit endlich in das Herz eines Rittmeisters hinein, dem sie schon verschiedene Kinder geboren hat. Ja, die Leichtherzigen bringen es manchmal doch auch zu etwas in dieser schnöden Welt!

Die schöne Gräfin Trepotchin, eine Schwindlerin, eine Abenteurerin! O, wie das in dem kranken Bein juckte! Der Generallieutenant von Strowitz schwur hoch und teuer, nie wieder in diesem Leben an Frieden mit dem treulosen Geschlecht denken zu wollen. Vermutlich, um ihm die Erfüllung dieses Schwurs zu erleichtern, wurde er kurz darauf als Kommandant in eine kleine, abgelegene Festung versetzt, welche im Kriegsfall nie in die Lage kommen konnte, vom Feind gestürmt oder auch nur belagert zu werden, und wo er bis ans Ende seiner Tage ein beschauliches, nur von der Gicht, die's auch schließlich gewann, beunruhigtes Leben führte.

Die Luftaktiengesellschaft erklärte bald darauf ihre Insolvenz.

Von dem verwunschenen Prinzen und der Gräfin Tante hat nie wieder jemand gehört.

Das Glas Bier,

oder

Ursache und Wirkungen.

Se non è vero, è ben trovato.

Es war wenige Jahre nach der Gründung des neuen Reichs, als mir der Zufall auf einer Sommerreise durch die Tiroler Alpen einen Leipziger Professor zum Begleiter gab, einen angenehmen älteren Herrn von belehrender und ergötzender Gesprächigkeit, wie man ihn sich auf Fußreisen nicht besser wünschen kann.

Der Anblick der verwitterten, schneebedeckten Bergriesen hatte unser Gespräch auf schweigende Größen im allgemeinen und im besonderen auf den großen deutschen Schlachtenlenker gebracht, der ja auch im gewöhnlichen Leben kein Freund von vielen Worten sein soll und sich nur gelegentlich, wie jene in größeren Pausen durch donnernden Lawinensturz, dann freilich gleich für ganze Generationen vernehmbar macht.

Wir beide aber, seine kleinen, geschwätzigen Zeitgenossen, kürzten uns den Marsch durch allerhand, die Eigenschaft des großen Mannes behandelnde Anekdoten, und da erzählte mir mein Genoß, dem ich als einem Gelehrten von Fach und Historiker natürlich alle Verantwortung überlasse, unter anderen die folgende.

Sie schien mir neu und lustig, so habe ich sie hier aus dem Gedächtnis niedergeschrieben, hoffend, daß es nicht etwa nur die Einsamkeit der Gebirgswelt war, die meinen ersten Eindruck bestimmte, sondern daß der freundliche Leser auch in geräuschvollerer Umgebung dasselbe finden möge. Habe ich mich hierin getäuscht, nun, so verweise ich ihn ruhig an meinen Berichterstatter, den Leipziger Professor.

* *

Das war eine Aufregung in dem kleinen Landstädtchen Z., beiläufig in der Provinz Sachsen und etwas abseits der großen Heerstraße gelegen, — an einem feuchten Spätherbstnachmittag des Jahres 187 . Die Leute standen auf Gassen und Plätzen zusammen und ließen sich geduldig die Rinnsale ihrer Regenschirme in die Nacken träufeln, ohne daß sie's merkten, so wichtig war das, was sie sich gegenseitig mitzuteilen hatten.

Ich sage gegenseitig, denn die Geschichte lag schon förmlich in der Luft, die Spatzen hätten sie ohne Zweifel von allen Dächern gepfiffen, wären sie nicht bei dem nassen

Wetter lieber im Nest gehockt. Nur selten gelang es einem, den andern mit der Neuigkeit zu überraschen, deshalb wurde sie aber doch zum so und so vieltenmal gehörig in aller Breite durchgesprochen, wobei denn für den einen oder andern immer noch irgend eine, wenn auch noch so nebensächliche Neuigkeit heraussprang.

Auch an Widersprüchen fehlte es nicht, und so ungefähr lautete das Gespräch:

„Sie haben gehört?"

„Nun freilich, wer hätte nicht?"

„Bismarck kommt also nicht mit?"

„Im Gegenteil, was sagen Sie? Es ist ein ganzes Stockwerk für ihn belegt."

„Das ist nichts, er soll ja wieder krank sein. Sein altes Leiden, Aerger und Ueberanstrengung."

„Unsinn, er ist frisch und gesund. Man spricht von einer geheimen Unterredung."

„Mit Moltke, und hier? Warum denn gerade hier?"

„In Berlin passen ihm ja die Zeitungsschreiber auf Schritt und Tritt auf."

„Es wird doch um Gottes willen kein neuer Krieg —"

„Wer weiß? Es ist alles möglich. Auffallend bleibt die Zusammenkunft von den Zweien!"

„Unser armes Städtchen!"

„Was arm! Die draußen gönnen uns unsere Siege nicht. Lassen Sie sie nur neue Milliarden zahlen, dann hört die Armut schon auf. Es war das letzte Mal zu wenig, wie sich jetzt herausstellt."

„Sie bauen ja gegenwärtig strategische Eisenbahnen, das wäre auch nicht so übel."

„Aber er kommt ja gar nicht mit, es steht kein Wort von ihm in der Depesche."

„Depesche? Ich dächte, es war ein Kurier, der —"

„Nein, eine Depesche, ich weiß es bestimmt, aber kein Wort von ihm.“

„Diplomatische Finte.“

„Sie glauben?“

„Was muß man heutzutage nicht alles glauben, mag es den hergebrachten Begriffen noch so zuwider sein. Sie wissen doch? Das neue Brautpaar —“

„Schweigen Sie davon und verderben Sie mir die Stimmung nicht; es ist ja kaum auszusprechen.“

„Stünd' es nicht schwarz auf weiß.“

„Und Bismarck, ich bin doch sehr begierig, ob er mitkommt.“

Und so weiter und so weiter.

Es gab nämlich zwei Neuigkeiten von gleichem Datum, und jede an sich von genügender Tragweite, um die Klatschsucht der von der Oberleitung der Verkehrsanstalten nicht eben verwöhnten Kleinstädter vollauf zu beschäftigen. Doch war die eine von der andern schon so in den Hintergrund gedrängt, daß man ihrer nur noch flüchtig und nebenbei Erwähnung that.

Ich will gerecht sein und beide hier unverkürzt mitteilen.

Die eine lautet: Fräulein Viktorine Siebenquell und Herr Isidor Schmachtvogel empfehlen sich als Verlobte.

Die andere: Der Feldmarschall Graf Moltke wird mit einem Gefolge von zehn Herren morgen per Wagen im Städtchen eintreffen und daselbst Mittag machen.

Nun war Fräulein Viktorine Siebenquell zwar die Tochter des reichsten Fabrikanten am Platz und Herr Isidor Schmachtvogel nur der Kommis des Geschäfts; sie eine glänzende, von der einheimischen jeunesse dorée krampfhaft umworbene und von der Frau Fama mit Millionen ausgestattete Partie, er ein armer, nicht einmal ortsangehöriger Schlucker, der nichts hatte als seinen mageren Gehalt und ein wohlgepflegtes und geschniegeltes Aeußere. Der Fall war demnach durchaus nicht so unbedeutend.

Aber was war er gegen den Besuch Moltkes?

Die guten Kleinbürger kannten den großen Strategen bisher nur dem Namen nach, keiner auch der Wenigen, die den Krieg mitgemacht, hatte ihn je von Angesicht zu Angesicht gesehen, und unter den zehn Personen seines Gefolges stellten sie sich in der Begeisterung niemand andern vor, als etwa Roon, Goeben, Manteuffel und andere berühmte Heerführer, deren persönliche Bekanntschaft sie gleichfalls nur auf dem nicht mehr ungewöhnlichen Weg der Oeldruckkolportage gemacht hatten.

„Wird Bismarck dabei sein?" war eine stehende Frage.

Da wurden denn Fräulein Viktorine und ihr Isidor für eine ruhigere Zeit kaltgestellt, das kaum aufgegangene Gestirn der Venus erbleichte, und Mars beherrschte den Horizont.

Aller Parteihader, woran sonst auch auf diesem schmalen Fleck unseres lieben Vaterlandes kein Mangel war, verstummte; man war einig, der Empfang sollte ein großartiger werden.

„Einig" ist ein bißchen viel gesagt, der Ort zählte ja immerhin fünftausend Einwohner germanischen Ursprungs, aber wenigstens befand sich derjenige Teil, welcher die Verschmelzung der Bruderstämme nach einem anderen Rezept gewünscht hätte, entschieden in der Minorität und auch sonst nicht in der Lage, das geplante Fest durch eine irgendwie erhebliche Demonstration zu stören.

Dazu gehörte der Besitzer der einzigen am Platz vorhandenen Buchdruckerpresse und Redakteur des Amts- und Intelligenzblättchens, dessen halboffizieller Charakter ihn nicht verhinderte, finstere Umsturzpläne im Kopf zu wälzen, von wo sie freilich mit Rücksicht auf eine drohende Konkurrenz nicht über Biertischweite hinausdrangen. Entschieden weiter links stand sein Gehilfe, der eine kurze Zeit in Genf in Arbeit gestanden und dort eine Anzahl blutrot gefärbter kommunistischer Ideen unter seiner struppigen Schädeldecke angesammelt hatte, während sich die demokratische Gesinnung des Meisters, der ein paar Jahre überm Ocean zugebracht, mehr in einem spitzigen Kinnbart nach dortigem Muster verlief. Zu diesem Kreis gehörten ferner der Apotheker —

dieser spielte sich auf den politischen Märtyrer, weil er im Jahr 1848 einmal wegen nächtlicher Ruhestörung, welcher allerdings keine staatsgefährliche Tendenz zu Grund lag, vierundzwanzig Stunden auf der Polzeiwache gesessen hatte —, ein Tanzlehrer ohne Kundschaft, der für die französische Revolution, und ein kleiner Gewürzkrämer, der für Freihandel schwärmte.

Alle diese Leute aber, selbst wenn sie vermocht hätten, ihre verschiedenen Systeme angesichts der drohenden Gefahr in einem gemeinsamen Programm zu verschmelzen, waren doch viel zu wenig und von ihren Privatinteressen zu sehr beengt, um gegen die Masse der wohlgesinnten Bürgerschaft etwas auszurichten. Sie beschlossen daher eine würdige Zurückhaltung, und nur der Buchdrucker, um doch wenigstens etwas gethan zu haben, prophezeite in seinem Blättchen für den folgenden Tag Regen und Sturm.

Obwohl der wolkenverhängte Himmel den Propheten zu rechtfertigen schien, machte sich doch Alt und Jung voll patriotischen Eifers an die Anstalten zum Empfang, und die Nachfrage nach Fahnen, Tannenreisig, alten Kriegsdenkmünzen, Veteranen und Festjungfrauen war eine ungeheure.

Im Rathaus tagte der Gemeinderat unter dem Vorsitz des Bürgermeisters, welcher bei der Nachricht um einige Zoll gewachsen war, so daß er wohl ein kleines „Ober" vor seinem Amtstitel beanspruchen konnte, und beschloß, was zu thun sei.

Die Depesche, die dem Storchwirt durch Boten von der nächsten Telegraphenstation zugegangen war, ließ an Klarheit, wie die meisten ihrer Schwestern, manches zu wünschen übrig. Ein Essen zu elf Kouverts war bestellt, so viel stand fest, aber namentlich ließ sich auch bei wiederholter Verlesung weder die genaue Zeit des Eintreffens, noch die Richtung erkennen, aus welcher der hohe Besuch zu erwarten war

Man kam daher überein, zunächst das Hotel Storch — ja, so stand es im Telegramm — festlich zu bekränzen und zu beflaggen, die Einwohnerschaft zu gleichem Thun aufzufordern und wenigstens an den drei Haupteingängen des Städtchens Triumphpforten mit passenden Inschriften zu errichten.

Feuerwehr, Schuljugend, Veteranen und Festjungfrauen sollten vorerst in einer Sammelstellung auf dem Platz vor dem Rathaus konzentriert und zur Spalierbildung verwendet werden, sobald die Richtung des Einzugs erkannt war. Zur Beschleunigung dieser Erkenntnis stand ein Alarmposten auf dem Kirchturm, welcher mit einem roten Taschentuch ausgerüstet war. Sodann sollte nach feierlicher Begrüßung durch den Bürgermeister von der Rathaustreppe und nach Ueberreichung eines Blumensträußes durch dessen jüngste Tochter der Gast unter Glockengeläute nach dem nahen Storchen geleitet werden, wo der Sängerverein Polyhymnia und das städtische Musikkorps seiner harrten. Beiden wurde die schleunigste Abhaltung entsprechender Proben dringend ans Herz gelegt.

Blieb das Wetter schlecht, so war ein Bankett im Festsaal des Storchwirts, andernfalls ein Gartenfest mit späterer bengalischer Beleuchtung auf dessen vor der Stadt gelegenem Bierkeller vorgesehen.

Nachdem dieses gewiß reichhaltige Festprogramm beschlossen, ging man sofort an die Ausführung, welche alles bis tief in die Nacht hinein in Anspruch nahm.

Der Bürgermeister studierte an seiner Begrüßungsrede, die Stadträte liefen von Haus zu Haus, die Schuljugend in den Wald; glückliche Mütter wuschen und flickten den Festputz ihrer jungfräulichen Töchter, und die Proben der Polyhymnia, sowie des städtischen Orchesters hielten auch die Trägsten munter.

Frühmorgens des folgenden Tags aber war alles wieder auf den Beinen, jeder auf seinem Platz in gehobener Stimmung. Sogar der Himmel, der es gestern mit dem Demokraten gehalten, hatte über Nacht Farbe bekannt und strahlte im heitersten Blau. Fahnen und Laubguirlanden, wohin das Auge sah.

Kopf an Kopf drängte sich die Menge auf dem Rathausplatz, das summte und brummte wie hundert Bienenkörbe.

Aber Stunde um Stunde verrann ohne das verabredete Zeichen vom Kirchturm, wo sich in schwindelnder Höhe die hagere, weit vorgebeugte Gestalt des Küsters mit der Deutlichkeit eines gotischen Wasserspeiers von der klaren Luft abhob.

Einigemal zogen die Bengel, welche an den Glockensträngen standen, diese vor Ungeduld an, einmal auch schneuzte sich der Küster droben aus Versehen in das Alarmtuch, was erst eine allgemeine Bewegung, dann ein schallendes Gelächter zur Folge hatte.

Aber mit der Zeit wurden die Leute des ewigen Hinaufstarrens müde, und das Summen und Brummen nahm einen beunruhigenden Charakter an.

Mehrmals fuhr der auf der Rathaustreppe in sein Redemanuskript vertiefte Bürgermeister unwillkürlich mit lautgesprochenen, abgerissenen und von heftigen Gestikulationen begleiteten Sätzen heraus, wie zum Beispiel: „Es gereicht uns zum Stolz“ — „in den Mauern dieser treuen Stadt“ — „den Retter des Vaterlands vor welscher Tücke“ —. Der töchterliche Blumenstrauß drohte zu welken, die Polyhymniasänger vermochten das Meer von Tönen, das ihre Busen schwellte, kaum mehr zu dämmen, einzelne brachen sich geradezu mit Gewalt durch die Kehlen Bahn, und selbst die Instrumente des Stadtorchesters äußerten ihre Verstimmung in schrillen Lauten.

Unter der Schuljugend entstanden Balgereien, Festjungfrauen wankten, die ältesten Veteranen schliefen mit kriegerischem Getöse ein, und Herr Isidor Schmachtvogel entzog sich mit Viktorinen dem Gewühl, aus welchem ihm Redensarten, wie hergelaufener Gimpel, Habenichts, Bettelprinz ans Ohr schlugen, die er als bedrohliche Ausflüsse der öffentlichen Meinung auf sich beziehen zu müssen glaubte.

Immer kein Zeichen vom Kirchturm.

Da — „Die Glocke, sie donnert ein mächtiges Eins!“ — da kam atemlos der Hausknecht vom Storchen angerannt und übergab dem Bürgermeister einen Zettel seines Herrn, der zu Haus den Wirtschaftsgeschäften oblag.

Es entstand plötzlich eine große, erwartungsvolle Stille, die Veteranen sogar erwachten davon, die Züge des Stadtvorstandes aber verfinsterten sich, indem er von der Botschaft Kenntnis nahm; schmerzlich war die Enttäuschung, welche die zahlreichen Blättchen des Redemanuskripts seinen Händen entsinken ließ, so daß sie in zierlichen Schwingungen über das Treppengeländer hinab auf die Köpfe der Menge flatterten.

Der hohe Gast war schon da!

Vor einer halben Stunde etwa war er zu Fuß samt Gefolge durch eine unbewachte Hinterpforte in das Gasthaus gelangt und saß nun mit den Herren — lauter Offizieren — bereits bei Tisch, wobei er sich jegliche Störung sowohl rhetorischer als musikalischer Art dringend verbeten hatte.

„Bismarck ist nicht dabei!“ — so schloß des Storchwirts Bericht.

Der große Stratege hatte also wieder einmal eine seiner beliebten Umgehungen gemacht.

Damit war der erste Teil des stattlichen Programms ins Wasser gefallen; um so mehr galt es, wenigstens den zweiten zu retten. Deshalb begab sich der Bürgermeister mit einer Deputation der Stadtverordneten und gefolgt von der für ihre Ausdauer so schlecht gelohnten Festgenossenschaft nach dem Storchen, nur der Küster, der sich die Ereignisse von seiner Höhe aus nicht recht zu deuten wußte, harrte noch eine Zeit lang pflichtgetreu auf seinem Posten aus.

Freudestrahlend kehrte die Deputation nach kurzem Aufenthalt aus dem Gasthof zurück. Der Feldmarschall hatte sein Erscheinen beim Gartenfest zugesagt, freilich unter der besonderen Bedingung, daß man ihn vorher von allen Ovationen unbehelligt zu Mittag speisen lasse. Es erging daher an das Publikum die Aufforderung, sich möglichst geräuschlos zu verlaufen, welcher es unter nicht enden wollenden Hochrufen Folge leistete.

„Also um drei Uhr im Storchkeller!“ riefen die Begeisterten.

„Wie schade, daß Bismarck nicht dabei ist!“ bemerkten die nie zu Befriedigenden.

„Was mag wohl dahinter stecken, daß er nicht mitkam?“ flüsterten die Geheimniskrämer im Weggehen. Die Besonnenen und Vorsichtigen aber begaben sich schon jetzt nach dem Keller, oder schickten wenigstens eines ihrer Angehörigen dorthin, um die besten Plätze zu belegen.

Hastig wurde die Mahlzeit eingenommen, und dasselbe Thema beherrschte alle Tischgespräche.

Wohl war Bismarck nicht im Gefolge des Marschalls, dasselbe bestand vielmehr, wie verbürgte Augenzeugen bestätigten, nur aus Offizieren, zum Teil sogar aus solchen, deren jugendlich sorgenfreies Aussehen sie der wenig einflußreichen Klasse der Lieutenants zuzählen ließ, aber — die Herren waren sämtlich mit Karten und Plänen der Umgegend ausgerüstet, und die nachkommenden Wagen enthielten ein verdächtiges Gepäck von Feldstechern und Meßinstrumenten.

Sollte wirklich dieses stille Thal von der blutigen Furie des Kriegs heimgesucht, sollte hier eine Völkerschlacht geschlagen, oder gar eine Festung ersten Rangs errichtet werden?

War es richtig mit dem strategischen Bahnnetz? Es war ja am Ende alles möglich in so unruhiger Zeit, wo die größten Zeitungen alle Augenblicke in die Lärmtrompete stießen. Daß der hohe Besuch nur auf eine der alljährlich unter dem Titel „Generalstabsreisen“ stattfindenden Uebungen zurückzuführen sei, das zu erraten war doch den weltfernen, in Militaribus völlig unerfahrenen Spießbürgern zu viel zugemutet.

Die Vorsicht der Besonnenen erwies sich als gerechtfertigt. Lang vor drei Uhr war der nicht allzu geräumige Wirtschaftsgarten samt seinen Zugängen vom Volk besetzt.

Auch das neue Brautpaar befand sich unter der Menge, und auf Jüdors Frack glänzte zur Feier des Tages sowohl,

als zur Vermehrung seiner persönlichen Sicherheit eine ungeheure, im Feuer vergoldete Medaille, welche er sich früher einmal durch die Rettung eines Säuglings aus einem Rinnstein erworben hatte.

Alles blickte nach dem Ausgang des Städtchens und — da schritt er auch wirklich heran, der Mann mit der schlanken, jugendlichen Gestalt, mit der Lieutenantstaille, der hohen Denkerstirn und dem ernsten, sinnenden Blick, dem schmalen, verwitterten Gesicht, darein in zahllosen Falten und Fältchen ein ganzer Kriegsplan gezeichnet scheint.

Der einfache Ueberrock und die völlige Abwesenheit von Orden und Ehrenzeichen, das schlichte Pour le mérite-Kreuz ausgenommen, machten die Besitzer farbenprächtiger Oeldruckskizzen zuerst stutzig, ob er auch wirklich der Rechte sei, der die Schlacht von Sedan gewonnen und Paris erobert. Aber er war es, das war sein Kopf, den selbst die moderne Farbenindustrie nicht ganz unkenntlich zu machen vermocht hatte.

Freundlich, aber gelassen, wie jemand, der an solche Dinge gewöhnt ist, nahm er die Huldigungen des Volkes entgegen, oder ließ sie vielmehr über sich ergehen, und nur selten — so bei der Anrede des Stadtvorstandes —, spielte ein feines Lächeln um die dünnen Lippen.

Um so ausgelassener waren die Offiziere des Gefolges; einige der älteren ausgenommen, die das Schweigen ihres Chefs erfolgreich nachahmten, trieben sie sich scherzend und plaudernd unter der Menge herum, hin und wieder den zartesten Ohren die wichtigsten strategischen Geheimnisse mit lächelnder Miene anvertrauend. Fräulein Viktorine färbte das ihr mitgeteilte über und über rot, während der durch seine Rettungsmedaille weithin leuchtende Isidor merkwürdigerweise gänzlich unbeachtet blieb.

Nun aber reichte der Feldmarschall der Frau Bürgermeisterin galant den Arm, eine Auszeichnung, welche die

Wohlbeleibte in ihren Grundvesten erzittern machte, und führte sie in die für die Honoratioren reservierte Halle, wohin ihm die Offiziere, jeder seine Dame wählend, folgten. Fräulein Viktorine lernte hierbei die erste Schattenseite ihres Brautstandes kennen, indem sie der durch seine Nichtbeachtung gekränkte und bereits wölfisch eifersüchtige Isidor fast mit Gewalt der Einladung eines allerliebsten Lieutenants entzog, welchen sie sodann an der Seite ihrer besten, aber wenig hübschen Freundin entschweben sehen mußte.

Drinnen in der Halle war auf blumengeschmückter Tafel ein kalter Imbiß serviert, und während die draußen ihren Durst mit übrigens vorzüglichem Bier löschten, prangten hier in stattlicher Reihe schlanke Weinflaschen mit vielversprechenden Etiketten, die bekannte erbfeindliche nicht ausgenommen.

Das Volk, das hier, wie gewöhnlich, am wenigsten von seinem Helden zu sehen bekam, drängte sich um Fenster und Thür, erkletterte Bäume, Tische und Bänke und lieferte gutmütig den Chorus zu den drinnen ausgebrachten Toasten.

In einem fernen Winkel des Gartens aber, doch nicht allzu fern dem Schanklokal, saßen um ein rundes Tischchen die Männer der Opposition, finster wie die Verschworenen der Operette; um so finsterer, als es ein zwingendes Verhängnis war, das sie gegen ihren Willen hierhergeführt. Im Städtchen selbst nämlich waren alle Thüren, Fenster und Läden hermetisch verschlossen, nur die ganz Alten und die ganz Jungen, die Lahmen und die Säuglinge waren zu Hause geblieben, und nirgends floß auch nur ein Tröpfchen des braunen Saftes, ohne welchen sich auch die würdigste Zurückhaltung nicht auf die Dauer durchführen läßt. Heimlich, der feierlichen Abmachung zum Trotz, hatte sich einer um den andern im Keller eingefunden, und da saßen sie nun alle richtig beisammen.

Da saßen sie, die Unversöhnlichen, höhnisch lachend, die

Achseln zuckend, ausspuckend über die Dummheit und Erbärmlichkeit des Pöbels, den sie befreien wollten, und löschten in Strömen Bieres den Rachedurst, der in ihrem Busen kochte.

So oft drinnen ein neues Hoch losbrach, in das die Menge einstimmte, erhoben sie mit vielsagendem Blick ihre Seidel, leerten sie wie auf ein Kommando und setzten die geleerten mit wildem Geräusch auf den Tisch nieder.

Die Konversation drinnen wollte übrigens nicht so recht in Fluß kommen, das hinderte namentlich der Ueberfluß des Gebotenen an Vokalem und Instrumentalem.

Die Damen brannten vor Neugierde, etwas Näheres über den Stand unserer Beziehungen zu den Nachbarstaaten, über die Gefangennahme des Kaisers Napoleon, hauptsächlich auch über den Zusammenhang von Bismarcks Ausbleiben mit dem Kulturkampf zu erfahren, während die Männer, egoistisch wie sie ja überall sind, immer wieder die strategische Bahnfrage aufs Tapet brachten.

Der Marschall zwar blieb einsilbig, nicht so die übrigen Herren; aus ihnen wäre schon etwas herauszubringen gewesen, aber just im günstigsten Augenblick fuhren die Polyhymnier mit ihrem Leibstück „Zu Mantua in Banden" dazwischen.

War dann der treue Hofer, wenn auch schlecht, erschossen und das Land Tirol endgültig verabschiedet, wobei der erste Tenor das oool, auf das er sich viel zu gut that, noch ungebührlich dehnte, so fiel das Stadtorchester nach kurzer Pause mit einem Siegesmarsch ein, der beredter als zehn Reichstagsredner für allgemeine Abrüstung plaidierte.

Eine der Pausen benutzte nun der große Feldherr, um den Wunsch nach einem Glas Bier zu äußern, da er sich aus den Weinen so wenig mache, wie aus allen anderen Feinden. Dieser bescheidene Wunsch von so vornehmen Lippen klang den guten Kleinbürgern anfangs ganz unverständlich,

und da unmittelbar darauf ein neuer Vortrag folgte, so blieb er auch zunächst unberücksichtigt.

Er ward jedoch wiederholt, und da nun nicht mehr an seiner Aufrichtigkeit zu zweifeln war, so erhob sich einer der Herren vom Stadtrat, um das Nötige zu veranlassen. Ein dienstbarer Geist enteilte sofort nach dem Garten, wo allein die erfrischende Quelle des biederen Getränkes floß. Fast gleichzeitig aber erhob sich auch der Bürgermeister, erwischte das Stadtratsmitglied beim Arm und zog es in eine Ecke.

„Um Gottes willen,“ raunte er ihm dort zu, „verhindern Sie, daß das Bier kommt, oder noch besser, laufen Sie doch selbst, so schnell Sie können, nach dem Rathaus. Ich habe einen großen Gedanken. Dort, Sie wissen ja, in meiner Amtsstube, im obersten Fach des großen Aktenschranks rechts, ganz hinten bei den Taufregistern, liegt der alte zinnerne Humpen, ein Prachtstück aus dem Dreißigjährigen Krieg mit dem städtischen Wappen, er stammt aus einer Stiftung, glaub' ich. Aber gleichviel, bringen Sie ihn hierher, wir kredenzen ihn dem Feldmarschall und machen ihm — ich weiß, er ist ein Freund von solchen Altertümern — Namens der Stadt ein Geschenk damit. Es wäre ja unverzeihlich, wenn wir die Gelegenheit vorbeiließen, sie kehrt nicht wieder. Denken Sie doch, die Geschichte kommt in alle Zeitungen, lenkt die Augen der Regierung, ja der ganzen gebildeten Welt auf uns, sie ist von unberechenbarer Tragweite, ferne Enkel noch werden uns dafür danken. Eine Beratung ist jetzt nicht möglich, ich übernehme aber als Bürgermeister jede Verantwortung, die mir das Wohl der Gemeinde auferlegt. Eilen Sie, geschwind, hier ist der Schlüssel, also rechts, hinten im obersten Fach bei den Taufregistern! Nur fort, ich halte ihn so lange hin.“

Das Stadtratsmitglied, vom Bürgermeister fast zur Thür hinausgeschoben, enteilte mit jener Schwungkraft, die das Bewußtsein einer höheren Mission stets verleiht. Da es jedoch gleich vor der Thür auf den mit dem schäumenden Bier zurückkehrenden Dienstbaren stieß, so blieb ihm nichts übrig, als dem Sprachlosen das Glas gewaltsam zu entreißen und mit einem verzweifelten Zug selbst zu leeren. Dabei schwebte ihm etwas von jenem Rothenburger vor, der einst durch eine ähnliche Leistung seine Vaterstadt von schwerer Gefahr befreite, und gehoben durch den Beifall der Umstehenden rannte es nun, was die Beine trugen, nach dem Städtchen.

Gleichzeitig intonierten die Polyhymnier auf des Bürgermeisters Veranlassung das schöne Lied: „Der Wein erfreut des Menschen Herz", und dieser füllte die Gläser zu feierlichem Umtrunk.

Die erste Gefahr war somit glücklich abgewendet. Aber

der greise Feldherr nippte kaum an dem dargereichten Kelch, der Gesang hatte seine Biergelüste nur noch gesteigert, und aufs neue äußerte er seinen bescheidenen Wunsch.

„Ein Glas Bier! Ein Glas Bier Seiner Excellenz!" klang es jetzt von allen Seiten. Wieder rannte der Dienstbare nach dem Garten.

Diesmal jedoch ging ihm der Bürgermeister entgegen

und vollzog selbst unter dem allgemeinen Beifall der Menge die rettende That.

Das Stadtorchester spielte nun zur Abwechslung die Volkshymne.

Indem trat das Stadtratsmitglied atemlos in die Halle und winkte seinen Chef beiseite.

Der mitgegebene Schlüssel hatte den bewußten Schrank nicht geöffnet. Kein Wunder, denn es war, wie sich nun ergab, der stadtväterliche Hausschlüssel.

„Ich will selbst hin, es ist besser so, ich kenne den Platz ganz genau, bleiben Sie hier und vertreten Sie mich im Notfall. Vor allem aber verhindern Sie, daß das Bier kommt, ehe ich zurück bin," und fort rannte nun der Bürgermeister.

Das Stadtratsmitglied setzte sich in peinlichster Verlegenheit auf seinen Platz.

Die Volkshymne war verklungen. „Herr Gott, wir danken dir!" hallte es inbrünstig in den Herzen der Zuhörer nach, der Wein floß in Strömen, nur der Feldherr begehrte mit schwacher Stimme ein Glas Bier.

„Ja, wo bleibt denn das Bier?" fuhr jetzt der Storchwirt auf, „da muß ich doch gleich selbst —"

Der Rest erstarb ihm in der grollenden Brust.

Um so barscher aber fuhr er draußen den Dienstbaren an, der nicht mehr wußte, wo ihm der Kopf stand.

„Donnerwetter! Wo bleibt das Bier für seine Excellenz? Ist Er denn taub, Er Esel? Augenblicklich stech' Er ein frisches Faß an, und bringe Er mir selbst das erste Glas, damit ich es seiner Excellenz serviere! Das Volk ist doch zu nichts zu gebrauchen; vorwärts, nicht lange gemault, oder ich jage ihn aus dem Dienst, Faulpelz!"

Wenig fehlte, so wäre die letzte Apostrophe von einer Ohrfeige, darin der Storchwirt Specialist war, begleitet

worden. Ganz verblüfft eilte der Verdonnerte davon, das Stadtratsmitglied saß auf Kohlen, denn der Storchwirt blieb taub für alle Winke und Pantomimen.

Den Dienstbaren aber führte sein Unstern, da er das frisch Angestochene nach der Halle tragen wollte, am Tisch der Opposition vorüber, deren Rachedurst schon einige Zeit ohne die bewährte Kühlung geblieben war.

„Halt da! Wohin mit dem Bier?" brüllte der Buchdrucker.

„Es scheint, daß der einfache Bürger hier nichts mehr zu trinken bekommt, seit einer halben Stunde schon sitzen wir auf dem Trockenen," fügte der Apotheker bei.

„Aber so warten Sie doch nur einen Augenblick, es ist ja eben frisch angestochen, gleich, gleich — —," replizierte der Dienstbare.

„Was gleich? Hier ist nichts von Gleichheit zu merken. Her mit dem Bier!" Also der Druckereigehilfe.

„Aber so lassen Sie mich doch um Gottes willen weiter, das Glas ist ja für Seine Excellenz den Herrn Feldmarschall."

„Was Feldmarschall, was Excellenz! Wir haben Durst so gut wie die Excellenzen, wir zahlen unsere Steuern und Zölle so gut wie die Excellenzen!“ donnerte der Gewürzkrämer.

„Her damit, sag' ich; wer zahlt, hat gleiches Recht!“

Damit riß der Buchdrucker das Glas mit Gewalt an sich und trank es seinen Genossen zu, während der Tanzlehrer begeistert in den Ruf: „Egalité, fraternité, liberté!“ ausbrach.

Während nun ein Schulkind drinnen ein patriotisches Gedicht zum Besten gab, kehrte auch der Bürgermeister zurück und erlöste das Stadtratsmitglied aus seiner peinlichen Lage. Er war in schlimmster Laune; das alte Geschirr, das ihm sonst täglich beim Aktensuchen hindernd in den Weg trat und seinen Zorn erregte, war heute mit dem besten Willen und trotz des eifrigsten Forschens nicht zu finden, es war spurlos verschwunden. Die herrliche Gelegenheit zur Hebung des städtischen Ansehens mußte unbenutzt vorübergelassen werden, er kam mit leeren Händen.

Aber auch das Schulkind hatte mit all seiner Begabung des Marschalls Durst nicht zu lindern vermocht.

„Ein Glas Bier,“ seufzte er wieder.

„Ja aber ins Teufels Namen, Storchwirt,“ wandte sich das erzürnte Gemeindehaupt nun an diesen, „was ist denn das für eine Anstalt? Alles bestellt Bier für Seine Excellenz, so und so oft, und es kommt nicht, kommt nicht! Sie blamieren ja die ganze Stadtgemeinde; was soll denn der hohe Gast von uns denken? So schaffen Sie doch endlich einmal das Bier her!“

„Heute noch jag' ich den Kerl zum Teufel,“ brummte der Storchwirt und ging nun selbst, das Bestellte zu holen.

Mittlerweile war es aber dem schuldlos Verurteilten gelungen, mit einem neuen Glas, den Tisch der Opposition

in weitem Bogen umgehend, bis vor den Eingang der Halle zu gelangen, wo er auf Isidor mit Viktorinen stieß.

Fräulein Siebenquell, heute durch die Eifersucht ihres Bräutigams aus dem edlen Kreis der Honoratioren, dem sie dank ihrem Wohlstand in erster Linie angehörte, ausgeschlossen, fühlte sich in dem Gedränge einer Ohnmacht nahe und hatte soeben ihrem Isidor die schmerzliche Eröffnung gemacht, daß sie am Verschmachten sei. Dem schuldbewußten Isidor, welchem vor dem Gedanken, daß dieser Quell versiegen könnte, alle Generale und Feldmarschälle der Welt in den Hintergrund traten, gab die Verzweiflung, da er hörte, für wen das Bier bestimmt sei, eine teuflische List ein.

„Geben Sie nur," sagte er mit freundlicher Würde und einem vielsagenden Blick auf seine Rettungsmedaille zu dem Arglosen. „Ich bin vom Herrn Bürgermeister beauftragt; das Glas Seiner Excellenz zu überbringen. Sie kennen mich ja wohl, Isidor Schmachtvogel, der Bräutigam von Fräulein Siebenquell."

Der Dienstbare, betäubt durch den Vollklang dieses Namens, geblendet durch den Glanz der Rettungsmedaille, und überdies froh, nach dem Vorhergegangenen eine neue Begegnung mit seinem Dienstherrn zu vermeiden, überließ ihm das Bier und verschwand.

Unter dem Einfluß des belebenden Getränks erholte sich Fräulein Viktorine rasch, Isidor trank den Rest, indem er seine Lippen genau an diejenige Stelle des Glasrandes schmiegte, welche seine Braut mit den ihrigen geweiht hatte. Ein Blick des Dankes und der Liebe aus ihren himmlischen Augen lohnte ihm diese Artigkeit und die gelungene List. —

Die Wagen waren indes draußen vorgefahren, schon einigemal hatte der hohe Gast nach der Uhr gesehen, was seinen Untergebenen nicht verborgen blieb, und als er sich jetzt erhob, erhoben sich alle mit einem Ruck.

Vergebens wies der Bürgermeister auf die vorgesehene bengalische Beleuchtung hin, vergebens der Vorstand der Polyhymnia auf die Unerschöpflichkeit seines Liederbornes, vergebens protestierten die Damen mit ihrem süßesten Lächeln. Der Feldherr blieb unerbittlich, er wollte noch vor Anbruch der Nacht in der ein paar Meilen entfernten Kreishauptstadt, wo er Quartier bestellt hatte, eintreffen, und militärische Pünktlichkeit ging ihm über alles.

So dankte er nochmals für den freundlichen Empfang und brach auf.

Jetzt entstand eine große Bewegung unter den Leuten im Garten, alle drängten sich, den Scheidenden zu sehen, nach der Halle mit jener begeisterten Neugierde, die keine Rücksicht für fremde Hühneraugen, Rippen, für Bänke und Stühle kennt. Mitten in dieses Gewühl nun geriet der Storchwirt, welcher endlich mit dem ersehnten Glas Bier anrückte, das er auf einem zierlichen Teller vor sich hertrug. Der stark beleibte, etwas schwerfällige Mann, von allen Seiten trotz seiner verzweifelten Vorsichtsrufe gedrängt und gestoßen, hatte das Mißgeschick, auf dem glitschrigen Rasen über einen umgeworfenen Stuhl zu straucheln, und stürzte samt Teller und Glas, die er im Fall durch die Wucht seines Körpers in Atome zermalmte, seiner ganzen Länge nach mit einem nicht wiederzugebenden Fluch zu Boden.

Damit war die letzte Hoffnung, den Wunsch des großen Feldherrn zu erfüllen, geschwunden; der Biervorrat war zu Ende, er mußte erst aus dem Städtchen ergänzt werden, das letzte Faß lief nicht mehr.

Als der Feldmarschall schon im Wagen saß, drückte ihm der Bürgermeister nochmals in beredten Worten den Dank der Stadt für die Ehre seines Besuches aus. Er hoffte, der hohe, hochverehrte Gast möchte mit dem ihm zu Teil gewordenen Empfang zufrieden gewesen sein, und wenn bei der Kürze der Zeit und der Bescheidenheit der Mittel vielleicht manches hinter den Ansprüchen dieses ewig unvergeßlichen Tages auf ein festliches Gepränge zurückgeblieben sei, doch mit dem Gebotenen vorlieb und den guten Willen für die That nehmen.

„Sie haben Ihr Bestes gethan, weit mehr als ich mit meinen bescheidenen Ansprüchen erwartet, und ich danke Ihnen," erwiderte der Feldherr, und wieder spielte das feine, fast ironische Lächeln um seine Lippen, als er fortfuhr:

„Zu meiner vollsten Befriedigung hat nur eines gefehlt,

das Sie mir zu verschaffen leider nicht in der Lage waren, das ist jedoch nur eine Kleinigkeit, kaum der Erwähnung wert."

„Eines?" stammelte das bestürzte Gemeindehaupt.

„Eines?" murmelten die Stadträte im Chorus, „und darf man fragen, was?"

„Ein Glas Bier!" lächelte der Feldmarschall.

Da zogen die Pferde an, und dahin rollten die Wagen unter Hurrah und Tücherschwenken.

Die Herren vom Stadtrat aber blieben wie angewurzelt stehen und sahen einander an, während die Männer von der Opposition schadenfroh schmunzelten und Isidor heimlich den Arm Viktorinens drückte, mit welcher er über ein Kurzes auf ewig vereint war.

Diesem irdischen Paradies ging freilich noch ein böses Fegfeuer voraus, denn als sich später beim Schein der bunten

Aempelchen alle Mißverständnisse klärten, kam mit der Unschuld des Dienstbaren auch Isidors Kriegslist zu Tag und vermehrte die Zahl seiner Feinde und Neider. Der altertümliche Humpen aber fand sich des anderen Morgens, er lag richtig in dem bewußten Aktenschrank, und zwar ganz vorne links im untersten Fach bei den Totenregistern.

Die Gemeinde soll zwar, wie ich höre, ihr Versehen nachträglich wieder gut gemacht und dem Herrn Feldmarschall ein ganzes Fäßchen vom Storchwirt gebrauten und mit der Bezeichnung „Export" versehenen Bieres samt einem prächtig verzierten Ehrenbürgerdiplom nach Berlin gesandt, auch eine dankende Antwort von dort erhalten haben, aber das strategische Bahnnetz hat bis auf den heutigen Tag seine Arme noch nicht um den patriotischen Bezirk geschlungen.

Die Braut von Korinth.

Ein Phantasiestück in Callots Manier.

Sie müssen nun auch bald daran denken, Bester, es ist hohe Zeit. Sie nehmen zu an Alter und Körperumfang, thun Sie es auch an Weisheit. Sieh da, schon ein graues Haar und hier ein weißes und da — gar eine kleine Lichtung. Klagten Sie nicht neulich über einen stechenden Schmerz in der großen Zehe? Heiraten Sie, lieber Freund, heiraten Sie, so schnell wie möglich."

„Wann werde ich's erleben, daß du eine brave Frau heimführst und einen eigenen Herd gründest, mein Sohn? Ach niemals, fürcht' ich. Und doch liegt das ganze Glück dieses Lebens in einem soliden, geordneten Hausstand. Sieh deine Freunde an, sie sind vernünftiger als du, einer nach dem andern sucht sich die Gefährtin, da zeigt schon wieder einer seine vollzogene Verbindung an. Und wie glücklich lebt der und der! Wie du nur an solch einer unordentlichen Junggesellenwirtschaft Geschmack finden kannst! Andere Mütter verjüngen sich im Glück ihrer Kinder und Enkel, mir ist das nicht beschieden."

Diese und ähnliche Reden bekam Robert Hildung, seit er sein vierzigstes Lebensjahr angetreten und Rang nebst Besoldung eines Hauptmanns erster Klasse, von welch letzterer vielfach angenommen wird, daß sie eine Familie ernähre, erlangt hatte, fast täglich sowohl aus dem scherzenden Munde seiner Freunde als auch aus dem ehrwürdigen seiner Mutter zu hören, und das verdroß ihn schließlich.

Wenn er sich die bescheidene Einwendung erlaubte, daß zum Heiraten zwei gehören und er die rechte eben noch nicht gefunden habe, so nannte man ihn zu wählerisch, und feig, wenn er den Hinweis auf so viele glückliche Freundesehen mit der Anspielung auf einige minder gelungene erwiderte. Die Scherze mehrten sich in einer seine Eitelkeit kränkenden Weise, die Vorwürfe thaten seinem Herzen weh.

Die mütterliche Vorsehung erklärte die Ehe in diesem Alter nicht nur für ein Natur-, sondern auch für ein durch zahlreiche Bibelstellen erwiesenes Religionsgebot, dem sich zu entziehen Sünde wäre. Ausnahmen ließ sie nicht gelten. Wer ernstlich suchte, der mußte auch finden, wenn er seine Ansprüche nicht ins Unvernünftige steigerte. Daß Robert aber auch den höchsten, die etwa von weiblicher Seite gemacht werden könnten, entspreche, darüber herrschte an dieser Stelle nicht der geringste Zweifel.

Robert Hildung war kein Weiberfeind, das konnten ihm seine schlimmsten Feinde nicht nachsagen: er war ein leidlich hübscher Mensch, mit einer mehr als genügenden Dosis gesunden Verstandes, er war reich, sofern seine Einnahmen in seinen Ausgaben gerade aufgingen, und er hatte sich vor nicht allzulanger Zeit seiner sämtlichen Schulden im Wege der Bezahlung erledigt, wodurch er sich, da er es mitten im Winter that, einen heftigen Schnupfen zuzog. Somit war er in seiner Stellung eine, wie man zu sagen pflegt, ganz anständige Partie. In der Liebe aber hatte er ein eigentümliches Pech; die er wollte, wollten ihn nicht und umgekehrt. Das machte ihn zu Anfang oft recht unglücklich, nachdem's ihm aber einigemal passiert war, fand er sich darein und tröstete sich wie so viele mit dem Grundsatz der Großherzogin von Gerolstein: „Wenn man nicht haben kann, was man liebt, so muß man lieben, was man hat." Dabei blieb's aber auch, und zum Heiraten kam er nicht. Vielmehr verdankte er diesem Grundsatz, abgesehen von einer geringen Holzersparnis, indem er von Zeit zu Zeit seinen Ofen mit den Belegen einer just abgeschlossenen Korrespondenz heizte, nur einen sehr gefährdeten Ruf, den auch Jahre musterhafter Solidität nicht wieder rein zu waschen vermochten.

Lange Zeit hatte sich Robert wenig um den letzteren gekümmert, ja, er hatte ihn für das unentbehrliche Attribut jedes flotten Junggesellen gehalten und war sich nicht wenig interessant damit vorgekommen; mit den zunehmenden Jahren jedoch hatte eine bessere Einsicht gesiegt. Er fühlte sich auch wirklich nicht glücklich in seiner dermaligen Lage; seine Wohnung entsprach nicht den Anforderungen an ein „trauliches Heim", sein Diener war ungeschickt, nur mit Mühe vermochte die händeringende Mutter sein Weißzeug in der nötigen Verfassung zu erhalten, die Gesellschaft, in welcher er des Abends regelmäßig zu verkehren pflegte, hatte sich verlaufen und war nicht mehr zusammenzubringen, die Gasthofküche mundete ihm von Tag zu Tag weniger. Es war ein Unbefriedigtes in ihm, dessen Keim er nur in seiner Ehelosigkeit suchen zu müssen glaubte. Dazu kam, daß er seit vierzehn Tagen an einer schmerzlichen Zahngeschwulst und damit verbundener Schlaflosigkeit litt, die ihm reichliche Gelegenheit zum Nachdenken bot. Damit, meinte er, habe sich die Vorsehung nun auch in die Sache gemischt, um ihm einen letzten Wink zu geben. Die trostlose Zeit kam ihm vor wie eine Art Fegfeuer, dessen er zu seiner Läuterung noch bedurft hatte, bevor er einging durch die Pforten des Paradieses.

Solche Dimensionen hatte die Illusion bereits in seinem Kopf angenommen, man darf aber deshalb nicht glauben, er hätte den Schritt nicht auch zuvor reichlich überlegt. So etwa lautete sein Selbstgespräch:

„Ich bin vierzig Jahre alt und stehe damit nach der herrschenden Ansicht im besten Mannesalter. Die Leidenschaften meiner Jugend sind abgeklärt, die Stimme meiner Vernunft beginnt mit der des Herzens in wirksamere Konkurrenz zu treten, die in einem harmonischen Duo auszuklingen verspricht. Einige Thorheiten, welche ich früher beging, und die sich, entsprechend vergrößert, im Gedächtnis meiner Zeitgenossen erhalten, wird eine aufrichtige Klarlegung von Ursache und Wirkung auf das richtige, wohl zu entschuldigende Maß zurückführen; jedenfalls ist es mein fester Entschluß, keine neuen zu begehen, und das dürfte einem vorurteilslosen Gemüt genügen. Ich habe erst in jüngster Zeit eine Welt von häuslichen Talenten in meiner Brust entdeckt, man lacht, wenn ich davon spreche. Aber ist es dem Kolumbus besser gegangen und hat er die Spötter beschämt oder nicht? Was ich meiner Zukünftigen ferner zu bieten habe, ist eine Stellung in der Gesellschaft, obwohl ich nicht wünsche, daß sie dieses Gebot allzuhoch anschlage. Mitgift — ein seltsamer Ausdruck — beanspruche ich nicht mehr, als ich selbst zubringe, denn da dieses meinen dermaligen Bedürfnissen gerade genügt, so wird das Doppelte wohl für zweie ausreichen und der durch die Gemeinsamkeit des Haushaltes zu erzielende Ueberschuß einer etwaigen Nachkommenschaft zu gute kommen. Folglich brauche ich eine Frau, welche über die gewöhnlichen Vorurteile ihres Geschlechtes erhaben ist, ohne emancipiert zu sein, dem Backfischtum entwachsen, ohne alt zu sein, verständig ohne gelehrt, sanft ohne übersentimental, wohlhabend ohne reich, anmutig ohne eine Schönheit zu sein. Sie kann schwarz, braun, blond oder rot von Haaren sein, das ist mir trotz einer gewissen Vorliebe für die helleren Farben gleichgültig, nur sollte sie hübsche Augen, gesunde Zähne und keine allzugroßen Füße besitzen. Wenn sie musizierte oder sänge, so wäre dies bei dem guten Einfluß, den solche Kunst stets auf mich geübt, ein schätzbarer Vorzug, doch soll es keine Bedingung sein. Die Eifersucht, selbstverständlich bis zu einem gewissen Grad, ist mir bei Frauen nicht unangenehm, so lange sie unberechtigt ist; folglich, da ich ihr niemals ein Recht einzuräumen gedenke, wird sie auch kein Ehehindernis für mich sein. Was die Nationalität anbelangt, so gebe ich meinem Vaterland den Vorzug, da mir die Gemeinsamkeit gewisser früher Eindrücke und Sitten als eine notwendige Bedingung ehelichen Glückes erscheint. Bezüglich der Religion halte ichs mit Friedrich dem Großen — und so weiter."

Es mag daran genügen. Wollten wir den weiteren Betrachtungen, die unser Held über haushälterischen Sinn, Sparsamkeit, Vergnügungs- und Putzbedürfnis seiner Zukünftigen anstellte, folgen, so wäre das nur für denjenigen unserer Leser von Wert, der wie Robert selbst an Schlaflosigkeit litte, was wir von keinem voraussetzen mögen. Jeder aber wird aus dem vorstehenden ersehen haben, daß Robert nicht leichtsinnig, sondern mit einem fertigen Programm sich zu dem großen Schritt entschloß. Wo er den Gegenstand, der alle oder auch nur die Hauptpunkte dieses Programms erfüllte, zu suchen habe, darüber blieb er allerdings im Unklaren. Er ging den ganzen, ziemlich großen Kreis seiner weiblichen Bekanntschaften im Geist vergebens durch, in das Gewand einer Zeitungsannonce mochte er seine Wünsche auch nicht kleiden, so überließ er es zunächst dem Zufall, ihn auf die richtige Spur zu führen. Wie viele andere fühlte auch er sich schon stolz, wenigstens theoretisch die Umrisse einer

besseren Zukunft gezogen zu haben. Damit begnügte er sich vorerst, und zufriedener mit sich selbst, als er es seit lange gewesen, machte er seinen ersten Ausgang zum Zahnarzt, um sich den schadhaften — es war glücklicherweise ein Flügelmann — ausziehen zu lassen.

Im Vorzimmer, wohin er zunächst geführt wurde, befanden sich drei Personen, ein dicker Herr, der im Lehnstuhl eingeschlafen war, und zwei schwarzgekleidete Damen, die, auf dem Divan sitzend, in die Betrachtung eines Bilderwerks vertieft, seinen artigen Gruß kaum durch eine flüchtige Kopfdrehung erwiderten, die ihn knapp erkennen ließ, daß es eine Alte und eine Junge sei. Er setzte sich vor den runden Mitteltisch und nahm gleichfalls eines der dort aufgelegten Bücher zur Hand. Indem er aufs Geratewohl zugriff, erwischte er die neueste illustrierte Prachtausgabe von Goethes Gedichten.

Robert war ein Freidenker, was ihn nicht hinderte, den Flug jeder Sternschnuppe mit einem frommen Wunsch zu begleiten, der Begegnung eines Schweines auf großen Umwegen auszuweichen und im Kartenspiel auf die Herzfarbe mehr als auf die andere zu wagen. Obwohl nun sein Wunsch stets unerfüllt blieb, das Mißgeschick ihn auch ohne schweinisches Rencontre oft genug heimsuchte, und er im Kartenspiel meistens verlor, hatte er sich doch angewöhnt, jedes zufällige Ereignis zu einem Orakel für die Entscheidung einer just schwebenden Frage zu stempeln. So blickte er auch jetzt, als er das Buch aufschlug, erwartungsvoll und nicht ohne Bangen auf das Blatt, als sollte er sein Schicksal aus den Zeilen des dort stehenden Gedichtes lesen.

Es war — merkwürdig genug — „Die Braut von Korinth".

Eine Braut also verkündete ihm das Orakel, soviel stand fest, so dunkel der Spruch auch sonst war. Denn was sollte

er mit einer toten Braut, die nur um Mitternacht ihrem Grab entstieg, sich in dunkel blutgefärbtem Weine die nötige Lebenswärme antrank, allerdings nichts verzehrte, beim Tagesgrauen wieder entschwand und ihren Bräutigam mit weißen Haaren zurückließ? Robert hatte, wie wir wissen, zudem schon einige von der Sorte.

Indessen las er, nach einem weiteren Anhaltspunkt suchend, das schöne, ihm wohlbekannte Gedicht von neuem durch und betrachtete die beigefügte Illustration, welche die Jungfrau in dem fatalen Augenblick darstellte, wo sie sich beim Eintritt der Mutter trotz des erschreckten Jünglings Gegenbemühungen „lang und langsam“ emporhebt, im weißen Nachtgewand, die dunkeln Flechten gelöst, wachsbleich und geisterhaften Blickes.

Er studierte eben die Züge des klassisch schönen Gesichtes, das in seiner totenähnlichen Starrheit mit den großen, schwarzen, seelenlosen Augen, einen dämonischen Zauber auf ihn ausübte, darüber er die Betrachtung der Schwiegermutter ganz vergaß, als ein Geräusch entstand. Die Thür zum Kabinett des Zahnarzts wurde geöffnet, und — was war die Ursache? — Robert fühlte sich eiskalt, wie von einem Grabeshauch angeweht.

Er blickte rasch auf. Die beiden Damen hatten sich erhoben und während die ältere der Thür zueilte, schien die jüngere in seiner Nähe einen Augenblick zu zögern. Dabei wendete sie sich gegen ihn, und Robert sah — das Mark erstarrte ihm in den Knochen — sah ein bleiches edelgeformtes Gesicht mit blutlosen Lippen, von ebenholzschwarzen Flechten umrahmt; zwei große, langbewimperte, dunkle Augen ohne bestimmten Ausdruck, als den namenloser Trauer, scheinbar ins Leere starrend und doch wieder auf ihn gerichtet, die seinigen mit magnetischer Gewalt in gleicher Starrheit auf sich ziehend.

Nur einen Augenblick währte die Situation, aber es war ein entscheidender für unseren Helden. Die ältere Dame wandte sich mit einem Laut der Ungeduld, sofort fiel der schwarze Schleier über das Gesicht der jüngeren, „lang und langsam" folgte sie der Begleiterin und verschwand mit ihr im Kabinett.

Der Magnet wirkte fort, geraume Zeit noch starrte Robert, wie geistesabwesend, ins Leere und murmelte fast tonlos vor sich hin: „Die Braut von Korinth!" —

Man wird zugeben, daß auch minder abergläubische Leute durch ein so seltsames Spiel des Zufalls aus der Fassung gebracht worden wären, und darf sich daher nicht wundern, wenn unser Held Zeit und Raum und auch seinen Zahnschmerz völlig vergaß und immer noch in die Augen des schönen Gespenstes zu blicken glaubte, als ihn der Gehilfe des Arztes zum Eintreten aufforderte. Der Herr im Lehnstuhl nämlich erfreute sich noch immer eines gesunden Schlafes, der ihn sein Leiden vergessen ließ, und da Robert mehr als ein anderer die Vorteile dieses Zustandes zu schätzen wußte, so zögerte er nicht, den Vortritt, der jenem gebührte, für sich in Anspruch zu nehmen.

Einige Augenblicke später saß er daher im Operationsstuhl des Doktors und überließ sich im Gedanken an seine Vorgängerin mit einer Art Andacht dessen Folterwerkzeugen. Zur Hebung traumartiger Zustände gibt es gewiß kaum ein gründlicheres Mittel, als das Ausreißen eines Zahnes. Diese glücklicherweise nur kurze Operation brachte auch unseren Freund wieder zu voller Besinnung.

Zwar war ihm das Bild seiner Auserkorenen — das war sie ja doch zweifellos — keineswegs entschwunden, aber er sagte sich, daß der Zufall nunmehr das Seinige in der Sache gethan habe und es an ihm sei, das Weitere zu veranlassen.

„Darf ich," wendete er sich daher an den Zahnarzt, nachdem er seine Leidenstaxe erlegt hatte, „darf ich Sie fragen, wer die beiden Damen waren, die vor mir das Kabinett verließen?"

„Damen? Warten Sie, wie heißen sie denn gleich? Ein ganz verfluchter Name, ich kann mich wahrhaftig nicht darauf besinnen. Es sind Fremde, Griechinnen, die sich hier aufhalten."

„Griechinnen? Merkwürdig!" platzte Robert mit dem Ausdruck des höchsten Erstaunens heraus.

„Merkwürdig, warum denn? Wir haben hier eine sehr starke Fremdenkolonie, ein wahres Glück für die Praxis. Leute aller Nationen, warum nicht auch Griechen?"

„Freilich, ich meinte nur — aber — entschuldigen Sie, werden die Damen wohl wiederkommen?"

„Das," antwortete der Arzt mit ironischem Lächeln, „kann ich nicht wissen, immerhin aber ist es wohl möglich. Ich habe die Ehre."

Der Vielbeschäftigte brach damit das Gespräch ab und wandte sich dem eben eintretenden Schläfer zu, ihn zum Sitzen einladend. Robert empfahl sich. Hier konnte er nichts weiter erfahren, auch war er sich bereits einer besseren Quelle für seine Forschungen bewußt.

* *

Es war eine für Roberts Gemüt sprechende Thatsache, daß er mit den Gegenständen früherer Neigung, auch nachdem ihr Nimbus längst verblaßt war, immer noch auf gutem Fuß stand, daß die Liebe für ihn, nicht wie sie sonst zu thun pflegt, in Haß, sondern in Freundschaft umschlug. In derselben Stadt mit ihm wohnte eine Dame, nun auch schon reiferen Alters, die Robert eine Zeit lang für das Ideal aller Weiblichkeit gehalten hatte; ein Wahn, von dem er bei nähe=

rem Umgang in verhältnismäßig kurzer Zeit kuriert wurde. Diese Dame, etwas heftigen Temperaments und zur Eifersucht weit über das von unserem Freund gebilligte Maß geneigt, hatte ihm das Leben manchmal recht schwer gemacht, bis er nach einigen besonders heftigen Auftritten die drückende Fessel zerbrach. Von jener Zeit her datierte sich seine Vorliebe für die Kaltblütigen. Aber auch hier war, wie gewöhnlich, nach einer kurzen Zwischenpause die Freundschaft als ein Phönix der Liebesasche entstiegen.

Diese Dame, „nicht liebenswürdig, wenn sie liebte,“ war es um so mehr, wenn sie bei einer Tasse Thee geistreich plauderte, und da ein Rest früherer Vertraulichkeit solcher Unterhaltung jeden Zwang benahm, so pflegte Robert häufig bei ihr vorzusprechen, ja sogar bei späteren Verwickelungen ihre weisen Ratschläge einzuholen, die stets darin gipfelten, daß er heiraten müsse.

Ihr Wittum und eine unabhängige Lebenslage gestatteten der Dame, unbekümmert um das Gezisch böser Zungen, Freunde bei sich zu empfangen; genügende Lebenserfahrung und eine ausgedehnte Bekanntschaft namentlich in den Kreisen der Fremdenkolonie ließen sie besonders geeignet erscheinen, die Pläne unseres Helden zu fördern.

Zu ihr also lenkte er auch nun seine Schritte und war so glücklich, sie zu Hause zu treffen, leider jedoch nicht allein, wie er gewünscht hatte. Zwei der Dienerschaft unbekannte Damen waren gerade zu Besuch anwesend. Unter minder dringenden Umständen wäre Robert wieder umgekehrt, so aber trat er, dem anmeldenden Mädchen auf dem Fuß folgend, ins Zimmer und erkannte — soll man das Zufall nennen? — auf den ersten Blick in den beiden Unbekannten die, welche er suchte.

Sein Eintritt war jedoch sonst nicht von günstigen Vorzeichen begleitet, denn während die Freundin ihn sichtlich verlegen bewillkommte, erhoben sich die beiden Fremden und die Aeltere drängte so eilig zum Aufbruch, daß nur eine einseitige, kaum beachtete Vorstellung möglich wurde. Doch, täuschte sich Robert nicht, so hatten die Augen der Jüngeren wieder mit jenem verschleierten, totenstarren Ausdruck, der eigentlich gar kein Ausdruck war, auf ihm geruht, und wieder war es ihm dabei fröstelnd über den Rücken gelaufen. Seltsam, dieses Gefühl hatte er bei früheren ähnlichen Veranlassungen nie empfunden, aber eben darin lag ja das Außerordentliche, das ihn so mächtig anzog.

Während die Herrin des Hauses ihre Gäste vor die Thür geleitete und sich dort noch mit ihnen unterhielt, blieb er daher, wie das versteinerte Opfer eines Fatums, mitten im Zimmer stehen. So traf ihn die Zurückkehrende.

„Um Gottes willen," rief sie, „was ist Ihnen? Sie sehen ja aus, wie Ihr eigenes Grabdenkmal; das müssen grausige Geschichten sein, die Sie mir heute zu beichten kommen. Nur heraus damit, denn daß Sie was Besonderes auf dem Herzen haben, wußte ich auf den ersten Blick. Was ist's also? Setzen Sie sich, Aermster. Sind wir wieder einmal verliebt?"

„Die beiden Damen," stammelte Robert statt jeder Antwort, „wer sind jene beiden Damen?"

„Die Sie mir eben verjagt haben?"

„Sie kennen sie?"

„Gewiß, da sie mich besuchen kommen. Es sind Fremde."

„Griechinnen?"

„Richtig, das wissen Sie auch schon?"

„Von Korinth?"

„Wahrhaftig, ich glaube, dort in der Gegend sind sie zu Hause. Aber wie wissen Sie das alles, da die Damen doch kaum ein paar Tage hier sind?"

„Hören Sie, aber schwören Sie zuvor, nicht mehr lachen zu wollen. Die Sache ist wirklich zu ernst."

„Ich will mich bemühen, es gleichfalls zu sein. Nun?"

Nun also erzählte Robert die Geschichte seiner Bekehrung, wie ihm das Schicksal auf den Zahn gefühlt und er zu dem festen Entschluß gelangt sei, eine Lebensgefährtin zu suchen. Er schilderte sein Abenteuer beim Arzt und zog daraus, sowie aus der ebenso rätselhaften zweiten Begegnung den Schluß, daß eben jene Griechin, die junge natürlich, das Wesen sei, vom Schicksal bestimmt, seiner Zukunft Glück zu begründen und auf die Tage des Frostes und der Hitze Zeiten frohen Genügens folgen zu lassen, wie sie nur das geregelte Klima der Ehe gebiert, mit einem verklärenden Abendrot im Hintergrund.

Trotz aller Mühe, die sie sich gab, wurde es der Freundin nicht leicht, bei diesen Auseinandersetzungen ihren Ernst zu bewahren. Da sie mit dem Rücken gegen das Piano saß, drehte sie sich manchmal um und schlug einige heitere Akkorde an, ihr Lächeln, das nicht ganz frei von Malice war, zu verbergen. Robert, dem dies nicht entging, sah darin nur ein Zeichen des Mißtrauens und verstärkte daher die Beteuerungen der Echtheit seines Gefühls, das, als ein ganz neues, nie empfundenes, auch nicht den geringsten Vergleich mit seinen früheren so flüchtigen Neigungen zulasse. Ja, er bemerkte nicht einmal das Unhöfliche, das in einer solchen Beteuerung gerade an diesem Ort lag, und fand es daher auch ganz in der Ordnung, daß die Freundin ihn am Schluß seiner Rede mit der aufrichtigsten Miene ihres Beistandes versicherte.

„Indessen," bemerkte sie, „so leicht wird die Sache nicht gehen. Madame Kariotis ist mit ihrer Tochter Helena — —"

„Helena!" rief Robert, ganz entzückt von dem für einen angehenden Ehemann doch nicht gerade verheißungsvollen Namen.

„Ja, sie ist mit ihrer Tochter hierher gekommen, deren angegriffener Gesundheit wegen. Die junge Dame leidet an einer Nervenschwäche, die zuweilen in völlige Apathie ausartet, und der unser rauheres Klima zuträglicher sein soll, als der ewig heitere Himmel von Hellas."

„Sollte da nicht vielleicht eben die Ehe — — —"

„Lassen Sie mich ausreden. Die Damen leben äußerst zurückgezogen; der Arzt, wenige befreundete Familien und ich, an die sie empfohlen sind, bilden ihren einzigen Umgang. Sie besuchen keine Promenaden, keine öffentlichen Vorstellungen und Konzerte, obwohl Fräulein Helene sehr musikalisch ist."

„O, ich wußt' es. Ist nicht ihre ganze Erscheinung Musik?"

„Gefrorene wenigstens. Die Mutter ist überdies streng religiös, griechisch orthodox; wissen Sie, was das heißen will?"

„Eurer Priester summende Gesänge
Und ihr Segen haben kein Gewicht,
Salz und Wasser kühlt . . ."

„Nicht wo Jugend fühlt! Ja, das kennen wir, und Sie sind noch ein Heide mit den Ihren. Aber mit Poesie ist da wenig auszurichten, etwas ruhige Vernunft wird Ihnen nützlicher sein, lieber Freund. Madame Kariotis ist nebenbei keine Freundin der Jugend — Sie erlauben, daß ich Sie vorerst im weiteren Sinn noch dazu rechne — und obwohl ihr verstorbener Gatte selbst General war, vielleicht auch just deshalb, hat sie ein ganz besonderes Mißtrauen gegen solche, die es werden wollen."

„Zu denen gehör' ich nicht, beste Freundin."

„Ich glaub's, aber das Mißtrauen gegen Ihren Stand ist einmal da, und Sie haben soeben eine Probe davon erhalten. Ueberhaupt, lieber Freund, heiraten ist so ein eigenes Ding, lassen Sie sich nicht durch die Leichtigkeit mancher früheren Siege täuschen und unterschätzen Sie die Schwierigkeiten Ihres Unternehmens nicht."

„Sprechen Sie mir nicht von früher, das ist vorbei ausgelöscht. Keineswegs unterschätz' ich die Schwierigkeiten der Lage, aber sie gerade stählen mir den Mut, ich will sie besiegen, mit Ihrer Hilfe, teure Freundin, besiegen. Geben Sie mir nur erst Gelegenheit, die junge Dame kennen zu lernen, und wenn sie, wie ich nach dem Vorhergegangenen, das Sie selbst nicht Zufall zu nennen wagen, hoffe, mich lieb gewinnt, so sollen mich weder Religion, noch Stand, noch andere Vorurteile hindern, sie die Meine zu nennen."

„Brav, mein tapferer Held, erkämpfen Sie sich die Braut. Dem Mutigen hilft das Glück. Eben hab ich's der Mutter zugesagt, Fräulein Helena einigemal in der Woche in Musik und deutscher Sprache zu unterrichten, weil ihre Schüchternheit keine fremde Lehrerin, geschweige denn einen Lehrer vertrüge. Gleich morgen wollen wir beginnen. Da die Lektion bei mir stattfinden und durchaus keinen pedantischen Charakter tragen wird, so steht es Ihnen als Freund frei, sich zufällig dabei einzufinden. Der Besuch kann sich, wenn meine Schülerin nichts dagegen hat, verlängern und wiederholen; Sie finden so die beste Gelegenheit, Ihre Zukünftige kennen zu lernen und sich selbst im angenehmsten Licht zu zeigen. Freilich darf die Mutter vorerst nichts von Ihren Besuchen erfahren. Sie kommt nicht mit; ist die Tochter damit einverstanden, so wird sie wohl von selbst schweigen und auf Ihre Verschwiegenheit rechne ich um so sicherer, als eine verfrühte Entdeckung nicht nur alles verderben, sondern auch mich in unangenehmster Weise kompromittieren würde. Ist die Sache so weit, daß jedes Geheimnis schwinden muß, so will ich in Gottes Namen die Verantwortung auf mich nehmen."

„Sie können es getrost thun, beste, teuerste Freundin. Ach, wie dank' ich Ihnen so viel Lie — heißt das: Güte und Wohlwollen! Unverdient empfange ich mein Lebensglück aus Ihren Händen, denselben, die — —"

„Lassen wir das zunächst," beruhigte die Freundin. „Aber noch eins: Ich weiß, wie sehr Ihnen bei derartigen Unternehmungen die Art, Ihre Muttersprache zu handhaben, zu statten kommt. Wie schade, daß Sie im vorliegenden Fall gerade auf dieses wichtige Hilfsmittel verzichten müssen! Fräulein Kariotis spricht vorerst nicht eine Silbe Deutsch und selbst ihr Französisch ist nichts weniger als fließend. Doch werden Sie sich des letzteren Idioms bedienen müssen, es wäre denn, Sie wollten sich, der Sie doch gerade in einer so entscheidenden Wandlung begriffen sind, bei dieser Gelegenheit auch noch geschwind die Sprache des Plato aneignen. Das, höre ich, soll jedoch seine Schwierigkeiten haben."

Diese ironische Bemerkung verdroß unseren Freund um so mehr, als er in der That im Geist bereits eine kleine Ansprache komponiert, mit den Griechen schon in der Schule auf gespanntem Fuß gestanden und sie dafür seitdem gründlich ignoriert hatte, während sich seine französischen Sprachkenntnisse größtenteils auf den letzten Feldzug zurückdatierten, über den auch schon einige Zeit hingegangen war. Er tröstete sich jedoch bald damit, daß die Sprache der Liebe ja eine internationale sei. Glücklich, wie nie zuvor, verließ er die Freundin, welche seine feurigen Dankesbezeugungen beim Abschied etwas kühl ablehnte. Die Edle! Wie pries er nun selbst die Verirrung, welche ihn einst in ihre Arme geführt! Ja, die manchen unbehaglichen Stunden, die er dort verbracht, erschienen ihm nun wie notwendige Vorstufen zum Glück. Je mehr solcher Vorstufen er zählte, um so erhabener nur war sein jetziger Standpunkt. Ohne Prüfungen ist ja noch keiner in den Tempel der Weisheit gelangt.

In seinem Jubel vergaß Robert ganz sein Programm, er gab sich nicht dem leisesten Skrupel hin, ob Fräulein Kariotis dessen Anforderungen entsprechen werde, ja der Widerspruch, in dem sie sich bereits zu einigen befand, fiel ihm gar nicht auf.

Wo die Götter so deutlich redeten, mußte jeder menschliche Einspruch verstummen.

* * *

Die Ungeduld, an der sonst alle Liebenden in Erwartung eines Zusammentreffens leiden, blieb unserem Freund völlig erspart, die Stunden, über deren Schneckengang sich jene fast einstimmig beschweren, schienen für ihn Flügel zu haben. Er befand sich plötzlich vor der Thür der Freundin, ohne eigentlich selbst zu wissen, wie er dahin gekommen. Ein Blick in den Spiegel im Vorsaal hatte ihm die angenehme Ueberzeugung beigebracht, daß er trotz seiner Vierzig gar nicht so übel sei, und nun lauschte er an der Thür den Pianoklängen, die von drinnen heraustönten, in der stillen Hoffnung, aus der Melodie neuerdings einen Orakelspruch zu vernehmen.

Da sich diese jedoch ruhig in gleichmäßiger Steigung

und Senkung nach den Regeln der Tonleiter fortbewegte, und die Vorsehung auch sonst keinen Auftrag mehr an seine Adresse zu haben schien, so trat er der Verabredung gemäß nach kaum hörbarem Klopfen ein.

Geheimnisvolle Dämmerung umfing ihn, denn das Tageslicht war durch herabgelassene Gardinen gedämpft; am Klavier, ihm den Rücken zuwendend, saß Helena und ließ sich durch das Geräusch seines Eintritts auch nicht im mindesten in der Fortsetzung ihrer so einfachen Fingerübung stören, bei der ihre ganze Seele zu weilen schien. Die Freundin war nicht zugegen. Robert, der kaum zu atmen wagte, hatte daher volle Muße, sein Ideal auch von dieser Seite zu betrachten.

Das schwarze Gewand, das Helena auch heute trug, verfeinerte noch die Formen ihrer länglichen schlanken Gestalt, das reiche dunkle Haar, hinten in einen Knoten nach antikem Muster geschürzt, ließ nur einen schmalen Streifen des Profils frei, der sich ausnahm, wie die auf schwarzem Gewölk ruhende Mondsichel, die schmalen, wachsweißen Hände bewegten sich geisterhaft die Tasten auf und nieder. Je länger Robert mit dem Blick ihrer Bewegung folgte, desto mehr fühlte er sich von einem sonderbaren Schwindel ergriffen; Sonnenstrahlen, die sich zwischen den Gardinen durchstahlen und auf dem polierten Holz ihr Spiel trieben, erschienen ihm wie knisternde Funken, die von jenen Händen aussprühten. Es waren nicht mehr die einfachen Töne der Skala, die sein Ohr vernahm, vielmehr die ergreifendsten Melodien, die nur je ein Meister aus jenen zusammengesetzt, tieftraurig, bald vornehm getragen, bald mit gespenstiger Hast sich überstürzend, Mark und Nerven erregend, sinnverwirrend, eine Art Totentanz.

Seltsame Betrachtung, die Robert dabei anstellte: War vielleicht das Liebchen, das er sich erwählt, dem seines atheniensischen Vorgängers gleich „wie der Schnee so weiß, aber kalt wie Eis?“ War es ein Gespenst, das da vor ihm saß? War es am Ende gar jene Braut von Korinth selbst, die vom Grabe ausgetrieben, auf ihrer Seelenwanderung im Lauf der Jahrhunderte nun gerade zufällig an ihn gekommen war?“

„Ist's um den geschehn,
Muß nach andern gehn
Und das junge Volk erliegt der Wut.“

Aber gleichviel, ob tot oder lebendig, mächtig zog sie ihn an, und sollte er auch morgen grau sein und erst dort wieder braun erscheinen, die Seine mußte sie werden!

„Ah, Herr Hildung!“ rief die durch eine Seitenthür eintretende Freundin, „Sie hier und wie lange schon? Warum ließen Sie mir Ihre Ankunft nicht melden?“

„Es war kein Diener da,“ stammelte Robert, der wie aus einem Traum erwachte, „und ich fürchtete, das Fräulein zu stören.“

„So sind Sie also einfach eingetreten. Nun, gestört haben Sie, wie ich sehe, nicht, und da Sie einmal da sind, wäre es unhöflich, Sie fortzuschicken. Fräulein Kariotis, darf ich Ihnen den Herrn Hauptmann Robert Hildung vorstellen?“

Lang und langsam erhob sich die Angeredete; nicht die geringste Ueberraschung sprach aus dem Blick, den sie auf den Gast richtete. Nach einer tiefen etwas förmlichen Verbeugung blieb sie wie angewurzelt stehen.

Robert empfand wieder das bekannte Frösteln, einen Augenblick blieb er gebannt von dem Zauber dieser Augen, dann aber ermannte er sich.

„Gnädiges Fräulein,“ begann er und zwar in einem Griechisch, wie es vor ihm kaum Sokrates und Plato vollendeter gesprochen haben dürften. „Gnädiges Fräulein er-

innern sich vielleicht, daß ich gestern die Ehre hatte, Ihnen mit Ihrer verehrten Frau Mama beim Zahnarzt zu begegnen.“

Das gnädige Fräulein blieb stumm; keine Muskel des bleichen Gesichtes bewegte sich, um anzudeuten, daß es die Worte verstanden habe. Robert warf sich eine Ungeschicklichkeit vor, denn zwischen den blutlosen Lippen der Griechin sah er zwei blendende Perlreihen durchschimmern, welche sicherlich noch niemals die Folterkunst eines Zahntechnikers entweiht hatte.

„Mein bester Herr Hauptmann,“ sprang die Freundin, seine Verlegenheit bemerkend ein. „Alle Achtung vor Ihrem Sprachtalent, allein Sie sprechen das Altgriechische, wie es auf unseren Schulen gelehrt wird. Die Sprache der modernen Hellenen ist davon verschieden, und Fräulein Kariotis kennt nur die letztere. Wollen Sie sich nicht lieber des Französischen bedienen?“

„Mit Vergnügen,“ erwiderte Robert, der plötzlich einen

lang verborgenen Schatz philologischer Kenntnisse in sich entdeckte, und sich aufs neue an die Griechin wendend, suchte er im reinsten Pariser Accent seinen Fehler zu verbessern.

„Sie werden wohl nur die gnädige Frau Mama dorthin begleitet haben. Es ist kein angenehmer Gang, wie ich leider aus Erfahrung bezeugen kann; um so angenehmer jedoch war mir die zufällige Begegnung."

Allein auch dieser Versuch mißglückte, noch zeigte sich keine Spur des Verständnisses in den klassischen Zügen. Robert war in Verzweiflung; sollte er eine neue Dummheit gemacht haben?

„Es geht auch damit nicht," lachte die Freundin. „Kommen Sie, setzen Sie sich, ich will Ihnen etwas vorspielen. Musik ist eine allgemein verständliche Sprache."

Damit nahm sie das Fräulein bei der Hand, drückte die willenlos Folgende auf die Polster des Divans und lud Robert ein, neben ihr Platz zu nehmen, während sie selbst sich vors Piano setzte und ein Chopinsches Notturno anschlug. Da saß unser Freund nun neben der Geliebten und kein Mittel der Verständigung zwischen beiden. War das nicht zum Verrücktwerden? Gab es denn wirklich gar keines? Er hätte, wenn es sein mußte, Sanskrit gesprochen, vermutlich mit dem gleichen Erfolg wie Griechisch und Französisch. Was half ihm das?

Doch Helenas Augen, die seelenlosen, scheinen sich plötzlich mit seltsamer Glut zu beleben, ein Lächeln, ein glückliches Kindeslächeln spielt um die schöngeformten Lippen, und sie hebt „mit Erstaunen eine weiße Hand".

Sein Herz schlug zum Zerspringen. Was wollte sie? Ihn umarmen? Unmöglich, aber immer näher kam die weiße Hand und jetzt griff sie hastig nach einem blinkenden Ordensstern, den Robert — er hatte einmal bei einem Prinzen zu Mittag gegessen — auf der linken Brust trug.

Wie selig, wie stolz machte ihn dieses Zeichen der Teilnahme! Ach, wenn er jetzt zu ihr sprechen, ihr erzählen könnte von dem Gewühl und den Gefahren der Schlacht, welcher er dieses Ehrenzeichen verdankte! Aber es ging nicht, sie verstand ihn ja nicht. Gab es denn kein Mittel, gar keines? Sie hatte sich zu ihm gebeugt, nur ein ganz kleiner Zwischenraum trennte ihr Antlitz von dem seinen, ihre Hand mußte den stürmischen Schlag seines Herzens fühlen. Da kam's plötzlich über ihn mit Himmelsklarheit: Freilich gab es ja ein Mittel, es gab ja eine Sprache, noch gemeinverständlicher als die der Töne, die Sprache der Liebe! Schnell ergriff er die weiße Hand, drückte sie erst an sein Herz, dann an seine Lippen und bedeckte sie mit glühenden Küssen.

Mit einem markdurchdringenden Schrei sank Helena an seine Brust, krampfhaft klammerten sich ihre Arme um seinen Hals, ein Strom von Thränen brach aus den schönen Augen; sie hatte diese Sprache verstanden.

„Um Gottes willen!“ rief die Freundin, vom Piano aufspringend. „Was haben Sie gemacht? Entfernen Sie sich rasch dort hinein!“ Und sie riß ihn fast mit Gewalt aus den Armen der Geliebten, die ihn nicht lassen wollten, und schob ihn ins Nebengemach, die Thür hinter ihm verschließend.

Da stand er allein. War er zu weit gegangen? Die Freundin schien erschreckt, erzürnt. Wozu diese plötzliche Trennung? Helena erwiderte seine Gefühle, das war nun gewiß. Das Eis war gebrochen, seine Liebeswut hatte ihr starres Blut erwärmt, Thränen mischten sich in ihre Lust, und wenn er je noch einen Zweifel darüber gehabt hätte, so überzeugte ihn eine Hautschürfung an seinem Hals, daß sie kein Gespenst sei, daß ein Herz in ihrer Brust schlug.

Sein war sie nun, nicht Tod und Hölle konnten sie ihm rauben.

Er lauschte an der Thür, welch ein sonderbarer Ton

es sei, der an sein Ohr drang. Schluchzen und Stöhnen, Lachen und Weinen, „des Liebestammelns Raserei“ und dazwischen beruhigende Schmeichelworte der Freundin. Ein Diener wurde gerufen, ein Glas klirrte und darauf ward es ruhiger. Jetzt fuhr unten am Haus ein Wagen vor, wieder trat jemand ins Zimmer, dann verließen es mehrere. Robert pochte an die Thür, es blieb totenstill drinnen, der Wagen entfernte sich.

Ein paar Minuten später rasselte der Schlüssel im Schloß, die Thür sprang auf, und die Freundin erschien auf der Schwelle etwas bleich und angegriffen.

„Glücklicher!“ rief sie, Sie verdienen es nicht, Helena liebt Sie, hat Sie vom ersten Augenblick an geliebt!“

„O Himmelsbotschaft! Wo ist sie? Lassen Sie mich zu ihren Füßen ...“

„Halt! Sie ist fort. Denken Sie doch, wie sie die Scene erregt hat, der plötzliche Gefühlsausbruch nach langer gewaltsamer Zurückhaltung. Sie war einer Ohnmacht nahe, Ihre stürmische Werbung hätte sie töten können. Glücklicherweise hat sie sich mit meiner Hilfe soweit erholt, um in einer Droschke nach Haus fahren zu können; dort wird sie ihrer Mutter sogleich alles gestehen. Für Sie gibt es jetzt nur einen Weg, den Sie unverzüglich einzuschlagen haben. Sie eilen direkt von hier in die Klinik des Hofrat Elwert. Kennen Sie den Mann?“

„Gewiß, aber ...“

„Der alte Hofrat ist der intimste Freund der Familie und überdies Helenens Vormund; die Mutter verläßt sich blindlings auf seinen Rat. Wenn sie bei ihm zunächst Ihre Werbung vorbringen und seine Unterstützung gewinnen, so wird Madame Kariotis der doppelten Bitte der Tochter und des Vormunds nicht widerstehen können, und Helena wird noch heute Ihre Braut. Empfangen Sie im voraus meinen herzlichsten Glückwunsch, und nun fort, es ist keine Zeit zu verlieren.“

„Dank, heißen, innigen Dank! Das werd’ ich Ihnen nie vergessen!“ rief Robert, drückte beide Hände der Freundin stürmisch an seine Lippen und stürzte hinaus.

Hofrat Elwert war der bewährte Vorstand einer Klinik für Nervenkranke und als solcher eine in weiteren Kreisen bekannte Persönlichkeit. Robert stand er, als alter Studienfreund seines Vaters, der gleichfalls Arzt gewesen, besonders nahe. Der Zufall oder die Vorsehung hatten ihm da wieder einmal einen vorzüglichen Dienst erwiesen, denn einen angenehmeren Vermittler als den Hofrat, der zudem mit seinen Familienverhältnissen genau vertraut war, konnte er nicht wohl finden. So war er denn der besten Hoffnung voll, und ein elender, mit zwei lendenlahmen Kleppern bespannter Fiaker, den er an der nächsten Ecke bestieg, trug ihn mit der Schnelligkeit eines Blitzzugs nach der Wohnung des Arztes. Auch war er so glücklich, diesen in seinem Arbeitszimmer zu treffen und gleich vorgelassen zu werden.

„Ah, sieh da, mein junger Freund!“ rief der alte Herr, sich vom Schreibtisch erhebend und Robert herzlich die Hand schüttelnd, „eine seltene Erscheinung! Wie steht’s? Habe lange nicht von Ihnen gehört. Und wie stattlich Sie aussehen in der blanken Uniform mit dem strahlenden Ordensstern! Ein ganzer Mann, meinem seligen Freund immer ähnlicher. Was macht Ihre Frau Mama? Wollte sie längst besuchen und komme vor Geschäften nicht dazu. Nun, haben Sie der alten Frau ihren Herzenswunsch noch immer nicht erfüllt? Immer noch Junggeselle? Oder kommen Sie am Ende gar, mir Ihre Verlobung anzuzeigen? Ihre freudig erregte Miene, Ihr festliches Gewand lassen mich so was ahnen. Freut mich, daß sie den Alten nicht vergessen. Nun, heraus damit, wer ist die Glückliche?“

„Herr Hofrat," erwiderte Robert dem viel zu Redseligen feierlich, „wenn Ihnen, wie ich annehmen darf, das Andenken meines seligen Vaters, Ihres Freundes, heilig ist, wenn Ihnen das Wohl seiner Witwe, meiner Mutter, am Herzen liegt, so beweisen Sie das heute dem Sohn, der sich vertrauensvoll an Sie wendet, aus Ihrer Hand sein Lebensglück zu empfangen. Ja, von Ihnen allein hängt es ab, meine Mutter, mich und noch eine dritte Person glücklich zu machen. Ich bitte Sie hiermit förmlich um die Hand Ihres Schützlings, des Fräulein Helena Kariotis."

„Wie — was? Fräulein — Fräulein Kariotis wollen Sie heiraten?" rief der Hofrat ganz bestürzt, seine Brille von der Nase reißend, um sie nach hastiger Reinigung der Gläser wieder aufzusetzen und den seltsamen Brautwerber eingehend zu mustern.

„Ja, Fräulein Kariotis, Helena Kariotis ist's, die ich liebe und sie liebt mich wieder. Ich komme von ihr, in diesem Augenblick legt sie ihrer Mutter das Geständnis ab, und wenn diese auch, wie ich fürchte, aus religiösen oder Standesvorurteilen unsern Bund mißbilligt, so werden Sie, Herr Hofrat, dessen Rat sie mit Recht so unbedingt vertraut, diesen Widerstand zu besiegen und es zu verhindern wissen, daß zwei Herzen, vom Schicksal so sichtlich füreinander bestimmt, durch Menschenhand auf ewig getrennt die Opfer jenes armseligen Vorurteils werden. Darf ich auf Ihren Beistand zählen? Ja, ich bin dessen gewiß. Gehen Sie, lieber, verehrter Herr Hofrat, gehen Sie hin, sprechen Sie mit Helenas Mutter, die ihr armes Kind vielleicht jetzt schon mit Vorwürfen überhäuft, beruhigen Sie diese und bringen Sie mir, der ich hier auf Sie warte, so schnell wie nur möglich die Nachricht meines Glücks. Thun Sie es, der Geist meines Vaters wird Sie umschweben, meine alte Mutter Sie segnen und ich — mein ganzes Leben reicht nicht hin, die Dankesschuld abzuzahlen, die Sie in dieser Stunde auf mein Herz laden, das Ihnen als einem zweiten Vater entgegenschlägt."

„Ruhe, Ruhe, junger Freund," begütigte der Hofrat, indem er sich den krampfhaften Händedrücken unseres Helden entwand. „Ich bin noch ganz außer Fassung. So ernste Dinge lassen sich nicht im Sturm abmachen. Wollen Sie mir nicht einmal erzählen, wie Sie denn Fräulein Kariotis, die sich erst ganz kurze Zeit hier aufhält, kennen gelernt, wie Sie so rasch die Ueberzeugung ihrer Gegenliebe gewonnen haben?"

„Gern will ich's; hören Sie, und auch Ihnen wird jeder Zweifel schwinden, daß es eine höhere Macht war, die unsere Herzen lenkte."

Er erzählte sodann in fliegender Eile, aber doch mit triumphierender Ausführlichkeit die mysteriöse Geschichte seiner Liebe von der Begegnung beim Zahnarzt bis zu der Scene im Haus der Freundin. Der Doktor machte ein sehr ernstes Gesicht, darüber nur manchmal, wenn der Redner in zu großes Pathos verfiel, ein mehr mitleidiges als spöttisches Lächeln zuckte.

„Nehmen Sie," sagte er, als Robert geendet, indem er ihm den eigenen Lehnstuhl hinschob, „hier, bitte, Platz und lassen Sie uns ruhig über die Sache sprechen. Sie sind erregt, ich begreife das, aber öffnen Sie nun Ihre Sinne der Vernunft und dem Rat eines wohlmeinenden älteren Freundes, wenn er Ihnen auch ein bißchen bitter vorkommt und manche Illusion zerstört; 's ist Medizin, nicht Gift."

„Nun?" brummte Robert, der eine ganz andere Wirkung seiner Rede erwartet hatte.

„Fräulein Kariotis ist allerdings meine Schutzbefohlene, aber nicht in dem Sinn, wie Sie es meinen, sie ist meine

Patientin, und der Einfluß, den ich auf die Mutter übe, ist der des Arztes. Andere Beziehungen habe ich nicht zu den Damen, ich kenne weder die religiösen noch die Standesvorurteile der Mutter, aber als Arzt begreife ich, daß sie ihre Einwilligung zur Verlobung ihrer Tochter, sei es mit Ihnen oder einem anderen nicht geben kann, nicht geben darf. Fräulein Helena ist krank, sehr krank."

„Ich weiß, eine Nervenverstimmung, derentwegen sie das Klima wechseln mußte. Aber wenn dies Uebel wirklich so groß ist, daß es augenblicklich ein Ehehindernis bildet, so kann es doch einer Verlobung nicht im Wege sein. Mit der Hochzeit warten wir einfach, bis es gehoben, durch Ihre bewährte Kunst, Herr Hofrat, gehoben ist."

„Sie können das nicht abwarten, mein lieber Herr Hauptmann. Das Uebel, an dem Fräulein Kariotis leidet, kann durch ärztliche Kunst nur gemildert, nicht gehoben werden; es ist unheilbar. Fräulein Kariotis, vernehmen Sie es mit Fassung, leidet an unheilbarem Blödsinn. Das Leiden, welches sich lange nur in völliger Teilnahmslosigkeit, verbunden mit kindischem Starrsinn, geäußert, ist neuerdings von Krampfanfällen begleitet, die sich manchmal bis zur Tobsucht steigern. In solchem Zustand hat sich die Kranke ihre sämtlichen Zähne ausgebissen und auch das künstliche Gebiß, das sie seitdem trägt, bedarf häufiger Ergänzung. Damit erklärt sich Ihr mehr fatales als fatalistisches Zusammentreffen beim Zahnarzt. Die Wutanfälle treten meistens ein, wenn man der Kranken irgend ein kindisches Spielzeug, nach dem sie Verlangen trägt, entzieht. Als ein solches dürfte ihr das glitzernde Ding hier auf Ihrer Brust erschienen sein. In Ihrer Zärtlichkeit sah sie nur den Versuch, ihr dasselbe zu entreißen; der Anfall trat ein und damit erklärt sich alles Weitere. Danken Sie Gott, daß Sie mit einer Schmarre davongekommen sind und mißtrauen Sie, wenn ich Ihnen raten darf, künftig der Sorte von Freundschaft, welche aus der Asche der Liebe entspringt. Ich werde mich nun allerdings sofort zu Fräulein Kariotis begeben, aber nur um weiteren schlimmen Folgen vorzubeugen und Sie, wenn nötig, zu entschuldigen. An eine Ehe mit diesem unglücklichen Wesen, das Ihr Mitleid mehr als Ihre Liebe verdient, werden Sie nun nicht mehr denken. Aber wenn Sie recht bald eine brave gesunde Frau in der Heimat finden, wo ja gewiß kein Mangel an solchen ist, so soll mich das von Herzen freuen. Sie verdienen eine solche, und wenn Ihnen auch die überirdischen Mächte ihre Mitwirkung bei dem Schritt versagen, so soll es Ihnen doch an dem treuen Rat und Beistand Ihres väterlichen Freundes nicht fehlen."

Robert hatte sich während dieser Worte des Hofrats in einer schrecklichen Lage befunden. Er wollte schreien, aber die Kehle war ihm wie zugeschnürt; er wollte aufspringen, aber wie ein Alp lag es auf seiner Brust und drückte ihn

nieder. Endlich, dem Ersticken nahe, gelang es ihm, als der alte Herr schwieg, nach verzweifelter Anstrengung, einen dumpfen Seufzer auszustoßen und die Arme zu erheben.

„Nun," sagte der Zahnarzt, der ihm den Puls fühlte, „haben Sie etwas gespürt? Ist meine Methode nicht völlig schmerzlos? Hier sehen Sie das Ungetüm!" Damit hielt er Robert einen Stockzahn von wahrhaft vorsündflutlichem Gepräge, den dieser niemals für einen der seinigen gehalten hätte, unter die Nase.

„Was?" stöhnte Robert noch ganz verblüfft, denn nun erst begann er sich allmählich zu überzeugen, daß er sich wirklich im Folterstuhl des Zahnarztes befand, auch hatte er das Gefühl einer klaffenden Lücke im Kiefer.

„Empfinden Sie noch Schmerzen?" fragte der Arzt und fuhr, da er's stumm verneinte, fort: „Sehen Sie, das ist die Wirkung dieses ganz neu entdeckten Betäubungsmittels, das dieselben Dienste wie das Chloroform leistet, ohne von dessen üblen Folgen begleitet zu sein." Dabei nahm er ein Fläschchen mit einer klaren Flüssigkeit vom Tisch und hielt es gegen das Licht. „Uebrigens,“ fügte er, da Robert noch immer starr vor sich hinsah, bei: „Nur mit größter Vorsicht zu gebrauchen. Ich fürchte fast, die Dosis war etwas zu stark für Ihr Nervensystem; Ihre Narkose war stellenweise ein bißchen unruhig. Was träumten Sie denn? Merkwürdiges Zeug haben Sie uns da vorgefabelt, ich weiß nicht, war es griechisch, hebräisch oder chaldäisch.“

Robert erwachte, die Schreckbilder seiner erregten Phantasie schwanden vor dem hellen Tageslicht, das durch das hohe Fenster in das Kabinett drang; vor ihm stand der Zahntechniker und hinter diesem sein Assistent, dessen schlaffe Züge ein leichtes Grinsen verklärte. Er begriff alles.

„Ich danke Ihnen,“ sagte er, sich erhebend und dem Doktor ein Goldstück in die Hand drückend, „Sie haben mich gründlich kuriert. Kurz ist der Schmerz und ewig ist die Freude.“

Ganz grau ist Robert seitdem nicht geworden, aber etwas grauer doch, ein paar Tage noch litt er an leichtem Kopfschmerz, auch das ging vorüber. Taub für alle Scherze und Vorwürfe, erfreut er sich wieder eines gesunden Schlafs und ist — die teure Leserin möge uns verzeihen — er ist bis heute ledig geblieben.

Verlag von Carl Krabbe in Stuttgart.

Die humoristischen Schriften Hackländers erscheinen zum erstenmal in illustrierter Ausgabe. Die Frische, das Leben, der Humor dieser anmutigen Schöpfungen sind in der That unvergänglich, und es gibt wohl wenige Bücher, welche ähnlich wie diese zu jeder Lebensstunde Unterhaltung und Aufheiterung zu bieten vermögen, sei es zu Hause im bequemen Fauteuil oder auf der Reise im engen Coupé; überall erweisen sie sich als angenehme, liebenswürdige Gesellschafter, vor welchen Verdruß, Trübsinn und Langeweile unter allen Umständen entweichen müssen.

H. Schlittgen, im Verein mit H. Albrecht, F. Bergen, E. Horstig, A. Langhammer u. A. haben die Illustration dieser humoristischen Schriften übernommen und werden dieselbe in mustergültiger Weise zur Ausführung bringen. Wer sich froh und ungezwungen vergnügen, wer an einer wirklich heiteren, ergötzlichen Lektüre und im Betrachten echt humoristischer Bilder sich erfrischen will, der greife zu diesem Buche.